媒體與全球在地化

兩岸暨國際新聞傳播叢書

吳非・馮韶文　著

目次 *contents*

前　言

這是一個怎樣的世界

　　這是最好的時代，這是最壞的時代，這是智慧的時代，這是愚蠢的時代，我們將擁有一切，我們將一無所有。也許連查理斯・狄更斯自己也不會想到，百餘年前《雙城記》的這些話至今還有時代的體溫。

　　就在這個不用「更上層樓」便可「目窮千里」的世界，人類從沒有像今天這樣可以彼此溝通，彼此相識，彼此依賴。也就在這個麥克盧漢預言實現的「地球村」，戰爭開始變得複雜而頻繁，文明之間開始變得敏感而極端。資訊的無孔不入在南北差異尚在的現實中變成了強國奴役弱國的工具，無數的文化開始在「救贖」的謊言中跌進了赫胥黎「美麗新世界」的陷阱。全球化所追求的多元文化的「天下大同」變成了盎格魯・撒克遜文明的

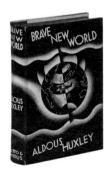

《美麗新世界》（Brave New World），亦名「勇敢面對新世界」。與《一九八四》和《我們》並列為世界三大反烏托邦小說。書名靈感得自莎士比亞的《暴風雨》中，米蘭達的對白：「人類有多麼美！啊！美麗的新世界，有這樣的人在裏頭！（O brave new world, that has such people in it.）」。上圖為《美麗新世界》（英文版）第一版封面（圖片來源：http://www.betweenthecovers.com/_keepout/_reference_images/885/b18/1045287_HuxleyA_Brave.jpg）

「一統天下」，一個本應平坦的多元世界或在榮譽的名義下固步
自封，或在「西化」的瘋狂中選擇幻滅。

奧爾德思‧赫胥黎（Aldous Leonard Huxley）：（1894年7月26日-1963年11
月22日），是英格蘭作家，著名的赫胥黎家族最傑出的成員之一。（資料來
源：維基百科；圖片來源：Wikimedia Commons）

　　然而，世界對誰都是公平的，就在媒體全球化開始彷徨、迷
茫的時候，人類也開始了在地的思考。當他們收回曾經偏向的仰
望，低頭沉思，再次審視自己的時候，他們猛然發現，原來世界
的美麗就在自己的身上。歷史留給他們的不只有過去的驕傲，更
有在新視角下再次征途的資源與信心。在這種資源與信心的整合
下，強者開始目光朝外，用起拿來主義；弱者更開始全面突擊，
要分得世界一杯羹。在這個光榮與夢想的時代，人類衝破時空的
桎梏，唱響天籟之音，在這個需要做出選擇的時代，人類站在十
字路口也陷入向左走，還是向右走的困惑。

馬歇爾・麥克盧漢（Marshall McLuhan）：1911年7月21日-1980年12月31日），是加拿大著名哲學家及教育家，曾在大學教授英國文學、文學批判及傳播理論。他也是現代傳播理論的殿基人，其觀點深遠影響人類對媒體的認知。（資料來源：維基百科；圖片來源：http://www.personal.dundee.ac.uk/~rjcurran/mcluhan.jpg）

媒體讓文化多彩，讓人類智慧，讓世界變平。當「全球化思考，在地化行動」成為時代的強音，人類開始平等尋求未來出口的時候，媒體撥開了全球在地化是霧，是雨，還是風的煙雲，在現實，還是烏托邦的信仰與懷疑中，選擇光明還是灰暗的季節，然後或步入天堂，或走向地獄。

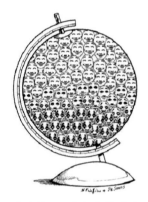

地球村下的喜怒哀樂（圖片來源：hattemharvest.files.wordpress.com）

　　就在筆者整理這份媒體全球在地化筆記的時候，一場史無前例的金融危機正在世界呼嘯，媒體也在這個被奧巴馬稱為「改變」的時代，站在原點開始瞭望向遠方的思考。

　　這是一個寒冷的冬天，但是冬天來了，春天還會遠嗎？

第一章
全球在地化：是霧，是雨，還是風？

第一節　揭開全球化與本土化的面紗

　　這是一個全球化的世界，不管你是否願意，這都是一個不可辯駁並不可逃避的事實。自從四十多年前麥克盧漢發明了「地球村」概念之後，「去部落化」的地球確實開始越來越小。如今，全球化既是一種現象，也是一種概念。然而，當我們著手梳理全球化概念時，卻發現它雖然不是莎士比亞，卻讓一百個人的眼中有一百個哈姆雷特。

一、認識全球化

　　從20世紀60年代末70年代初起，在國際經濟政治和文化研究中，「全球化」的概念便開始普遍使用。到80年代，「全球化」概念演變成了一個概括未來時代特徵的基本思考維度。按照德國社會學家貝克（Ulrich Beck）的說法，全球化是「距離的消失；被捲入經常是

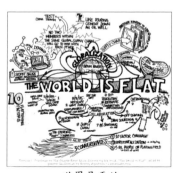

世界是平的
（圖片來源：server.doit.com.cn）

非人所願、未被理解的生活形式」。雖然全球化是一個學術界關注的熱點問題，但對全球化的理解和定義卻有諸多分歧，甚至對全球化是否存在都有不同的看法。如英國全球化問題專家魯格曼（Alan Rugman）就認為，純粹的全球化是根本就不存在的，所謂的「全球化」不過是由美國、歐洲和日本三級集團主導下的跨國公司的全球經營。而全球化正在走向終結。[1]

作為一個概念，全球化既被認為是世界的壓縮，又被認為是將世界作為一個整體情況下的意識增強。全球化專家湯瑪斯·弗里德曼在他那本著名的《世界是平的》中，把全球化看成是一個進程。這個進程指的是「物質和精神產品的流動衝破區域和國界的束縛，從而影響到地球上每個角落的生活。」[2]他認為，全球化還包括人員的跨國界流動，而人的流動是物質和精神流動最高程度

媒體全球化把世界連在了一起
（圖片來源：Wikimedia Commons）

的綜合。為了將這個進程描述的具有演進的歷時性，他又將全球化分為了全球化1.0時代，全球化2.0時代，全球化3.0時代三個維度。

1　〔英〕阿蘭·魯格曼，常志霄，沈群紅，熊義志譯：《全球化的終結》，〈生活·讀書·新知〉，三聯書店，2001年，第102頁。

2　〔美〕湯瑪斯·弗里德曼著，何帆、蕭瑩瑩等譯：《世界是平的——21世紀簡史》，長沙：湖南科學技術出版社，2008年，第15頁。

全球化1.0時代指的是1492年到1800年是全球化的第一個階段，它是在國家層面上發生的：西班牙發現美洲，英國殖民印度……世界從一個龐大的尺寸，變成了中等尺寸。全球

東京街頭的「雙語麥當勞」
（圖片來源：Wikimedia Commons）

化2.0的時代從1820年或1825年開始，一直持續到2000年。這是在公司的層面上，市場和勞動力造就了全球化。世界從中等大小縮為更小尺寸。全球化第三個階段也就是全球化3.0時代的進程開始於2000年。在全球化3.0時代，世界變成「迷你型」，整個世界的競技場被夷平。這一階段全球化的主要元素是個人，個人擁有著各自的機會進行全球化，並與其他個人進行競爭。他還強調，個人不是單指西方人，而是指世界各種膚色的個人。而現在所講的全球化，就是全球化的3.0時代。

　　相較於「歷史感」的全球化，科技的推進其實也是全球化進程的一個充分必要的條件。科技進步是一切社會變遷的原動力，交通和通訊技術的進步更是全球化的依託——交通的進步促進人員和物質產品的全球化，通訊的進步促進精神產品的全球化。當然，兩類技術的作用經常分不開。互聯網可以調動資本（網上購物，長尾理論式的維琪經濟學），輪船也能傳播精神（借助於交通的力量，人與人的交往在世界的範圍得以加強，交通工具常常也為作為一個符號在全球有著精神隱喻作用，如鐵達尼號）。

在全球化的界定中，資本全球化常常最容易視為全球化的擴展功能變數名稱。這裏關於資本的全球化，其實就是追逐利潤至上觀的全球化。全球化的這一本質其實早在150年前的《資本論》中就有所談及。除了戰爭這一非常態形態，資本在全球範圍裏瘋狂地追逐利潤，每天24小時，從不疲倦。所以，到目前為止的全球化更多的體現為市場經濟體系在全球的擴張，其他一切方面的全球化，包括媒體傳播的全球化，都由資本全球化衍生而來。若世界市場的擴張是必然，那麼全球化也是必然。全球化影響到地球上每個角落的人的生活，人們當然有理由希望擁有自我言論的立場。然而，全球化問題的複雜性在於不同的事情在不同的空間和不同的時間裏能產生不同的結果。這四類變數（時間、空間、事件、結果）的衍生無限多。既然人們無法預知所有的變數，只好依賴意識形態決定自己的立場。而這種意識形態在全球化的世界中除了政治控制，民族信仰之外，還受到媒體立場的左右和支配。因此，誰控制了媒體誰也就成了人類的「精神教父」。

二、全球化帶來了什麼？

全球化到底帶來的是什麼？是經濟的聚合？政治的離散？文化的單一？還是傳播的擴展？縱觀全球化從1.0到3.0的歷史進程，從歷史的穿越到現實考量，從政治到經濟，再到文化，全球化給人類的既有全新的世界，更有無奈的煩惱。

首先，全球化讓既有的法治與道義遭到挑戰。任何國家內部的市場化都是隨著法治環境的逐漸成熟而成熟的，而國際的市場化卻不是在法治環境下進行的，也就不可能「成熟」。只要缺少世界政府，所謂國際市場的法治化根本不可能實現。當立法、司

法和執法都歸於一家，只有理想主義者才去奢望公平，也只有那些最有能力從不公平中獲利的國家才去奢談國際秩序合理性。沒有全球的法治政府，所謂的「全球治理」就不可能是體現國際公義的治理。

其次，全球化讓國家的損益變得無法預知。這裏「坐而論道」式的談論各個國家或者民族在全球化中獲益或受損的條件非常困難。強國、弱國、大國、小國都可能從全球化中獲益，也都可能在這個進程中付出「得不償失」的代價。傳統中國的經濟是被全球化擊敗的，卻也是從全球化裏高速崛起的。大英帝國是從全球化中（全球化1.0時代）崛起的，也是在全球化中（全球化2.0時代）衰落的。眼下的美國，雖然一直是全球化3.0時代最大的獲益國，卻也呈現出冷淡全球化的傾向，一場全球性的金融危機蔓延讓美國已經開始感受到「盛宴之後的煩惱」。

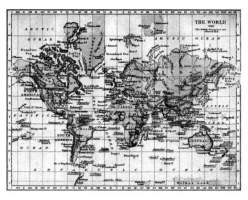

圖左：全球化1.0時代的大英帝國1897年版圖
　　　（圖片來源：Cambridge University Library）
圖右：1876年，女王維多利亞加冕印度女王
　　　（圖片來源：Punch Magazine Gallery）

　　再次，全球化讓民族主義和國家疆界走向極端。毫無疑問，近代以來形形色色的國際主義都產生於全球化。可是，全球化帶來了更強大的民族主義，帶來了護照和海關，帶來了人員交往的阻隔，帶來了「神聖不可侵犯的」國家疆界，帶來了更先進的武器和更強大的國防。在以往的全球化中，獲勝的不是國際主義，而是國家主義，民族主義乃至民粹主義。在今天，我們看到了「歐洲合眾國」主義的興起，歐洲貨幣的使用，歐洲邊界的鞏固，歐洲海關的確立，歐洲防衛的統一。是什麼刺激出這種新「西歐民族主義」？全球化是唯一的答案。放眼世界，美國、日本、西歐……哪一個還在談論國際主義？當人們已經把保衛疆界安全的戰場延伸到外太空，誰還能說全球化消滅國家疆界？當全球化開始出現金融危機這樣的整體性炎症的時候，哪個國家不是想關起門來，以求自保？曾幾何時，為普世歡樂而設立的奧林匹克和世界盃變成了民族的決鬥場，國家之間的競爭，甚至成了在民族國家內部進行競爭的資本。

　　同一個世界總會有來自於硬幣兩面的聲音，對眾多全球化的支持者而言，全球化是一種基於世界大同理想的意識形態。支持全球化就是尊重「市場規律」，順應歷史潮流。對眾多的反對者而言，反全球化更是一種基於平等世界理想的意識形態。反全球化就是反對貧富差距的日益擴大，反對霸權主義的橫徵暴斂。

　　然而，孰是孰非，全球化已不可改變。

三、全球化的文化贈禮

　　全球化的主要內容表現為：時空概念的變化、強大的跨國行動者和不斷增長的組織網路及文化互動的增長、相互聯繫和相互

依存的增長以及全球化中全方位的一體化。[3]關於全球化的本質特徵，西方許多學者尤其是西方左翼學者認為全球化是資本主義的全球化，是美國等西方發達國家推動策劃的。全球化影響和播散不只是停留在經濟和國際交往上，文化的全球化也正日益凸顯出來。意識形態傾向是人類的天性，也是人類進步的重要動力。美國著名學者約瑟夫‧奈認為相對於政治經濟的「硬力量」，文化是一種「軟力量」，但是它對經濟社會的影響力和滲透力卻是持續不斷的。全球化處於現代文化的中心地位；文化實踐則處於全球化的中心地位。而相對於全球化給世界經濟帶來的「群雄逐鹿」，「鼓瑟齊名」不同，全球化對於文化的贈禮則是單一文化獨行天下的「鶴立雞群」。

　　在全球化層面的文化肌理中，談得最多的便是全球化影響下一系列的文化特徵和行為的趨同。無論在紐約，北京，還是在布宜諾賽勒斯，許多地方的購物商場或是賓館看起來都非常相似，聽到的音樂，看到的廣告，電視節目的形式都如出一轍。一些辭彙，如世界的「可口可樂化」和「麥當勞化」，也反映了這樣的一個概念，那就是全球文化緊跟全球經濟，趨同化因此也就等同於「西方化」，甚至「美國化」。[4]

　　被全球化包裝的「美國文化」，可以形象的描述為「三片」，即代表美國文化的麥當勞「薯片」、代表美國電影文化的「好萊塢」大片、代表美國資訊文明的矽谷「晶片」。[5]西方主流

[3]　王學成：《全球化時代的跨國傳媒集團》，北京：社會科學文獻出版社，2005年，第2頁。

[4]　〔美〕羅伯特‧霍爾頓：《全球化的文化影響》，《全球化：時代的標誌》，中國現代國際關係研究所全球化研究中心編譯，北京：時事出版社，2003年，第139頁。

[5]　薛曉源：《全球化與文化戰略研究》，《全球化與後現代性》，王治河主編，南寧：廣西師範大學出版社，2003年，第150頁。

國家的強勢文化對世界影響力越來越大，英國學者湯森林認為這是一種新的文化殖民，是文化帝國主義在全球的擴張。雖然湯森林的觀點有些偏激，但是現實中西方文明尤其是盎格魯‧撒克遜文明的全球文化傳播力度和強度在全球化的命題下超過了以往任何一個時代。成為了各個國家「文明防禦」的「第一勁敵」。

好萊塢（holyhood）的中國劇院，好萊塢星光大道的起點（圖片來源：Wikimedia Commons）

國界的消失以及一個由國際市場聯繫起來的世界，對於那些對每個民族和國家的文化同一性起著決定作用的地區和民族文化、傳統、習慣、神話和行為模式來說，都是致命的打擊。它們不能抵禦發達國家或者說超級大國美國的文化產品入侵，因此，美國文化最終將占主導地位，統一全世界並將消滅目前尚在繁榮發展的各國文化。

四、拿起本土化的武器

祕魯學者馬里奧‧巴爾加斯‧略薩在評價全球化影響下的文化時說世界文化是「一個在全球化面前將失去語言和文化多樣性並由美國進行文化統一的世界的噩夢或消極的烏托邦，這個噩夢或烏托邦並不像某些人認為的那樣是少數極左翼政治家特有的財

富，而是對美國巨人的仇視和怨恨所引起的譫妄。」[6]這種仇視和怨恨在一個極端的表達中形成了一股股激進甚至是暴力的反全球化浪潮。而在激進的反全球化另一端，還有一種方式在和全球化一爭高下，那就是本土化的浪潮。雖然與激進反全球化的遊行，暴亂抗議相比，本土化沒有那樣的極端，但是本土化還是被作為現實中各國防守全球化的「軟抵抗」的武器被廣泛的加以應用。

　　本土化（localization）是相對全球化而來的另一趨勢和潮流。由於全球化強調在市場與科技力量支持下，全球商品、消費乃至文化、價值觀和各地人們的行為模式都有趨同的發展。樂觀全球化者認為，這不僅不可避免，也是全球邁向市場自由主義的必經道路，但是，本土化的思考卻和這樣的全球化思維有著迥然的差異。本土化主張者認為，全球化趨勢被無限的誇大。他們認為各地多元文化的活力仍舊旺盛，並且藉由全球化的刺激，產生了創新性的抵抗因子。此種辯證效果，使資本主義全球化反而加強本土意識的覺醒。這派觀點對全球化較為樂觀，認為本土化也會自發地產生並牽制全球趨同的潮流。

　　本土化主張者還認為，全球化的正面價值也被神話。在他們的觀點看來，以資本主義為後盾的全球市場化正將各種人類文明的多元多樣性排擠消滅。凡是不合乎標準化生產、不合乎資本化與商品化的小生產和各地特色事物，都面臨全球資本主義極大的威脅。本土派要團結起來，促進自我覺醒，積極投入復興本土文化元素的工作，並在文化、環境、人權、消費等方面抵制資本主義全球化的不良影響。以保障「本土」的認同和特色的存續。

6　〔秘魯〕馬里奧‧巴爾加斯‧略薩：《全球化與文化》，《全球化與公民社會》，李惠斌主編，南寧：廣西師範大學出版社，2003年，第57頁。

　　其實，本土化的出現，是應著西方中心主義而做出的反抗[7]，在倡導本土化運動的學者心目中，深藏著文化差異的觀念以及對於傳統的「循規蹈矩」。在他們的眼中，地球的東半部和地球的西半部有著完全不同的文化、思維和行為表現，所有的人類行為似乎都落在了這兩極的維度上面。不過我們知道，所有這些差異的書寫，都是在西方既有的「我與他者」這樣的二元結構下展開的。

圖左：工作中的笛卡爾
　　　（圖片來源：http://serendip.brynmawr.edu/Mind/Descartes.html）
圖右：笛卡爾1616年有關二元對立的手稿（圖片來源：Le Prytanee Militaire）

五、本土化不是全球化下的生存良藥

　　全球化的衝擊必然會強化自我防禦意識的增強，尤其是對於浸染於心，根深蒂固，盤根錯節的本土文化來說，全球化帶來的

---

[7]　這裏的西方中心主義不僅指的是西方對於東方文明的衝擊，也指以英美為典型代表的盎格魯・撒克遜文明對其他西方文明的支配。

文化衝擊更會強化本土的文化保守意識形態。笛卡爾式的二元對立思維模式對於全球化和本土化的思考，使全球化和本土化天然的形成了一條非此即彼的鴻溝，在這種思維慣性的支配下，全球化就意味著自我文化的淪陷，本土化就代表著將一切「非我」的東西拒之門外。

　　事實上，本土化的出現正是全球化文化衝擊下對於自身主體文化可能會衰落而引發的心理和行為的焦慮。一種焦慮是以為當本土文化與外來文化相接觸後，本土的文化便會行將消亡。另外的焦慮則是由於認知上的衝突造成的，這種認知上的衝突便是：本土化理念持有者雖然強調全球化的方式和理念在本土文化下缺乏解釋力，但他們卻不能夠發明出或者找出一種方式或者理論方法來像「全球化」一樣「放之四海皆成立」。這種本土化論調在全球化下的喧囂其實無異於西方末世論調的一種現實性模仿，以一種悲觀的情緒來投射本土的文化，然後看到只是本土文化的「四面楚歌」，「殘陽夕照」的景象。本土化的這種面對全球化衝擊的苦悶與憂鬱，映射到行為上就是建立起一種對於自身所處文化的敏感而產生的自我防禦體制，並通過這種防禦體制來尋求自身文化的安全感。這種本土主義式的防禦體制往往又會以維護多樣性的姿態來保護著自己的本土文化「神聖不可侵犯」，一個

卡爾·古斯塔夫·榮格（Carl Gustav Jung）：（1875年7月26日-1961年6月6日）瑞士著名心理學家，也是個精神科醫生。他是分析心理學的始創者。上圖為其1910年的照片（圖片來源：維基百科轉自Prints & Photographs Division Library of Congress）

最明顯的例子就是法國，在那裏，各級政府定期舉行各種意識形態的運動和「文化例外」的措施，以捍衛所謂受到全球化威脅的法國「文化同一性」。本土化的自我防禦在一定程度上就彷彿是一種全球化的「文化過敏」，大凡都會在全球化的進攻前像魯迅先生描述的那樣「拒絕、退縮、逃避、抖成一團，又必想一篇道理來掩飾」。[8]如果借用心理分析學家榮格的語詞來敘述的話，這是一種自我膨脹的帝國狀態，向日益萎縮的民族國家的心態演變。由這種演變所派生出來的是一種民族主義基礎之上的對本土傳統的重新建構，而這種建構是一種閉合式的，排他性的。

如孫中山先生所言的「世界大勢浩浩蕩蕩，順之者昌，逆之者亡」一樣，忽視了一個文化自身接受、同化甚至影響外來文化能力的本土化在全球化已經不可避免的現實中只能是一種異類的「精神潔癖」——挑剔的對待著別人也狹窄的對待著自己。這種固執的「精神文化潔癖」所導致只有兩個極端性的結局。第一個結局是將自己的文化無限的邊緣化，最終因為失去自我「吐陳納新」的能力而徹底失去文化的競爭力，成為全球化文化下「非我」文化的犧牲品。第二個極端性的結局則是本土文化由於過度的自我封閉和大同性的壓制，使本土文化各個文化單元子系統的主體性內部產生裂變，最終使有相同文化認同和價值基石的本土文化呈現「分崩離析」的態勢，臺灣1980年代以後的臺灣本土文化出現的「去中國化」傾向其實就是這樣的極端下產生的結果。由此可見，全球化來襲，單純表面意義的本土化的抵抗，只可以是「抱薪救火」其結果也只會是薪不盡則火不滅」，以巨大的作用力去對全球化反擊只可以得到一個被加速的發作用力的自我傷害。

8　《魯迅全集》第一卷，人民文學出版社，1981年，第198頁。

第二節　全球化與地緣政治的競合

2009年第13期俄羅斯《專家》週刊在封面專題為：全球化後的世界格局的系列文章。其中兩篇文章非常有特色，一篇名為：世界和平的多種方案；另外一篇為：倫敦峰會後的世界。最後這篇文章為筆者在國立莫斯科大學的師弟馬克‧紮瓦多斯基發自北京的評論，文章對於G20後的世界格局進行了比較詳細的分析，並且對於俄羅斯的戰略發展方向提出自己的質疑，這篇文章具有相當的指標意義，在某種程度上馬克‧紮瓦多斯基的思維代表了俄羅斯現任總統梅德韋傑夫對於世界格局的思考。中俄的戰略開始由一直受到美國的擠壓，變為漸進性擴張。

一、俄羅斯開始整頓獨聯體國家

馬克‧紮瓦多斯基認為儘管美國面臨經濟困境，但俄羅斯未來在東歐等地區的地緣政治擴張可能性很低，因為俄羅斯的經濟在很大程度上還被寡頭控制，俄羅斯軍隊軍費的來源非常有限，這樣俄只能夠在區域擴張上下功夫，就是說俄羅斯現在最大的國策就是整合獨聯體國家。俄羅斯與獨聯體國家在經濟方面的整合已經相當的成功，現在需要在政治整合上下努力，最好之前顏色革命中的烏克蘭和格魯吉亞產生政權的更迭，現在俄羅斯已經將美國在中亞國家的軍事基地基本消滅，但中亞國家回歸獨聯體，對於俄羅斯長遠的戰略沒有太大的意義。最後就是格魯吉亞如果未來兩年能夠政權更替，對於俄羅斯發展將會是一劑強心針，現

在幾乎所有的莫斯科媒體都在關注格魯吉亞所進行的遊行，儘管媒體都認為這只是自由派的內部鬥爭，但如果能夠先逼退薩卡什維利最好。

自蘇聯解體之後，美國利用十多年的時間，將東歐置於北約的保護框架之內，自出兵並佔領伊拉克之後，中東問題中的亞朗問題更加突出，據俄羅斯相關專家介紹，在布希總統執政的後期，美國的軍事力量已經準備好並可以攻擊和全面佔領伊朗，並且在南亞和兩韓問題上，美國採取全面強硬政策。

美國金融危機發生之後，使得美國在國際上的地緣政治霸主的地位全面倒退和消弱，但是由於這一局勢來的相當突然，並且出乎歐洲和日本、韓國、印度等國家的意料之外，日本、韓國、印度這三個國家的戰略方向可調整的速度相當有限，如果當初日本前首相小泉純一郎不採取脫亞入歐的政策，與中國友好並且共同決定區域局勢，這樣東亞和南亞的格局會產生根本性的變化。另外歐洲的德國如果當初能夠聯手法國讓歐盟有更多的作為，並且減少北約的軍事擴張，那麼現在法、德對於世界整的格局都會產生具有決定性的影響。在北約東擴的前提下，歐洲安全沒有得到保障，反倒是徹底破壞了歐洲和俄羅斯互信基礎。

這樣俄羅斯和中國的國際戰略調整的速度，決定了未來整體世界的格局。

二、俄中加快戰略調整

由於世界能源價格的上漲，使得俄羅斯經濟剛從蘇聯解體和震撼療法中緩過精神來，但在美國地緣政治的全面擠壓下，俄羅斯分別喪失烏克蘭、格魯吉亞和吉爾吉斯三個盟友。

俄羅斯相關專家認為，俄在這次直接的戰略擴張可能性不大，但可以加緊俄羅斯和獨聯體國家間的互動，如果在梅德韋傑夫任內有獨聯體國家宣佈加入俄羅斯聯邦，則會對於梅德韋傑夫未來再次連任或者可以讓普京再次回鍋當總統產生相當大的有利因素。當今俄羅斯經濟基本上還是依靠出口能源為基礎，未來石油的價格回歸一百美元以上的可能性並不大，在這種情況之下，2009年俄羅斯內部的共識就是，石油的價格不能夠低於四十五美元一桶，否則俄羅斯將會產生內亂，或者一些武裝、安全部門就會產生可以對外主要是獨聯體國家，蠢蠢欲動的理由。

三、中國也需要地緣政治的擴張

中國在面對美國地緣政治的壓迫時，選擇發展自身的經濟，中國的戰略更多的是應用在歐洲、非洲和南美洲，對於東亞、東南亞的動作多數為悄悄進行，這基本屬於遠交近攻的外交思維的延續。在美國經濟危機的前提下，中國在東南亞國家中再發展一兩個盟友。

幾十年間，地緣政治階段性推高油價，遠甚於其他市場因素（圖片來源：www.meide.org）

俄羅斯的一些專家認為，在這次危機當中，美國用經濟復甦來鎖死中國的戰略思維，利用格魯吉亞小規模的遊行給俄羅斯帶來一些沒影的希望，在中俄忙於各取所需中，美國為自己贏得復甦的時間。

大陸電視媒體還在尋找一些沒有陷入危機的公司來證明這次危機僅僅局限在經濟範圍內，而對於美國的戰略緊縮討論不多。

對此，香港鳳凰衛視則有大量的節目在討論中國地緣政治擴張的各種可能性，但由於人員太少，很難產生大範圍的共鳴。在中國內部，由於很多的國際關係的研究人員在原來的十年間所進行的研究很多都是使用西方的研究基金，這使得中國在地緣政治擴張思維上舉步為艱。如果現在中國和俄羅斯不聯手共同行動的話，未來俄羅斯地緣政治的擴展大約就是在獨聯體國家，如果中國過了十年或者二十年的黃金發展期，中國如有危難的話，它的緩衝地帶在哪？就是說，像在奧運會前火炬傳遞中出現很多問題時，各國圍觀者多，希望解決和幫助的國家幾乎沒有，中國作為世界多極中的一極，必須及早確認戰略發展的格局。

四、中俄聯盟存在困難

本來中俄關係可以在這次危機中進一步發展，但雙方都存在一定的限制。首先問題出在俄羅斯方面，自蘇聯列寧以來，包括俄羅斯聯邦時期，其國家重要領導人中就沒有出現過的中國通，這為中俄的深入交往帶來嚴重問題，俄羅斯的中國通主要來自遠

胡錦濤與梅德韋傑夫
（圖片來源：新華網）

東地區，因為遠東地區的中文研究領先其他地區，但這些人一直都不在領導核心，非常可惜。另外來自中國內部的基層官員，中國的基層官員有嚴重的反俄和瞧不起俄羅斯人的傾向，這在六十年代反蘇修的過程中得到加深。所以中俄聯盟問題總是，俄羅斯方面下熱上冷，中國方面上熱下冷，正好相反。

這次美國的金融危機百年間未有所見，直到現在為止，來自俄羅斯、中國、歐洲、巴西和印度等國家對美國的直接威脅還沒有產生，其中主要的原因並不是因為美國的軍事實力，而是美國在地緣政治擴張後，使得各各國家在採取任何措施前，都投鼠忌器。

五、美國為中國盟友的可能性為零[9]

中美未來的摩擦，可能的表現形式首先應該在媒體戰上。現在美國媒體和奧巴馬的配合度已經非常高了，美輿論基本上對奧巴馬抱持友善的態度，期望給奧巴馬解決內政與外交政策塑造一個良好的環境，而美國輿論給中國施壓，好讓奧巴馬的對中國政策取得更大戰略空間。

2009年倫敦G20峰會期間胡錦濤會見奧巴馬
（圖片來源：新華網）

---

[9]　胡逢瑛，吳非：《美國為中國盟友的可能性為零》，南方週末網，www.infzm.com，2009年2月20日，有改動。

　　美國財長蓋特納在參議院金融委員會為其舉行的提名聽證會上說，美國總統奧巴馬相信中國正在「操縱」人民幣匯率，並將「積極通過所有能動用的外交途徑，尋求讓中國在匯率方面做出改變」。中國社會科學院金融研究所研究員曹紅輝說：「這可以視為奧巴馬政府在中美經貿關係問題上的首次公開表態。幾乎可以肯定的是，今後美中在匯率、貿易等方面的摩擦和爭端將會增加。」中美未來的摩擦可能的表現形式首先應該在媒體戰上，現在美國媒體和奧巴馬的配合度已經非常高了。

　　自從去年中旬美國爆發金融危機後，美國輿論就試圖將責任外移，歸咎到中國身上，抨擊中國政府控制人民幣匯率，訛言中國固守人民幣不升值是導致美國無法極早從經濟衰退中復甦的原因，以此輿論讓中國成為美國民眾撻伐聲浪的替罪羔羊，好轉移布希政府治國不力的焦點。這也反映了美國政府影響與操控輿論的一貫伎倆。

　　美國輿論為奧巴馬上任後的內政與外交鋪平道路，藉由美國國際強勢的媒體來影響中國對美談判的決策。冷戰期間美蘇對立，美國插手亞太事務並且深陷泥淖，如何防堵蘇聯赤化亞洲必須要有中國的協助，中國與蘇聯不論在邊境問題上或是意識形態的建立上，都有很深的歷史，中俄在歷史上產生了難分難解的恩怨糾葛。對此，美國從來就沒有放棄與中國交好來牽制俄羅斯的戰略想法。美國見縫插針成為牽制中國與蘇聯的特點，而美國傳媒的任務就是執行美國政府這樣的對外政策，在輿論上扮演鷹派，立場堅定且從不退縮。

　　香港美國商會會長魏理庭（Richard R. Vuylsteke）接受中新社記者專訪時，認為「奧巴馬任內的美國對華政策將保持延續性」。過去十年，中美兩國關係早已超越「外交」層面，不斷拓

展旅遊、貿易、文化、國際事務等方面的往來，從政府、民間到個人，實現了「全方位的互動」。魏理庭表示，「奧巴馬目前面臨的最大挑戰就是如何應對公眾心理預期」。華盛頓著名智庫專家、卡內基國際和平基金會高級研究員裴敏欣認為，布希後期的美中關係處於一種「意外地平靜」，而奧巴馬則將會使美中關係重新進入「有控制的摩擦」，奧巴馬會在人權、貿易方面，更加注重美國利益。

當前美國更是需要中國這位貿易與外交的戰略夥伴，美中關係的發展如何有新的突破成為奧巴馬上臺後首要的外交任務。這點俄羅斯深有體會，美俄之間鬥爭的焦點在歐洲與中亞，美國從來就沒有放棄擠壓俄羅斯生存空間的意圖，那麼中國就成為了美國穩定亞洲局勢的正面因素，但以負面新聞見長的美傳媒不會這樣報導來肯定中國的重要性地位，如同新任國務卿希拉蕊就強調中國的人權問題、政治問題與軍事議題。由此可知，美國需要穩定中國與深化美中關係的進一步發展，美國絕不希望朝鮮無核化的問題與臺灣問題成為美國戰略上的麻煩製造者，更不希望見到俄羅斯與中國結盟，如此一來美國將全面在戰略地位上腹背受敵。

過去半個世紀以來，中國從來就不是美國的首要敵人，如何拉攏中國與維繫中美關係的友好且共同對抗俄羅斯就成為了美國歷任總統上任後的首要任務。美國在亞洲需要中國，「一個中國」政策成為雙方處理臺灣問題的平衡點。中國自古以來合久必分、分久必合，隨著中國的崛起，兩岸領導人需有更大的格局與包容去解決兩岸分離的現狀，不能讓美國利用臺灣的剩餘價值玩兩面手法，這是中國作為崛起大國的責任。

美國以平衡臺美之間的貿易來維持美國的經濟利益，以銷售軍事武器來控制臺灣的國防，以新臺幣匯率來平衡臺美之間的貿

易逆差問題,以臺海的分裂來作為圍堵中國的籌碼。儘管克林頓政府時代宣示了「三不」政策──反對臺灣獨立、不支持「兩個中國」與「一中一臺」、不支持臺灣加入以國際資格為要件的國際組織,以及「三項支柱」:「一個中國」政策、兩岸對話、和平解決臺灣問題。這顯示美國對兩岸分裂現狀的主導性。

美國善於利用地緣政治上的特點來制定對外政策,美國在圍堵俄羅斯方面需要中國,在圍堵中國方面需要臺灣。兩岸之間的對立與僵持並不利於解決中國百年來遺留的帝國主義侵擾問題,也不利於維護中國的民族尊嚴,期待美國來解決兩岸統一的問題並不實際。「一個中國」政策成為了美國政府綁架中國的緊箍咒,兩岸如何超越「一個中國」、「一邊一國」、「一中一臺」或是「兩個中國」等等框架性與對立的條件,最後促成兩岸和解或是合併,都考驗著中國。

六、中國媒體策略較簡單[10]

中國對於建立在馬列主義新聞觀基礎上的新聞學和傳播學的理論甚少改進,甚至中國中央媒體的管理人員在海外竟然說出:沒有絕對真實的新聞。作為媒體人所追求的一直就是相對真實新聞,如果把這樣的道理用來衡量自己,是否可以說世界沒有絕對的真理,因此我們就應該放棄對於真理的追求呢?簡單講,中國媒體人為國家賣命的人不多,詭辯的多,其認真敬業精神可能還不如香港媒體人。

---

[10] 吳非:〈美國要推卸危機責任:中俄與美將爆媒體大戰〉,《南方週末》,http://wufei.z.infzm.com/

　　中國要給自己媒體人相對的新聞自由，對於一些衍生出來的
歪理，要儘量克制，不要在海外貽笑大方。這次中俄和美國之間
一定會因為雙方利益的不同，而產生重大分歧。美國要為這次經
濟危機卸責，俄羅斯要擴張和保護自己的能源經濟和地緣政治，
中國則要為「中國製造」正名。這些矛盾都會在媒體上顯示出
來，中俄和美國之間的媒體大戰在2009年也將會變得更加劇烈。

第三節　全球在地化的內涵解讀

　　本土化和全球化的左右互搏，造成的是本土文化的進一步弱
化和文化全球化「單邊獨大」的畸形擴張。然而，面對盎格魯‧
撒克遜文化的獨步天下，本土文化也不會「坐以待斃」，「無所
作為」。既然閉合式的本土化結局已經證明全球化浪潮下刻意堅
持「主我」的形式已經不可以在平面的世界有生存的立體空間，
那麼本土文化的生存便開始了一種「雞尾酒」式的開放化，主
動適應全球化的新的選擇。在單向的全球化和「故我」的本土化
「排他」兩個極端中，這種開放性的本土生存方式可以算是一條
拼合的「中間路線」。如果從全球化（Globalization）和本土化
（localization）詞語的加和來看，這種中間路線可以稱為「全球
在地化」。（Glocalization）

一、全球在地化的定性與認知演進

　　全球在地化為英文Glocalization的中譯，也有譯為在地全球化
者。是全球化（globalization）與在地化（localization）兩字的結

合。「Glocalization」一詞最早出現是在上世紀80年代日本經濟學家在《哈佛商業評論》（Harvard Business Review）上發表的文章之中。[11]

從「全球化在地化」的構詞形式便可以看出，全球在地化這一理念融合了全球化（globalization）與本土化（localition）兩個極端，強調的是二者的相輔相成和互動發展。用中國式的思維來理解，全球化是「面」，在地化是「點」，全球化是橫向的動態整體聯繫，本土化是扣緊在地特色延展和維持，而全球在地化則使二者相生而存，在相克對立中激發出新的發展。其實，「Glocalization」這一詞在華語世界並沒有形成統一的翻譯，除了「全球在地化」，「Glocalization」還有「全球地方化」、「全球地域化」、「全球本土化」等數種語義轉換。

全球在地化最早的起源是在日本的商業行為之中，如企業融資的財團訂購、電子技術的本土運用等。「全球在地化」一詞在日語中的對應辭彙是「土著化」（日文），它表面的文意是「生活在自己的土地上」，引申意則是全球性架構下，適應本土性環境的一種策略。最初，這一觀念是為了配合農業技術領域和本地化條件結合，隨著日本經濟的高速發展，「土著化」在上世紀80年代的日本商業市場戰略中被廣泛的應用。

在1990年5月德國波恩開幕的全球轉變（Global Change）展覽上，當時的德國旅遊發展部長曼弗雷德·蘭切（Manfred Lange）提出了「全球在地化」這一理念。在他的描述中，全球與地域的縱深互動是真正的全球化。這種互動不僅包括物質層面的流通，更包括精神與觀念上的交融。[12]儘管在那次展覽中「Glocaliza-

---

[11] http://searchcio.techtarget.com/sDefinition/0,,sid182_gci826478,00.html.

[12] Barry Wellman and Keith Hampton, Living Networked On and Offline

tion」一詞沒有正式的出現
在宣傳海報或是官方的檔
中，但是它作為一種新的提
法卻在那次展會中被廣泛的
提及，並被確定為媾和地域
與全球之間的一種方式而得
到各方的肯定。

全球在地化從思考到現實
（圖片來源：isas244blog.wordpress）

　　「全球在地化」真正開
始被大眾所熟識，並被開始
在世界範圍內廣泛的接受是在英國的社會學家羅蘭·羅伯遜（Ro-
land Robertson）於上世紀90年代正式提出這一觀點之後。在他以
後，加拿大社會學家基斯·漢普頓（Keith Hampton）和巴里·韋
爾曼（Barry Wellman）在90年代後期將羅伯遜的這一概念進行了
延展，將人類在地域或者更廣範圍內進行的友好交流，商業往來
都納入了「全球在地化」的視野之下。[13]

　　由於全球化一詞的片面的解釋，許多本土的內容被掩蓋和忽
視，而在另一方面，本土化的極端又傷害了大勢所趨的全球化進
程。這兩種方式事實已經證明都無益於人類本身的發展，全球在
地化的出現可以說很好的彌合了兩者之間的縫隙，在兩不傷害的
原則下實現了多元的表達。《世界是平的》作者湯瑪斯·弗里德
曼其實就是全球在地化的一個堅定支持者。在他的這本書中，介
紹了互聯網怎樣實現全球在地化，並鼓勵人類用各自民族的語言

Contemporary Sociology 28, 6 P48-54, Nov,1999.
13　Hampton, Keith and B Wellman，The Not So Global Village of Netville
　　P345-371 in The Internet in Everyday Life, edited by Barry Wellman and
　　Caroline Haythornthwaite, Oxford: Blackwell, 2002.

使用互聯網。除了湯瑪斯・弗
里德曼這樣的全球化的專家，
一些NGO組織也致力於發展
全球在地化，如成立於2001年
的「全球在地論壇」（Glocal
Forum）和一些新興的「全球
在地大學」。

星巴克（starbucks）為全球在地化沖
的咖啡（圖片來源：glocalactions.com/
links.html）

　　由於既有認識的差別，
全球在地化在意義解讀上有著
一定的差異，但是有一點共識
是不可否認的，那就是全球在
地化強調的是個人、團體、公司、組織、單位與社群同時不僅擁
有全球化的思考，更要有在地化行動的意願與能力。這種共識不
僅展示了人類連結不同尺度規模（從地方到全球）的能力，還幫
助人們征服中尺度（meso-scale）、有界限的「小盒子」（little-
box）的思考（有邊界的思考）。[14]

　　作為一個因現實而催生的融合概念，從理論層面來審視，全
球在地化實質上是全球化理論的進一步延展。全球化，本土化的
出現其實是基於笛卡爾二元論線性思維的聚像衍生，這種哲學上
的二律悖反其實恰恰揭示了人類的認識活動深入發展後所必然面
對的一種衝突情景。無論是全球化研究還是本土化的反思，他們
深入挖掘的一個交點其實就在於二者的加和──全球在地化：本
土化實際上就是一種「全球化了」的本土化，全球化一旦落實到

---

[14] Barry Wellman, Little Boxes, Glocalization, and Networked Individualism
P11-25 in Digital Cities II, edited by Makoto Tanabe, Peter van den Besselaar,
and Toru Ishida. Berlin: Springer-Verlag, 2002.

某個民族國家或地區，它也就成了一種「本土化了」的全球化。換句話說，在全球化過程中，最封閉的民族也不可能沒有全球化的痕跡，反之，即使是開放程度最高的國家，也不可能沒有民族的烙印。這種充滿辯證法的觀念有助於我們深刻地理解全球化過程中出現的衝突、融合，確立對待全球化的正確態度。正如羅蘭・羅伯遜指出的一樣，即使不以全球在地化來代替全球化和本土化，也應該從這一視角考慮全球化和本土化的現實定位。

　　除了理論邏輯的層面，從事實層面來看，全球在地化其實也是一種客觀存在的現象。眾所周知，全球化帶來的是一個趨同的過程，但是這種趨同性並不代表著單一的同質化，而是一個充滿內在矛盾的過程。

泰國曼谷雙手合十的麥當勞叔叔
（圖片來源：www.geographyteachingtoday.org.uk/.../starter45）

　　在資本、資訊、權力和財富日益集中的同時，其分散化的趨勢也有增無減。例如在當今的世界，資訊高度集中於西方發達傳媒手中，但各國人民對資訊共用的程度也越來越高，資訊壟斷則

日益不可能。各民族和各文明體系在生活、生產方式和價值觀念上趨同化的同時，特殊化和多樣化也日益凸顯。身處全球化的時代，我們卻發現四周各種形式的民族主義再度抬頭，回歸傳統的呼聲日益高漲。媒體正以新的方式運作，一方面提供給民眾以全球共用的交流空間，另一方面正以復甦地方性文化的懷舊情愫，來滿足當地的、本民族的或某一社會群體的需求。全球在地化的出現其實在現實的落地中就是這種巨大的兩重性整合的過程，在這一過程中，全球化在世界各地以多元的形式出現在不同的社會文化語境中。[15]

二、全球在地化的文化的現實渴求

長期以來，全球與本土的衝突是全球化實踐中最為緊張而又難以擺脫的問題。全球化和本土化的博弈在極端的行為中變成了改頭換面的西方中心主義和狹隘的民族中心主義的對抗。這種「水火不容」在文化的對撞中更是顯得顯像而極致。表面上似乎是一般不可逆轉的潮流文化全球化，實際上充滿理念上和實際上的弔詭。

撒母耳・P・亨廷頓在其《文明的衝突與世界秩序的重建》一書中，宣稱未來人類的戰爭是不同文明之間的對抗所引起的，這種洞察式的宣告事實戳破了長期以來西方國家挾政治經濟的優勢，對其他地區國家政治價值、體制的指揮與規劃的統治、支配，動輒以世界和平、人權外交遂行其政治經濟的實質利益。就文化的普遍性邏輯來說，全球事實上須要共通的人權理念體系，

---

[15] 歐陽宏生、梁英：《混合與重構：媒介文化的「球土化」》，《現代傳播》，2005年第二期。

但目前的難題是，由於西方與非西方國家之權利價值認知的差異和實際運作的落差，導致價值體系無法正確交融互動，凡事以西方價值為優越的態度，更阻礙了全球在地化邏輯的發展，即全球化須源於各地多元差異的在地化價值。在缺乏全球在地化的實踐的過去，文化全球化易淪為了西方霸權支配的晃子。

圖左： 撒母耳‧P‧亨廷頓（Samuel Phillips Huntington）：（1927年4月18
日-2008年12月24日），當代頗有爭議的美國政治學家。他以《文明
衝突論》聞名於世，認為21世紀核心的政治角力是在不同文明之間而
非國家之間。近來，他對美國移民問題的看法亦廣受關注。
圖右： 年輕時的撒母耳‧P‧亨廷頓
（圖片來源：維基百科轉自ritsmas.wordpress.com/.../）

除了較高層次的全球文化價值普遍性與差異性的問題外，文化全球化亦經常有文化商品全球化的嫌疑。法蘭克福學派對文化工業批判的要旨在於通俗、娛樂文化利用傳媒的大量複製，正迅速的淹沒人們傳統價值的記憶和認同。在全球化過程中，文化工業結合商品的蔓延，滲透到世界各地。文化全球化事實上是全球文化價值體系的普遍化和地方文化多元價值體系的特殊化「去與回」的過程，但如果德國人遺忘了其優美的歌德傳統，而一味的癡迷於麥當勞和節奏布魯斯音樂的商品組合；或印度人捨棄其婆

羅門優良價值的內涵,而一味追求法國式浪漫電影和義大利的服飾品牌,則坐實了文化全球化僅為資本家掩耳盜鈴的工具。

霍克海默(左前方),阿多諾(右前方)與哈貝馬斯(背景右方),1965年攝於德國海德堡(圖片來源:Wikimedia Commons)

　　由此可見,我們必須細心的解讀羅伯遜「全球在地化」的內涵和外延,因為他所觀察到全球化不只是歐美強勢文化同質化全球的過程,也包括了其他在地特殊文化向世界散播或抗爭其價值、象徵意涵的異質化過程。世界的麥當勞化、狄斯奈樂園化並非於全球各處皆複製同樣的消費風格,而是資本家會借由地方特殊的脈絡,生產出「附和」地方的消費風格和消費熱潮。事實上,羅伯遜所點出的道理在於,現實的全球化發展中很難有單一的世界觀和價值邏輯支撐整個不斷向前的辯證體系,這也是全球化可以多元的內涵之處。不過,這個論點並未隱藏住文化商品化或霸權支配的背後邏輯,因為目前的全球化過程中並未真正徹底實踐普遍化和特殊(在地)化互為關聯的實質,而是如喬納森・弗里德曼在《文化認同與全球性進程》所指出的,文化全球化表

面上看是一個強勢文化移植全球的過程，但其實是各在地特殊文化藉由不同文化策略的手段運用同一機制，進而在全球場域中彼此相互影響的過程，而這過程中影響最明顯的是商品和市場。[16]

三、全球在地化存在的意義與作用

在一些人的眼中，全球在地化常常被視為全球化的延展，只是在全球化的上面加一些元素，注重於本土文化自身的一種轉化生產和重新的杜撰。這些在全球化延展下生產出的「本土產品」或被陳列起來作為一種樣板被研究和學習，或又變為一種全球化經濟鏈條下形成的網路行銷輸出到其他文化異質的國家和地區。

圖左：身穿和服的米奇和米妮（圖片來源：新華網）
圖右：身著唐裝的米奇和米妮（圖片來源：新華網）

全球化在地化在某種程度上的實現有著各種各樣的作用和意義。首先，全球在地化的實現有著很高的潛在附加產值。全球在

---

[16] 〔美〕喬納森・弗里德曼著，郭健如譯：《文化認同與全球性進程》，北京：商務印書館，2003年，第76頁。

地化的實現會使很多原屬於地域之內的商品（物質和精神都有）可以穿越技術與制度的門檻謀求更廣泛的市場和更高的國際附加值，並保持在世界範圍內的持續的需求，這對於既往集成化生產商的競爭對手來說更是具有特殊的意義。

其次，全球在地化的實現可以催生完全與眾不同的本土產品。相較於其他的產品，具有全球在地化特色的產品的生產尤其是文化產品的生產具有更高的難度以及更加昂貴的生產成本和風險化的消費者——生產出的商品可能會讓本土的消費者無法接受也無法讓異質文化的消費群體理解甚至會招致一種文化的抵制。但是，這種「全球化思維，在地化行動」生產出的產品一旦獲得成功便一定會獲得超越文化邊界的喝彩，臺灣的雲門舞集的成功便是最有力的證明。

再次，全球在地化的實現可以保住本土市場的原始利益。同後工業時代形成的全球化生產以獲得外部經濟利益為最終目的不同，全球在地化的實現對外經濟利益的追逐和市場的擴大不是唯一的目的，全球化在地化的實現更多的是來自於內部市場中的巨大壓力和威脅。試想，如果失去了本土市場的經濟利益這個根基，一切基於「在地」本身所生產的產品便會成為全球化商品中毫無附加價值的「規定產品」，從而最終在內外兩個規模型市場推廣以及廣告賣點訴求中失去動力。

四、全球在地化，web2.0時代的構建的未來

「Web2.0」已經是一個時代的符號，但是他的出現卻是源自於一次會議討論偶然的「脫口而出」。2004年3月，歐雷利媒體集團（O'Reilly Media）負責線上出版研究的副總裁戴爾‧多爾蒂

（Dale Dougherty）在公司的一次會議上隨口用web2.0一詞來定義互聯網上出現的一些新動向，隨後web2.0一詞在O'Reilly公司和Media Live國際公司之間的頭腦風暴中得到了展開。[17]在那個會議之後，「Web2.0」一詞以驚人的速度在全球傳播並迅速深入人心，從Google上可以搜索到接近4億以上（截至2008年11月30日）的鏈結。在2004年10月web2.0大會中，web2.0被描述為互聯網的新平臺，但是，隨著互聯網技術的發展以及人們觀念的對於互聯網認識的不斷深化，web2.0在內涵、外延乃至他的實際效用上都有著不同版本，不同層次，不同角度的解讀。

 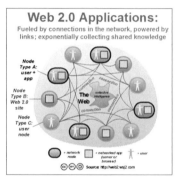

圖左： Web2.0帶來的是生活結構和行為思考模式的轉變（圖片來源：網易）
圖右： 身處Web2.0（圖片來源：http://web2.wsj2.com）

　　雖然說長尾理論，六度分隔理論，公共版權是web2.0的理論基礎，博客（Blog），維琪（Wiki），互動標籤（Tag），社會網路服務（SNS）聯合組織規範技術（RSS）是web2.0的現實應用，但至今關於Web2.0的意義仍存在極大的分歧，一些人將Web2.0貶低為毫無疑義的一個行銷炒作口號，而另一些則將之理解為一種

---

[17] O'Reilly Media官方網站：http://oreilly.com/。

新的傳統理念。可是不管web2.0究竟為何，它對於商業行為，技術尤其是人類認識活動的延伸都有著不可忽視的作用，它所帶來的聯動式的改變更是為全球在地化勾畫了藍圖。

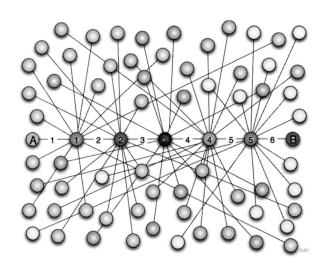

1967年，哈佛大學的社會心理學家斯坦利‧米爾格蘭姆（Stanley Milgram）就設計了一個連鎖信件實驗。他將一套連鎖信件隨機發送給居住在內布拉斯加州奧馬哈的160個人，信中放了一個波士頓股票經紀人的名字，信中要求每個收信人將這套信寄給自己認為是比較接近那個股票經紀人的朋友。朋友收信後照此辦理。最終，大部分信在經過五、六個步驟後都抵達了該股票經紀人。六度空間的概念由此而來。六度空間理論指出：你和任何一個陌生人之間所間隔的人不會超過六個，也就是說，最多通過六個人你就能夠認識任何一個陌生人。這就是六度空間理論（Six Degrees of Separation），也叫小世界理論。六度間隔理論模式圖（圖片來源：Wikimedia Commons）

　　在商業領域中，全球在地化常常被認作是國際化的商品在對某一地區標準模式適應，更被視為本土地理位置的突破。而在社會科學領域，全球在地化則是被視為全球和本土的一種對話求同的協商式進程。本土向全球索要的是平臺，全球向本土要求的是

文化。資訊的「二進位化」，賽博空間對於資訊交流的加速在技術上都為這種實現提供了可能。「地球村」的假設包含了語境，文化的多樣並存和普遍價值的實現。在web1.0時代，技術的進步使地球村的這一假設突破了初級的瓶頸，但是，現實制度下理念的禁錮，讓每個人對於「地球村」的「烏托邦暢想」產生了懷疑。現實「地球村」下有限的內容窄化了人類關注未來的視野，一些「在地」的資訊和內容被幾近同一的思維所湮沒。在這樣的危局中，Web1.0時代用技術編制的網，開始接受web2.0理念的重新織補。而隨著以參與性，互動性為內容顯現為核心的web2.0理念實現，全球在地化的結構網路也日漸清晰。

全球在地化的結構網路是以web2.0為基礎的，而不是以簡單的地理概念來劃分邊界，它為人類提供思考的維度是本土性思維在現實社會結構中的定位以及人類與各自文化之間的內在關聯。在這種基礎和維度下，全球在地化注重的是合作而不是對抗，是雙贏而不是雙輸。在web2.0的結構中，每一個主體（不一定只是人）都有借助於賽博空間構建的平臺展現自我的元素的自由，在這種展現中，本土的元素可以突破內外兩個集體的掣肘，實現多元個性的表達。

榮譽系統（Honor System）[18]搭建了本土化的社會思維體系，並以此構建了其自身內容的一種自信和「絕緣」。然而，這種榮譽系統結構並不是世界整體性結構的的構成部分，因此，這種系統搭建下的思維結構就會如本章第一節所言的那樣，產生「自耗內力」的極端。和這種不同，web2.0為基礎的全球在地化追求的並不是孤立內容進程，而是平等事實的內容文化交換，在一定程

---

[18] 榮譽系統哲學上解釋為建立在自信、榮耀以及忠誠基礎上的一種表達形式，以自我的獨立、自由、神聖不可侵犯為主要的特徵。

湯瑪斯・弗里德曼（Thomas Friedman）：是一位美國新聞記者、專欄以及書籍作家，並是普里茲新聞獎的三屆獲獎者，目前擔任紐約時報Op-Ed（時事評論文章、通常放於報紙社論的隔頁）的專欄作家。他的專欄主要關切國際關係，在週三與週五刊出。佛里曼以提倡以巴和平、阿拉伯世界現代化與全球化而受到矚目，偶而會提及這些議題背後潛藏的危機。他的書從中立、新自由主義（neoliberal）的觀點提出國際政治的不同面向。（資料來源：維基百科；圖片來源：維基百科轉自Charles Haynes' flickr account）

度上還可以整合「本土」的共有性資源與異質內容實現全球競合。

總之，在弗里德曼筆下的全球化3.0時代，web2.0為全球在地化勾畫了一個未來的圖景，在這個未來的藍圖中，本土社會的資訊和內容可以被選擇性的發掘，組織，展現，分享，更可以通過非受迫性的自主表達在平等的技術平臺下實現理念的突破，在各個文化的競合之中實現多元與共榮。

全球在地化帶來的不是技術上的「洗心革面」，更不是對全球化的顛覆，而是本土內容相容並蓄後的核心表達以及全球思維下表達理念和形式的破舊立新。眾所周知，內容的出口總是要有媒體作為依託，而在現實的全球媒體中，在地內容也在各自的在地文化結構之下，依託於各自的媒體（包括制度、技術、理念各個層面）進行著文化以及理念的轉換與輸出。當然這其中有成功的典範，也有反思的教訓，有尋求涅槃的努力，也有不知何從的迷惑。

第二章
顏色革命：全球在地化的扭曲與陷阱

第一節　蘇聯走了，顏色革命來了

一、公開化打開潘朵拉的魔盒

雖然時間過去近二十年，但是有關於蘇聯的爭論和各種傳說還在世界的各個角落以各種版本，各種角度進行著多樣的解讀。的確，蘇聯，完全就像是一部二十世紀的童話，在地球的最北部，用最遼闊的疆域伴著「彌賽亞」精神演繹了一部人類最偉大壯麗的世紀史詩。從他的誕生到他的解體，至今仍像是一場讓人忘不了的夢一樣，至今糾纏著無數的人。有關於這個曾經的超級大國為彷彿一夜之間化為烏有的分析很多。但是不管怎樣的前因後果，一個叫做「公開化」的政策都是打開了蘇聯從有到無的潘朵拉的魔盒。

1984年12月10日，蘇聯媒體社會學家Leonid Onikov在「公開化」經歷了「半個世紀的沉寂」後重新提出了「公開化」這一概念。戈巴契夫在他的演講中他提醒他的工人和黨員們「蘇聯的公民是『經過文化和教育的人並且隨文化和教育水平的提高而與

日俱增」[1]在社會主義者過去的七十年的建設經驗之中,他們往往拒絕接受過於簡單單純的問題答案並且異常敏感的去得出一些謬誤的結論,害怕出現一些真正有悖於社會主義者觀念的言論的發展⋯⋯對於這些人,我們必須告訴他們事實」他接著說,「公開化是社會民主和公共生活不可缺少的完整的一部分。從大的方面來說,及時而又公正的資訊對於提高公民對於資訊的信任以及他們在理解辨別事物的判斷、智慧、能力⋯⋯公開化也有助於政黨以及聯邦的扭曲的官僚作風的糾正以及讓更多的民眾參與其中——糾正其中的缺失與不足——為了使生活變得更加的美好我們必須在關鍵以及具體的行動上做出這樣的調整⋯⋯在上面這個給人印象深刻的演講的影響下,1985年3月戈巴契夫當選為蘇共中央書記,在當年4月的蘇共中央全會上,戈巴契夫正式提出了愛他的公開化設想。在四月的中央的全會的精神結合列寧的相關著述之後,蘇聯政府發展了他的資訊管理的相關政策和規定,規定了「一個純粹的社會主義者言論和出版的自由——可以公開的交流自己的思想和看法——法律上保證少數民族的權利」[2]等。

蘇聯1988年發行的郵票(圖片來源:Wikimedia Commons)

---

[1]　Excerpts from the speech are published, in English, in the Current Digest of the Soviet Press, vol. XXXVI, no.50, January 9th, 1985.

[2]　Yuri Baturin, "Glasnot i demokratiya", Pravda, June 19th, 1988.

　　1986年，戈巴契夫極力倡導新聞界「公開性」、「透明度」，要求解除對公開討論和個人意見表達的限制。「應該對人民說真話，不要害怕自己的人民。公開性是社會主義的本質屬性。」戈氏的出發點是好的，「在進行改革的條件下，重新喚起和加強蘇聯人對國家命運的主人翁責任感、對公共事務的個人參與感和個人利益相關感，是一項極重要的政治任務，甚至是最重要的政治任務。」他想要通過「公開」，喚起蘇聯人的政治熱情，這種政治熱情既可以幫助他掃清改革中的「頑固派」設置的障礙，又可以醫治蘇聯幾十年來積攢的腐敗、低效等社會弊病，保障改革的順利進行。「我們認為，發揚公開性是把反映蘇聯社會一切階層和職業集團的利益的各種意見彙集起來的方法。如果不通過批評，尤其是來自『下面的批評』來檢驗自己的政策，反對並防止消極現象，我們就不能前進。」

　　與此相配套的措施有：戈巴契夫於1987年5月26日下令停止對VOA的干擾；1988年11月29停止對自由電臺和自由歐洲電臺的干擾。這一做法受到了美國的稱道，認為「這是戈巴契夫實行改革後最有意義的行動之一。」雖然用冷戰的思維來看，美國這樣的稱讚確實不很真誠，「……為鼓勵實施「新思維」的內外改革，西方給予了某種回報。」但不管西方是否在給雞拜年，戈氏的改革還是在繼續。1989年7月，《刑法》中禁止「反蘇維埃鼓動和宣傳」的條文被刪除；1990年《新聞和其他大眾資訊媒體法》宣佈取消檢查制度。

　　作為重要報導方面的經濟領域的報導蘇聯依然沿襲著其基本的「議程設置」的做法。但是這樣的做法並不能夠完全達到「成功的設置」的目的。

位於捷克首都布拉格的自由歐洲電臺總部（圖片來源：RFE/RL, Inc）

公開化運動的第一個目的就是重新在「批判」與「頌揚」之間找到新的平衡以符合列寧所提出的公開化的內涵。過去以傳播正面的經濟和社會因素為主要功能的蘇聯媒體如今在號召下有效的開展批評和自我批評。

在1988年9月《論據與事實》（Argumenty i Fakty）雜誌的一篇採訪報導中蘇聯紅軍參謀部代表承認有關蘇聯陸軍和海軍的生活和活動的報導開始變得越來越廣泛了。隨著公開化的推進，國防部的記者招待會發佈的內容也

1991年坦克開入紅場
（圖片來源：T-80 1991 coup attempt04.jpg）

越來越廣泛——報導現在可以大膽的指出軍隊中的不足對於軍隊行政也可以直接提出批評。

此外，作為重要報導方面的經濟領域的報導蘇聯依然沿襲著其基本的「議程設置」的做法。但是這樣的做法並不能夠完全達

到「成功的設置」的目的。1988年，經濟新聞報導得到了「重新
建構」。在經濟報導中報導內容比例上升最快的是那些有關經濟
方面的負面的報導以及批評性報導，而過去那些為經濟運行「樹
立典型」的報導的功能則在慢慢的消失。

　　除了批評性的報導還有經濟方面的公開報導之外，公開化報
導還在蘇聯過去的歷史的報導中充分的體現。對於那些被以前的
報導蒙蔽的人來說，1985年以前有關蘇聯政黨領導的歷史需要一
個新的解讀。在過去，媒體總是和社會其他文化領域一樣，可以
的去將一些歷史事實有選擇性的，刪節式和選擇式的將歷史展現
出來。在這個層面來說，公開化最大的貢獻就是將過去塵封的歷
史重見天日，讓蘇聯的歷史有了一個新的起點。

　　「新歷史」關注於全面或者部分展示史達林時期的受害者的
歷史事實以及其中的啟示，其中包括被稱為不被歡迎的布哈林、
托卡切夫斯基、甚至托洛茨基的人的歷史。許多報導向公眾全面
展示了史達林統治時期的統治的一些罪惡，其報導的尺度遠遠超
過了赫魯雪夫在蘇共20大時報告展現的內容。一些組織和報刊甚
至刷出了「填補過去的空白」的號外標題，以作為其重新解讀蘇
聯歷史進程的開端。1988年2月《真理報》開始了「重讀蘇聯以及
共產黨歷史」的一系列報導。第一篇報導設計到了列寧的遺囑，
報導中描述列寧在臨死前表揚了布哈林和托洛茨基並且指出史達
林「太粗暴」，表示「他可以作為一個和我們和平共處的共產主
義者，但是卻不可以勝任部長會議主席這一職務。」[3]這篇文章還
分析了史達林為何在列寧這樣的表示之後是如何取得蘇共的領導
權的。

---

[3]　Published in Pravda, Feb.26th ,1988 (Summary of World Broadcasts, March
　　10th, 1988).

此外一些有關史達林私人生活的細節也開始有了公開的報導。比如史達林在對德的為國戰爭過程中表現出過畏難情緒，並且在蘇聯在戰爭中最困難傷亡最重的那幾天曾一度交出國家的權利。一些諷刺和挖苦史達林的幽默笑話或報導也開始公開出版。這些報導大大刺激了長期以來被蘇聯強大的宣傳機器「教化」過了的蘇聯民眾，尤其是蘇聯個加盟共和國的非俄羅斯族長期以來就積聚著一些不滿情緒，在「公開化」的影響下，許多現實中暴露的問題得以無限度的發酵，民

蘇聯出版的史達林和毛澤東宣傳海報。事實上史達林的身高不到1.70米，比毛澤東矮很多（圖片來源：Ukrainian or Soviet work and it is presently in the public domain in Ukraine）

圖左：諷刺史達林的漫畫（圖片來源：the11thhour.blogspot.com）
圖右：諷刺蘇德瓜分波蘭的漫畫（圖片來源：105.wikispaces.com）

族激進主義思潮，民粹主義思潮在這些加盟共和國氾濫，脫離蘇聯，實現獨立，澄清歷史真實並交代的聲音越來越大。在這樣的一種堆滿乾柴的社會氛圍中，一點火星便會釀成毀滅性的火焰，事實也確實如此，當1991年12月25日耶誕節的夜晚蘇聯國旗從克里姆林宮上空無聲息的降下的時候，蘇聯這個詞便永遠只是一個歷史的名詞。

二、顏色革命西方媒體推波助瀾

　　媒體的公開化讓長期壓抑的蘇聯以及各加盟共和國媒體一下子從壓抑走向了自由，然而。無節制的自由、體制轉型中的不健全以及資金鏈的捉襟見肘使俄羅斯以及前蘇聯各個加盟共和國的媒體或是跌入了寡頭控制、民粹主義的陷阱，或是依靠色情，煽情低速新聞來吸引大眾，本書的第三章第四節曾有專門的論述這裏不再贅述。

	Flag	Republic	Capital	Map of the Soviet Union
1		Armenian SSR	Yerevan	
2		Azerbaijan SSR	Baku	
3		Byelorussian SSR	Minsk	
4		Estonian SSR	Tallin	
5		Georgian SSR	Tbilisi	
6		Kazakh SSR	Alma-Ata	
7		Kirghiz SSR	Frunze	
8		Latvian SSR	Riga	
9		Lithuanian SSR	Vilnius	
10		Moldavian SSR	Kishinev	
11		Russian SFSR	Moscow	
12		Tajik SSR	Dushanbe	
13		Turkmen SSR	Ashkhabad	
14		Ukrainian SSR	Kiev	
15		Uzbek SSR	Tashkent	

前蘇聯各加盟共和國（圖片來源：維基百科截圖）

在蘇聯解體，媒體轉型的過程中，西方媒體對於前蘇聯各加盟共和國的滲透卻仍然沒有停止過，冷戰雖然過去，但是俄羅斯依然是西方世界無法讓人放心的「北極熊」不論是葉利欽還是普京，都是西方世界不可不防的頭號勢均力敵的對手。尤其是「9·11」事件，阿富汗戰爭之後，中亞以及外高加索地區更是美國的利益追逐點，在這樣的背景

橙色革命中的尤先科
（圖片來源：環球網）

下讓這一地區多一些親美的勢力少一些親俄的勢力便是美國不二的選擇。在這個過程中媒體與NGO的滲透式成了最有效的手段。

NGO，英文「non-government organization」一詞的縮寫，中文譯為非政府組織。根據百度百科的解釋，它是指在特定法律系統下，不被視為政府部門的協會、社團、基金會、慈善信託、非營利公司或其他法人，不以營利為目的的非政府組織。NGO在全球的大規模的興起是在20世紀80年代，它在全球的迅速崛起並在世界各國尤其是在西方國家的國際和國內事務中發揮越來越多的作用是與蘇聯解體、全球化進程加速以及冷戰後國際格局的發展有著密切的聯繫的。被稱為「第三部門」的NGO繼游離於政府之外，並且不具有企業的盈利性質。NGO這種獨立性、社會性以及非營利性的特徵恰恰吸引了西方國家和相關部門的注意，一些非政府組織甚至成為了政府的耳目喉舌，並且在政府的外交方面發揮了巨大的作用，他們在一些重點、衝突地區發揮的效用使西方國家達到了其通過正常的外交手段所無法達到的干預該地區內部事務的作用。在前獨聯體國家的「顏色革命」中，美國先後在格魯吉亞、烏克蘭等國家空投了大量的非政府組織，並且為這些組

織提供大量的活動資金用以反對既
有的政府和個人。在非政府組織的
這些活動中，其和西方媒體的互動
對於「顏色革命」在中亞和外高加
索地區的爆發起到了不可小覷的
作用。從分析來看，顏色革命中
NGO與媒體的互動形式主要有以

格魯吉亞的「天鵝絨革命」
（圖片來源：中國網）

下幾種，(1) 組織某種反政府活動以吸引媒體尤其是西方媒體的眼
球；(2) 由西方媒體直接對NGO組織提供資金的支持以滿足其報導
的需求；(3) 國外的NGO直接對該地區的媒體提供資金支持以滿足
其理念訴求。[4]

　　一直以來，對於報導中意識形態的體現在很多西方媒體眼中
一直是社會主義新聞報導才有的東西，可是在有關中亞及外高加
索地區「顏色革命」的報導中，西方媒體卻在不遺餘力的在報導
的字裏行間體現著他們本身的一種立場和意識偏向。在對西方媒
體有關「顏色革命」的相關報導的分析不難發現。其在報導中隨
處可見他們思想中那種「自由」、「民主」以及在冷戰時期遺留
下來的「排蘇」的思想形態，幾乎在所有的報導中都有顯現。在
這些報導中凡是涉及到「顏色革命」地區遊行、集會以及諸如像
薩卡什維利手持玫瑰進入國會這樣的報導[5]，西方媒體無不充滿
溢美之詞。在2004年烏克蘭親西方的總統候選人尤先科反對親俄
總統庫奇馬的報導中，西方媒體更是採取了「一邊倒」的報導方

---

[4]　參閱潘如龍，戴錚琴：《「顏色革命」與國際非政府組織》，《電子科技
　　大學學報社科版》，2005年（第7卷）第四期。
[5]　此類報導在《紐約時報》、《華盛頓郵報》、《衛報》、《金融時報》等
　　媒體的相關報導中均可查看到，此處便不再一一列舉實例。

式，在議題設置上為尤先科大唱讚歌，而對於和自身的意識認知有差別的庫奇馬以及其後臺俄羅斯則沒有任何善意。這樣的議題一直到橙色革命之後的幾年後也沒有很明顯的改變，在烏克蘭和俄羅斯之間天然氣問題上，西方媒體對於普京的態度仍是帶有濃烈的「冷戰」色彩，即便是在俄烏兩國就天然氣問題的爭端結束的時候，西方媒體仍是持一種意識性的偏向，對俄的相關的議題的設置依然是有嚴重的意識上的排斥色彩的。[6]

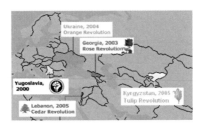

顏色革命分佈圖（圖片來源：en.wikipedia）

在西方媒體有關「顏色革命」的相關報導中，將報導議題的外延化是一個十分明顯的趨勢，在格魯吉亞玫瑰革命、烏克蘭

6　參見www.nytimes.com：Putin Favorite Re-emerging in Ukraine http://www.nytimes.com/2006/07/19/world/europe/19ukraine.html?scp=5&sq=orange+revolution+russia&st=nyt；Presidents Resolve Ukraine Gas Dispute-http://www.nytimes.com/2008/02/13/world/europe/13ukraine.html?scp=4&sq=orange+revolution+russia&st=nyt；Orange Revolution Parties Will Share Power in Ukraine；http://www.nytimes.com/2007/10/16/world/europe/16ukraine.html?_r=1&scp=1&sq=Orange+Revolution+Parties+Will+Share+Power+in+Ukraine&st=nyt&oref=slogin

(4)

Gazprom Becomes the Bear of Russia

http://www.nytimes.com/2005/12/27/business/worldbusiness/27gazprom.html?scp=2&sq=Orange+Revolution+Parties+Will+Share+Power+in+Ukraine&st=nyt，等文章。

橙色革命的報導中，西方媒體將大到經貿往來、民主意識、獨聯體國家對俄態度、普京態度，小到居民生活、社會治安、交通環境、暴力事件等議題都不遺餘力的與顏色革命本身相聯繫。在這些看似相關的西方媒體的報導的背後是西方的媒體以格魯吉亞、烏克蘭等一些前獨聯體國家的民主、自由等「顏色革命」的議題為核心，然後不斷擴大這一議題的報導半徑，將該國的所發生的一切事件尤其是涉及到內政、經濟、民生、外交等的話題「顏色化」和外延化已實現其報導的目的和訴求。最終為顏色革命推波助瀾。

第二節 顏色革命下在地媒體的迷失

一、媒體管理顯弊，西方趁虛介入[7]

在顏色革命發生的過程中，新聞媒體對於形勢的發展起到了推波助瀾的作用，現在看來這其中的原因主要有兩個。

首先，這些國家對於新聞行業的本質和發展認識不足。新聞行業在社會主義國家裏的主要是定義是政府的喉舌，很多人感到在蘇聯時期的新聞報導都是非常死板，當時真正的問題不在於媒體本身的報導，而是媒體在管理過程中，充斥著非專業人員領導專業人員的現象。這些非專業管理人員主要來自政府指派，但在媒體工作的主要人員大多是專業出身，這使得儘管蘇聯政府給予

---

[7] 吳非、胡逢瑛：〈獨聯體國家傳媒在「顏色革命」中的分裂〉，《新聞記者》，2006年第5期。

媒體從業人員非常高的地位，但這些專業媒體人對工作環境並不是很滿意，尤其是蘇聯解體時期，媒體人對於政府的無效管理是非常不滿的。

其次，美國的一些基金會和媒體組織大量進入獨聯體國家。據筆者當時的採訪，這些組織經常讓媒體人到美國去考察，而且還提供大量的經費。值得指出的是，獨聯體國家的媒體人對於美國媒體內部真正的運作卻是不太清楚的，這主要是因為美國已經歷了長時間的太平時期，美國媒體內部對於危機的處理已經非常機制化，平常人往往看不出真正問題的存在。因此獨聯體媒體人在美國的挑選之下前往考察學習之後，在缺乏愛國主義新聞核心價值的前提下，逐漸變為親西的意見領袖。

烏克蘭20格裏夫納鈔票正面（圖片來源：自拍）

總體而言，蘇聯政府對於媒體發展的理論並沒有出現太多的問題，問題出現在媒體管理上。在蘇聯解體之後，這些獨聯體國家中媒體人的地位並沒有實質性的提高，反而在經濟收入上大大降低。比如1992年到2000年間，莫斯科報紙的記者收入大約在300～500美元之間，這樣的收入還遠低於蘇聯時期，只是最近記者的收入才有所提高。在2001年美國展開反恐戰爭之後，一些獨

聯體政府開始普遍採取收緊媒體管理的政策，烏克蘭就是一個典型的例子。政府採用的手段卻是再次讓大量的非專業人士進入媒體的管理層，媒體人的工作和生活環境再次變得非常惡劣，這就使得獨聯體的媒體人對於美國和西方國家的媒體再次表現出不切實際的幻想。

二、烏克蘭傳媒在總統大選中分裂

　　2004年11月，烏克蘭社會陷入了一場敵我情緒對立的危機中，政府派總統候選人亞努科維奇在選舉後以不到三個百分點的差距領先反對黨「我們的烏克蘭」候選人尤先科，尤先科以選舉舞弊為名與政府進行全面抗衡。

烏克蘭美女總理季莫申科（圖片來源：新華網）

　　在這次對抗中，媒體人的態度在影響民眾意見方面具有至關重要的地位。烏克蘭各大媒體官方網站都密切關注選後情勢的發展以及市中心聚集幾十萬示威抗議的民眾行為。與此同時，烏克蘭國家電視一臺內部的矛盾首先展現在公眾面前，這主要是自由派與國家派媒體人在媒體發展方向上的意見分歧，終於在這次選舉後表現出來。自由派與國家派媒體路線之爭，事實上也反映了屆滿卸任總統庫奇馬在執政的十年間政策的搖擺。庫奇馬在執政的前半期採取親美親歐的政策，由於烏克蘭國內能源嚴重缺乏並完全依賴俄羅斯的低價供應，在上個世紀末，烏克蘭開始全面與俄羅斯結盟，但之前親美政策下所培養民眾的親美情緒並沒有隨時間而

消失，這次烏克蘭媒體人的人格分裂是其外交政策搖擺的必然結果。

　　烏克蘭內部的分裂首先反映在國家電視臺領導層和編輯部對總統大選期間新聞報導的不同意見，在選委會公佈選舉結果之後媒體內部的矛盾首先爆發出來。烏克蘭第一電視臺有14名記者宣佈罷工，這些記者認為在選舉之前他們多次與烏克蘭國家電視公司領導層溝通關於選舉期間新聞客觀性報導取向問題，在領導完全不採納的情況下，選擇在大選結果公佈之後罷工抗議。罷工的記者們還表示，烏克蘭國家電視公司的高層在這次選舉的新聞報導過程中，侵犯了烏克蘭法律保障民眾有完整瞭解公正、客觀、全面新聞的知情權利。

　　2002年2月初，前總統庫奇馬簽署法律，確立了烏克蘭國家電視公司成為國家廣電事業集團領導公司的正式官方地位。2003年11月20日，烏克蘭議會通過修正條款，確定國家電視公司與國家廣播公司總裁職務的任命必須由國家領導人提名、議會表決通過

穿橙色衣服的維克托‧尤先科的支持者聚集在基輔的獨立廣場
（圖片來源：http://maidan.org.ua/news/view.php3?site=maidan&bn=maidan_
foto&key=1101124510）

才能生效。但是與此同時，廣播電視公司要設立一個由社會各界代表組成的公共執行委員會，負責節目政策的制定，而廣播電視公司的總裁則相當於公司管理的經理人。烏克蘭言論與資訊自由委員會會長多門科則表示，在政府無錢進行媒體商業化的前提之下，這樣的措施比較有利於廣播電視公共化的發展。

然而，在烏克蘭2004年總統大選年的前夕，議會對國家廣播電視公司總裁行使同意權的做法只能算是自由派與國家派在媒體發展上的一個妥協之舉，至少法律保障了國家元首對國家廣電事業的控制，但同時也賦予廣電公司在制定集團發展方針和組織經營管理上有一個較為靈活與多元的協商空間。烏克蘭第一電視臺記者對於電視臺國家化就一直持反對的態度，這次電視臺的內部矛盾開始公開化了。烏克蘭媒體記者的言論標準一般都是依據美國媒體發展的現狀而定，這些記者經常接受美國媒體組織的支持，經常到美國學習，這使得烏克蘭媒體基層與中層的記者編輯的思想與高層和政府的思想完全不統一，發生在烏克蘭的混亂只是烏克蘭領導失策的一次集中表現。

反對派總統候選人尤先科的顧問團中，有一名音樂製作人瓦卡爾丘克，他向烏克蘭記者喊話：「我想呼籲每一位有媒體接近權的記者，當你在說什麼或寫什麼的時候，請捫心自問，不要用話語隱藏自己的職業道德和工作的核心──促進民主，現在不是談工作的時候，我們所有人都處在國家的罷工期，誰也不能正常工作。記者必須與人民站在一起，請與人民站在一起，就如同我的音樂工作夥伴，和許多其他人一樣，請你們發揮勇敢精神捍衛人民的利益，因為你們是世界上最自由的人，全世界都在看你們的表現。」瓦卡爾丘克的呼籲似乎與罷工記者前後呼應。

尤先科簽名（圖片來源：維基百科）

　　反對派媒體的代表就是第五頻道，第五頻道為了支持尤先科，已經與政府當局的關係瀕臨崩潰。第五頻道在11月25日的報導中稱，俄羅斯特種部隊已抵達烏克蘭首都基輔。後來烏克蘭內務部社會資訊局官員否認了這一則報導，並要求媒體不要散佈不實的資訊，以免誤導大眾認為烏克蘭即將進入暴動，斥責傳媒增加社會不安的動盪情緒。即將卸任的總統庫奇馬指責第五頻道的報導試圖改變政局為反對派提供談判籌碼。11月26日，國家廣電委員會召開緊急會議，討論將封鎖第五頻道和紀元電視臺。政府這一舉措正式向反對派電視臺施壓。政府與第五頻道的對立情緒逐漸升高。在10月31日的第一輪投票後，國家廣電委員會認為，該電視臺在節目中放縱政治人物，預測尤先科將勝出的消息，因此決定採取法律途徑要撤銷該電視臺的播出執照。政府釋放這一資訊之後立刻引發11月2日該電視臺記者進行絕食抗議，抗議理由是政府打壓電視臺是為了避免尤先科當選。第五頻道於2003年創臺，電視臺使用兩顆電視衛星的發射，收視群為1500萬受眾，是西方投資烏克蘭的商業電視臺之一，其親西立場可想而知。

　　事實上，總統和內務部指責媒體的報導不是沒有原因的，因為在烏克蘭的政治走向上，媒體比政府還要著急走西方路線，媒體人認為媒體事業發展必須要走西方市場自由化的道路，這樣媒體人的利益才會最大化，而烏政府為避免失去對媒體的經營控制權，只能對媒體做出部分的妥協。例如，第五頻道是支持反對

派總統候選人尤先科的自由派傳媒，這樣該電視臺就會從美國在烏克蘭的跨國公司獲得大量商業廣告的播放權。烏克蘭媒體在發展過程中失去了自身的特色，反對派媒體在選舉之前塑造反對派有絕對實力贏得選舉的印象，這樣即使反對派輸掉選舉，也會獲得執政黨的其他妥協。媒體為獲得自身商業利益和對政局的影響力，儼然成為烏克蘭政治鬥爭的工具。

三、吉爾吉斯國家意識顯現危機[8]

吉爾吉斯斯坦國徽
（圖片來源：維基百科）

　　2005年2月27日，吉爾吉斯經過議會選舉一個月之後，政府的反對派基本上在這次選舉中全面失利，吉爾吉斯南部發生了騷亂。美國駐吉爾吉斯大使斯蒂芬‧揚在向美國國會提交的關於該國議會選舉期間局勢的報告中表明，美國在吉爾吉斯議會選舉期間用於推動各項「民主」和支持反對派候選人的活動方面已經花費500萬美元，報告還呼籲美國政府在支持吉反對派方面再撥款2500萬美元。在這裏，試想如果俄羅斯政府也開始用更多的資金來支持吉爾吉斯那會如何？而且俄羅斯一定已經這樣做了，但問題在於俄羅斯並不會用金錢來支持反對派，在金錢進入現政府手中，現政府就一定會用這些錢來維持舊政府中弊病，民眾一定會對此更加反感，這使得美國可以用很小部分的錢就能達到事半功倍的效果，俄羅斯只能做費力不討好的投資。

8　吳非、胡逢瑛：〈國家意識薄弱吉國變天〉，《大公報》，2004年3月29日。

　　吉爾吉斯的媒體在選舉前，2月25日吉外交部長阿·艾特瑪托夫發表講話之後，便處於沉默狀態，艾特瑪托夫在出席上海合作組織會議期間對外宣佈，吉爾吉斯不會重複所謂的「橙色革命」，也不存在發生任何有色革命的可能性和前提條件。他強調，吉爾吉斯的政局是「穩定的、平靜的和正常的」。但3月22日後，《吉爾吉斯時報》就開始發表與政府不一樣的評論，該報評論大約有3篇，內容分別為：「吉爾吉斯到底發生了什麼？」「聯合國祕書長安南歡迎在吉爾吉斯各方所展開的談判」「發生在吉爾吉斯的事件正在納入烏克蘭遊戲的軌道」。

吉爾吉斯斯坦衛星地形圖（圖片來源：Google earth）

　　在發生顏色革命的三個國家中，都普遍存在對於媒體本身的特殊性質認識不足的問題。媒體隊伍應該建立自己的核心價值，媒體不應像外交一樣左右搖擺，不然，媒體成為顏色革命的工具就是非常正常的了。俄羅斯總統普京早在1999年就開始努力讓愛國主義成為俄羅斯國家媒體的精神支柱，這同樣也成為俄羅斯現階段成功抵制顏色革命侵襲的保證條件之一。

第三節　後顏色革命時代的雙向選擇

　　蘇聯走了，發生顏色革命的獨聯體國家也似乎在親西方勢力的全勝中結束了紛擾。然而，複雜的政治權鬥，多變的國際形勢以及舉步維艱的國內經濟讓當初希望以「顏色的改變」換來更為美麗生活的民眾的夢想走向的幻滅。昔日以民主，自由，未來的名義在喧鬧和民眾的狂歡中走向政治前臺的這些「革命家」們在後顏色革命時期，卻又不得不面對各種挑戰。而在這種挑戰與再分裂的的博弈權衡中，曾在這些國家神通廣大的在地媒體也開始了一輪新的「雙向選擇」。

一、媒體倒戈薩卡什維利

　　昔日格魯吉亞的玫瑰革命的先鋒，西方和媒體的寵兒薩卡什維利在獲得格魯吉亞的最高權利後，人民的生活並沒有像競選時那樣的得到明顯的改善，民眾沒有看到布希送來的牛奶麵包。相反，新的政權讓民眾體會到的，看到的是高通貨膨脹，「高薪養廉」下官員的更加腐敗以及遙遙無期的政治權鬥和政治民主。在這樣讓民眾絕望忿恨的氣氛中，寡頭媒體也出於現實和自身利益考慮開始向薩卡什維利倒戈。

　　2006年3月27日，格魯吉亞奧爾塔恰斯克監獄發生囚犯暴動事件，當局開槍打死7名犯人，打傷17人。事件發生後，女議長布林賈納澤聲稱類似暴動還有可能會在所有監獄裏發生，其組織者是國內「部分勢力」，目的是企圖發動政變。反對派認為，格議長

明顯是在警告反對派，暗示當局可能會在鎮壓完監獄騷亂後鎮壓反對派。3月29日，一直支持薩卡什維利總統的格魯吉亞最有影響的商界和媒體巨頭巴德里·帕塔爾卡齊什維利發表講話，指責當局對媒體和商界施壓，公開表示支持反對派的抗議行動。他在自己創立的格魯吉亞商界聯合會上說：「最近9個月以來，我一直在等待格魯吉亞政府改變自己的行為方法，我等待著並保持沉默，但沉默現在已變成了犯罪。」

1918年格魯吉亞國會宣佈格魯吉亞獨立
（圖片來源The Georgian Museum of Photography）

　　帕塔爾卡齊什維利表示，他所創辦的「伊梅迪」電視臺也遭受到了當局的壓制，電視記者對1月底格魯吉亞聯合銀行經理桑德羅·吉爾格維利阿尼遇害事件進行獨立調查時受到內務部高官的惡意阻撓，但記者最後還是查明了事件真相，當局被迫調查並拘留了內務部憲法安全司4名工作人員。但政府機構對電視臺極其不滿，強力部門和財政機關開始對他擁有的各大公司進行調查，企圖迫使他自己向電視臺施壓。另外，他還指責政府挪用商界向國家機構設立的基金會提供的大量贊助款，稱商界捐助了大量資金卻不能監督其使用情況，結果大量資金非法流失。第二天，格魯吉亞反對派計畫在首都第比利斯市中心廣場舉行大規模集會示

威活動，要求總統薩卡
什維利及其政府下臺，
反對派宣佈只有權力更
迭才能解決國內政治危
機。組織此次集會示威
的格魯吉亞工黨領袖沙
爾瓦‧納傑拉什維利宣
佈：「我們提議舉行此
次抗議活動是因為在現

1921年蘇聯紅軍佔領第比利斯（圖片來源
Red_Army_in_Tbilisi_Feb_25_1921.jpg）

在的格魯吉亞簡直無法生存。我們的最高綱領是憲法權力更迭，
最低綱領是謀求商界擺脫薩卡什維利和他的手下非法確定的各種
苛捐雜稅，保障媒體自由。從『玫瑰革命』開始至今，已有兩家
電視臺和9個出版物被查封，『202』電視臺臺長日前被判處4年有
期徒刑，記者遭到侮辱和毆打，格魯吉亞自由媒體已被摧毀。所
有電視臺都在薩卡什維利的親自控制下，就這他還說什麼自己在
建設民主國家。」

　　除工黨外，還有其他一些黨派將參加抗議活動，其中包括人
數不多但影響較大的共和黨、新右翼黨、公正黨。公正黨領袖伊
戈爾‧吉奧爾加澤已被當局通緝，另外一位領導人格吉季澤29日
宣佈，他們已徵集到1.5萬人的聯合簽名要求薩卡什維利總統辭
職，30日將組織數千名支持者前往中央廣場集會示威。格吉季澤
宣佈：「這次活動不會是最後一次，計畫今後每週都要舉行集會
活動。格魯吉亞革命局勢已經形成，薩卡什維利是在集會浪潮中
上臺的，他也應在集會浪潮中下臺。」9

9　綜合俄羅斯《生意人報》2006年3月份報導。

在國內一浪高過一浪的「反薩」
浪潮中，薩卡什維利妄圖可以通過一
些外交上和軍事上的勝利來挽救一下
自己曾苦心經營而如今卻搖搖欲墜的
總統寶座。2008年，薩卡什維利在奧
運會開幕之時突然派兵進入南奧塞
梯，他的如意算盤是，乘俄總理普京
到北京之際，強行攻入南奧塞梯，造
成格魯吉亞收復該地區的既成事實。
如果俄強硬對付，可以獲得美國為首

2008年8月11日，薩卡什維利
在南奧塞梯街頭接受採訪，
突然出現一架身份不明的戰
機出現，薩卡什維利馬上逃
命，狼狽過程由媒體全程轉
播。（圖片來源：新華網）

的西方國家支持，甚至可以拖北約下水，讓北約與俄羅斯對抗；
在國內則可以轉移民眾對他的不滿，為自己搖搖欲墜的執政地位
打一劑強心針。然而，這種類似於政治豪賭的行動最終不僅使南
奧塞梯得而復失，並且使長期困擾格魯吉亞的阿布哈茲也借機起
事，與南奧塞梯呼應。在俄軍重新控制南奧塞梯之後，格魯吉亞
再控制阿布哈茲幾乎成為了泡影。這兩個地區，在俄羅斯的全力
支持下，必然繼續作為國中之國而繼續存在。對於薩卡什維利的
魯莽行動，西方除了要求俄羅斯克制，無計可施。薩卡什維利本
來依仗格魯吉亞對於美國的戰略地位，要求加入北約，要求部署
美國的導彈防禦系統，這兩者都被莫斯科視為嚴重挑釁，華盛頓
也不能不慎重其事，現在南奧塞梯戰爭，格魯吉亞無法取勝，反
而使俄羅斯強化了控制。北約在阿富汗尚且無法完全壓制塔利
班，怎麼可能再到高加索地區與俄羅斯對抗？另一方面，雖然美
國認為科索沃是個案，支持格魯吉亞維護自己的領土完整，但是
這樣的雙重標準當然不能為莫斯科接受，也讓國際社會看清了地
緣政治的現實，一切分離主義，其成功與否，取決於大國的態

度；科索沃有美國和歐盟的支持，故可成功分離；南奧塞梯與阿布哈茲有俄羅斯的支持，同樣可以不受格魯吉亞的管轄。[10]

美國前總統布希與薩卡什維利（圖片來源：whitehouse.gov）

薩卡什維利搬起石頭砸自己的腳，不僅沒有收回南奧塞梯，自己的政治前途也可能面臨危機。

二、烏克蘭借天然氣捆綁歐美

作為獨聯體國家三駕馬車之一的烏克蘭，在尤先科和季莫申科聯手的「橙色革命」之後，雖然說在國內政治上也因為利益的分配以及政見的相左產生或各種分歧甚至是危機，但是其親西方的態度還是一致的。尤其是烏克蘭加入歐盟的夢想更是烏克蘭政界現在迫切的渴求。然而，面對西面歐盟的曖昧與觀望，東面俄羅斯的咄咄逼人，烏克蘭迫切的需要一張可以翻手為雲，覆手為雨的王牌以增加其實現國家整體戰略。在所有的烏克蘭可以在國際舞臺上可以使用的力量中，「地緣＋能源」成了烏克蘭的殺手鐧。

---

[10] 何亮亮：《格魯吉亞總統賭輸了》，《大公報》，2008年8月12日。

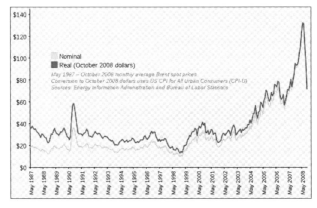

世界油價走勢（1987-2008）（圖片來源：維基百科）

　　國際原油價格的忽高忽低，俄羅斯豐富的天然氣儲量，歐洲對於俄羅斯能源的依賴，都使烏克蘭這個連接俄羅斯和歐洲能源的國家有了天然的資本。自「橙色革命」之後，俄羅斯對於這個「背叛自己」的鄰居一直是頗有怨言，總是想用一切的手段重新可以控制這個國家並借此鞏固其在中亞以及高加索地區的地緣政治優勢。在俄羅斯的手中最厲害的無疑就是能源這張牌，憑藉能源的強大優勢，俄烏幾乎每年都會因此而產生各種非軍事摩擦。2006年，俄烏就曾因為能源輸送問題而出現俄羅斯停止向烏克蘭輸送天然氣的事件。2008末2009年初，俄烏之間的天然氣輸送紛爭又起，然而這次烏克蘭顯然成為了最大的贏家，憑藉其地緣優勢。烏克蘭將涉及雙邊的天然氣紛爭演化成了歐盟、俄羅斯、烏克蘭多邊的一場政治較量。此次俄烏鬥氣、歐盟斷氣的原因從情理來看自然是烏克蘭的不對，畢竟是烏克蘭拖欠俄羅斯天然氣貸款在先，俄羅斯斷氣在後，烏克蘭借此而中斷對歐輸氣也頗有些「無賴」，但是，這一「無賴」背後，卻有尤先科「醉翁不在酒」的政治意圖。這一情況與去年8月份俄格衝突中的格魯吉亞有

些相似。對烏克蘭與格魯吉亞，亨
廷頓在《文明的衝突》中曾談到，
這兩國與俄羅斯之間存在著密切但
較為脆弱的聯繫，同時，這兩個國
家也都有強烈的民族認同和以往獨
立的經歷。因此，兩國在很多時候
都傾向於採取相似的對俄策略。

俄烏鬥氣，殃及歐盟
（圖片來源：新華網）

　　2008年8月份由格魯吉亞挑起的南奧塞梯戰爭，儘管格魯吉
亞並非勝利者，但薩卡什維利政權以名義上失去兩個地區控制權
（戰前格魯吉亞也未實際控制）的代價，換得歐美數十億美元的
援助。而此後格申請加入北約，也有了更多的理由。如果從這個
角度而言，薩卡什維利從俄格衝突中也有得益之處。

　　而對於薩卡什維利的盟友尤先科來說，以天然氣供應問題
為契機，拉歐洲下水，以助推烏克蘭加入北約和歐盟的進程也就
成為俄格戰爭的翻版。其實，當上個月烏克蘭同歐盟簽署天然氣
管道系統合作協定時，歐盟就已經將自身利益同烏克蘭綁在了一
起。對於俄羅斯，油價的低迷使俄方在天然氣談判中底氣不足，
更為重要的是，斷氣大大損害了俄羅斯作為歐洲可靠的能源供應
國的聲譽。[11]

　　烏克蘭的精明在於，利用自身獨特的能源過境運輸國地位，
挑起歐盟和俄羅斯之間的矛盾。而當歐盟介入俄烏天然氣糾紛
時，烏克蘭的策略也就生效了。然而烏克蘭利用地緣的策略也不
僅只意在歐盟，在不就的未來，烏克蘭還會成為歐美之間的一個
可以自我遊動的棋子，而憑藉著其「地緣＋能源」的既有優勢，

---

[11]　劉乾：〈俄羅斯給歐洲斷氣烏克蘭受益〉，《新京報》，2009年1月11日。

烏克蘭也會在後顏色革命時代，在金融危機下展現其獨有的智
慧。用盡全力避免被一分兩半的噩夢。

三、後顏色革命與後普京時代的媒體終結

如今，顏色革命已經成為了歷史，克里姆林宮也換了新的
主人。而早在梅德韋傑夫入住克里姆林宮，俄羅斯進入「雙核時
代」之前，強人普京已經開始對與媒體進行了徹底的改革。可以
說普京時代就是「第四權」走向完結的時代。

普京總統在其第一任期
內，政府與媒體之間維持了一
種媒體國家化與自由化路線之
爭，媒體尚保留著新聞自由中
的言論自由。然而言論自由軌
跡的逐漸減弱有一段發展的時
期。從1999年8、9兩個月，莫
斯科市地鐵爆炸事件和公寓爆
炸成廢墟事件，一直到2002年
杜伯羅夫劇院人質事件，再到
2004年的別斯蘭學校人質事件
的逐漸升溫，都是在普京任內

「矮人」普京
（圖片來源：polyakovstudio.com）

發生的恐怖活動，因此，反恐是普京執政過程中的最大任務。而
兩次人質事件的爆發使俄羅斯新聞自由從普京上任的爭權時期過
渡到蟄伏時期。繼之，2006年3月6日反恐法通過之後，新聞內容
的報導規範受四項法案的嚴格限制：緊急狀況法、戰爭法、極端
主義法和反恐法。俄羅斯對新聞自由的限制，從對媒體體制的改

革開始，再到對新聞內容規定作出法律要求；普京的媒體改革，從限制新聞體制進入到新聞內容的箝制階段。[12]

俄羅斯媒體控管的「三頭馬車」是總統（政府）、媒體管理機構、國家安全委員會（KGB）。普京執政之後很巧妙地控制了三頭馬車的運行，在葉利欽總統時期，電視以醜聞來提升收視率的情況已經不出現了，醜化重要政治人物的節目也無法取得生存的空間。若媒體國家化是政府體制改革的重要核心要素，那麼對突發事件、極端主義、車臣戰爭和恐怖活動報導的條文限制就是針對新聞內容的箝制而制定的法律環境。兩次人質事件加速了從媒體體制控管時代進入危機新聞控管的時代。

俄羅斯右派黨魁、自由經濟學家蘋果黨主席雅夫林斯基聲稱，在別斯蘭人質事件之後，人質事件給普京提供了擴大車臣戰爭和箝制新聞自由的合理性。2002年，媒體在劇院人質事件之後宣佈新聞自律，普京不滿媒體的報導而制定媒體修正案，內容是規定任何可能助長恐怖行為的報導都要禁止，在媒體高層和普京正式公開會談之後，普京否決了杜馬快速三讀通過的媒體修正案，媒體的妥協代價就是制定新聞自律條款並且嚴格遵守公約。

2004年別斯蘭人質事件之後，媒體落實自律公約。俄記協聲稱：「公民人權當中的生命安全優先於新聞自由」，這個思路脈絡就是：新聞不能影響到政府救援，新聞對危機事件報導中關於恐怖行為者或是受難者家屬的採訪都因為會妨礙到政府救援而不被允許。這一條款最終落在反恐法當中訴諸於法律條文。至此，俄羅斯媒體關於監督政府濫權的所謂「第四權」制衡機制正式宣告終結。

---

[12]　吳非：〈俄新聞陷無理論窘境〉，《大公報》，2006年12月4日。

俄羅斯在普京就任總統的八年
中，經濟逐漸復甦，綜合國力明顯
增強。然而，從去年下半年以來，
其處境出現某種逆轉。金融危機殃
及全球特別是石油價格狂跌，使得
俄羅斯的經濟形勢變得嚴峻。經濟
形勢波及政治形勢，國內狀況又影

普京與梅德韋傑夫
（圖片來源：AP）

響對外關係。在這種內外交困的情況下，梅普的「雙核心」也將
加速回歸俄羅斯傳統即一元制的時代。按照俄羅斯憲法的規定，
俄羅斯實行的是總統完全執政，而在梅德韋傑夫當選總統後的
「梅普」共治從傳統的角度來講只是一種過渡，而在金融危機的
催化下這種傳統回歸的速度被得以提升，梅德韋傑夫也找到了是
權利加速回歸的合理性，在俄羅斯的傳統的政治體制下「功勞歸
總統，過失屬總理」已經是一種民眾中既成的事實，不管總理是
誰，都逃不過這種宿命一般的規律，如果依照這種邏輯向下判
斷，普京在金融危機下所面臨的執政危機以及民眾的反對以及梅

2009年1月31日，俄共出席在莫斯科中心Stavropol的反政府集會示威者不滿普
京處理經濟危機的手法和俄國現今的政治狀況。（圖片來源：AP）

德韋傑夫的「逼宮」便不足為奇。然而，政權從過渡到穩定是要有一個相當長的過程的。

　　在經濟危機的衝擊的下，俄羅斯首要面臨的問題還是國內的經濟的脫困，梅德韋傑夫政權的進一步鞏固，粉碎西方對於俄雙核體制的外部分化，加強中亞和高加索地區的控制。這種核心任務的實現對於俄羅斯來說很多都是「稍縱即逝」的機會。美國奧巴馬政府上臺後，出於國內自身經濟形勢的困擾，以及對外整體政策的調整，與俄羅斯中亞的爭奪雖然還在計畫之列但是從希拉蕊透露出的「巧實力」的資訊來看，美國似乎要採取的可能還是一種更為長期，比顏色革命要平和一些的地緣外交政策。因此，俄羅斯借此機會擴大地緣政治的優勢以及對於高加索地區和中亞的控制便是未來爭取的目標，但是問題的核心在於，俄羅斯手中非軍事化的外交牌僅有能源這一張，如果使用的不好，就很有可能重蹈09年初俄烏鬥氣形象大損的覆轍，所以遂於俄羅斯來說如何使用能源牌以及如何控制手段多元化是一個值得深思的問題，而對於後顏色革命時期的中亞各國來說，「巧實力」似乎對於在歐、美、俄夾縫中它們更加具有實際的意義。如何出好自己的牌並利用別人的牌對於它們來說需要更多的不是實力，而是智慧。

第三章
強勢文化與全球在地化下的共進

第一節　美國大眾媒體與「拿來主義」精神

　　2007年第59屆艾美獎，如許多人頒獎前預測的一樣，ABC熱播劇《醜女貝蒂》（Ugly Betty）取得豐收，一舉囊獲了喜劇類最佳女主角和最佳導演兩個重要的獎項。不僅如此，該劇女主演亞美莉卡·費雷拉（America Ferrera）還榮獲了當年第64屆金球獎電視組別喜劇連續劇組最佳女主角，該劇也因其出色的劇情編排獲得了美國第八屆家庭電視劇獎（Family Television Awards）最佳新劇獎和第64屆金球獎音樂／喜劇類最佳電視劇集獎，真可謂是「拿獎到手軟」。

　　ABC的《醜女貝蒂》講述了一個身材臃腫，頭戴牙套，長相醜陋但一心想進入時裝界並為之奮鬥的女孩的故事。出版業大亨布拉福德準備將他旗下最負盛名的時裝雜誌《Mode》交給兒子丹尼爾打理，他特別雇用了貝蒂作為兒子的新助手。理由很簡單——也許貝蒂是全紐約市丹尼爾最不願與之上床的女人。一開始，丹尼爾勉為其難地接受了貝蒂，但貝蒂永不言敗的精神和靈光頻現的才智最終贏得了他的青睞和信任。這兩個人其實對時裝界的裏裏外外全都一竅不通，但他們決定聯起手來，做出點成績來回應那些想看他們笑話的人。

故事的第一集講述了女孩貝蒂一直夢想在出版界工作，她抱著試試看的態度去出版巨頭米德（Meade）家族的出版集團求職，結果碰了一鼻子灰。灰心喪心的貝蒂開始懷疑自己也許只能一輩子住在父親家裏，和妹妹一樣靠在電話亭邊賣東西為生。但出

《醜女貝蒂》片花（圖片來源：The logo obtained from Ugly Betty）

乎她意料的是，Meade家族的老闆布拉德發現了她。布拉德最近對兒子丹尼爾很頭痛，因為丹尼爾這個花花公子似乎養成了和每一個漂亮女助手上床的習慣，而像貝蒂這樣的姑娘絕不會引起他的興趣，也許他就能把心思放在工作上。貝蒂就這樣陰差陽錯地被雇用了，而丹尼爾則氣惱不已。除了別人懷疑的目光和無休止的評頭論足，貝蒂還要面對兩個不懷好意的女人：艾曼達（Amanda），雜誌社的接

《醜女貝蒂》玩偶奉行歐美（圖片來源：競報）

待員，一直懷有野心的她原本很有希望成為丹尼爾的新助手；威廉米娜（Wilhelmina），從前是個模特，一直希望丹尼爾失敗，這樣她就能接管一切。貝蒂唯一的朋友就是克莉絲蒂娜，一個女裁縫。無論如何，丹尼爾想了個自認為高明的點子：如果他能夠讓貝蒂多栽跟頭，她就會知難而退，而自己的生活也就恢復「正常」了。但貝蒂的作為很快就讓丹尼爾認識到自己的愚蠢，不僅他開始聽貝蒂的意見，他運作下的第一本雜誌的封面女郎也對貝蒂頗有好感。隨後，圍繞著貝蒂和她鍾愛的職業，溫馨的家庭、

似敵似友的同事以及渴望得到並難以選擇的愛情而展開的故事變
如魔力一般吸引著觀眾的目光。

　　隨著《醜女貝蒂》的風靡，劇中的服飾也開始熱銷。貝蒂見
工時穿的墨西哥斗篷，在美國市面的售價將近40美元，而她那根
標誌性項鏈，更高達250美元，而穿一件有個可愛的醜陋Logo，
寫著「BE UGLY」（變醜）滿大街走，更成為當下美國女孩的
時尚。

　　然而眾所周知，這部將無數美
國人傾倒的ABC版的《醜女貝蒂》
的「前世」是哥倫比亞RCN電視臺
製作，收視率在哥倫比亞曾一度達
到60%，並在南美35個國家熱播的電
視連續劇《我是醜女貝蒂》（Yo soy
Betty, la Fea），以強勢文化代言的
美國在這裏只是一個追隨者或者說是
仿效者。其實諸如《醜女貝蒂》的
這樣例子近幾年來在美國的大眾文

原版《醜女貝蒂》（圖片來
源：populachero.wordpress.
com/.../）

化市場尤其是在電影和電視市場可謂是屢見不鮮，許多商業運作
的電影和電視都在採用這種「拿來主義」的方法，將其他國家的
電影電視或者電視節目進行翻版改裝，在成為了自己的東西之後
重新推入市場。如2006年由美國著名影星基努·里維斯（Keanu
Reeves）和桑德拉·布洛克（Sandra Bullock）主演的《觸不到的
戀人》（The Lake House）的原版來自於韓國2000年拍攝的電影
《觸不到的戀人》（Il Mare）；美國版《咒怨》的靈感來自於日
本電影《咒怨》；著名的美國選秀節目《美國偶像》（American
Idol）的母本是英國ITV電視節目《流行偶像》（Pop Idol），由

著名導演馬丁・斯科塞斯（Martin Scorsese）指導並讓其圓了奧斯卡最佳導演夢的電影《無間道風雲》（The Departed）的原型是來自於中國香港的《無間道》（Infernal Affairs）系列電影，不同的是故事的地點由香港變成了波士頓……

美版《觸不到的戀人》　　原版《觸不到的戀人》（韓國）

美版《咒怨2》　　原版《咒怨》（日本）

（圖片來源：www.verycd.com）

從上面的例子可以看出，美國的大眾文化市場已經不再是傳統印象下的一個單純的「原創＋輸出」的模式，在全球化的進程逼著你不能只關注自己而應當把視野投射到世界的每個角落的今天，美國的大眾文化也在自我的元素的維持下借助於「拿來主義」進行著自我救贖。

一、誰給了「拿來主義」勇氣

如果這裏對於在大眾傳媒上美國「拿來主義」的原因進行一下探究便不難發現，是美國內在的原動力和外部的世界的變化讓美國有了「拿來主義」的勇氣。而癥結又可以歸納為一下幾點：

1、大眾文化原創過程中的危機意識使然

在美國，從報紙的發行量到電影的票房上座率，從電視節目的收視率到電視劇的收視情況，充斥著各種專業或者非專業性的受眾情況調查，而這些調查的結果不僅決定著票房或各種收益，更決定著這些大眾文化產品的生死。以美國電視劇為例，一部美國電視劇一次播出25集左右，這是由美國特有的播映方式決定的。美國商業電視以每年9月中旬至第二年4月下旬為一個播出季（Sea-

美國戲劇界最高獎艾美獎獎盃（圖片來源：http://www.em-myawards.tv/）

son），新季以美國電視藝術與科學協會主辦的艾美獎頒獎典禮隆重拉開序幕。

與中國大陸電視劇動輒一天播2-3集，一兩個禮拜就播完一部不同，美國電視劇一般一個禮拜只播一集，因此25集正好夠播一

季。[1]但是美國的電視劇是邊拍邊播的,他們很注重收視率,一部收視低下的電視劇是無法生存的,只要吸引不了觀眾的注意力,那麼不管該劇的情節進行到何處,電視臺都會毫不留情地腰斬。製作公司和電視臺合作一部電視劇後會根據該劇每季的播出效果來決定是否應該繼續拍攝下一季。一般各大電視網每年都會委託製作公司拍攝十幾部新電視劇,但只有一到兩部可能獲得足夠的觀眾,拿到繼續製作的合同。這樣一種不進則退的規則使得美國文化產業的生產者和創意者時刻充滿著危機感,他們不得不挖空腦子去對於電影、電視劇或者電視節目的腳本進行「投大眾所好」的創作。但是對於文化雖多元但歷史仍淺薄的美國來說,僅僅靠「純美國味」的創意顯然是不夠的。因此,從它大洋兩端對面的「鄰居們」那裏「借」一些主意來豐富自己便成了一種自然而言的選擇。

2、日益改變的多民族構成需要美國大眾文化更加多樣化表達

1980年美國的人口普查顯示,美國的白人比例占84.6%,黑人占12.2%,亞洲裔(華裔,韓裔、越南裔、菲律賓裔、印度裔)約占1.5%,拉美裔(墨西哥裔、波多黎各裔)占0.9%[2],而到了2000年,美國的人口普查顯示,雖然美國的主要人口仍然是歐洲移民的後代(即一般意義上的白人),約占總人口比例的69.1%,但和1980年相比則有了較大的下降。這其中還包括很多來自如波蘭和俄羅斯等斯拉夫國家和來自東歐、南歐和加拿大的法語區的白種人移民。和1980年相比,2000年的人口普查顯示,拉美裔人

[1]　〈美劇是怎樣生產出來的〉,《新民週刊》,2006年9月11日。

[2]　資料來源:布‧羅貝:《美國人民:從人口學角度看美國社會》,北京:國際文化出版公司,1988年,第142頁。

成了最大的少數民族，占總人口的比例達到了12.5%，其中墨西哥
移民後裔占到了7.3%，這一比例預計在未來二十年中仍將高速增
長。此外黑人（或稱非裔美國人）占到了12.3%，亞洲裔美國人
2000年普查中的比例也達到了3.7%。[3]雖然說亞洲裔中最大的族群
和1980年相比仍然是來自菲律賓、中國（大陸和港澳臺）、印度
（有的也列入白人或其他族裔）、越南、韓國和日本，但是總比
例卻同1980年相比有了巨大的變化。人口民族構成比例的變化直
接帶來的是大眾消費群體的改變，面對著這樣越來越多樣化的人
口構成，顯然以前那種以盎格魯・撒克遜文明為根基的大眾文化
傳播必然要面臨「東學西漸」，全球融合的蛻變。

從1892年到1954年，有將近1200萬人通過紐約的艾理斯島進入美國
（圖片來源：www.utexas.edu/features/2007/ancestry）

1980年和2000年美國民族人口比例對比

	1980	2000
白　人	84.6%	69.1%
黑　人	12.2%	12.3%
拉美裔	0.9%	12.5%
亞洲裔	1.5%	3.7%

---

[3]　美國的民族構成：http://tieba.baidu.com/f?kz=98088927。

3、持續漸進主義改良傳統讓「拿來」成為一種習慣

美國的漸進主義改良傳統使美國安然度過上世紀30年代的經濟大蕭條（圖片來源：Library and Archives Canada under the reproduction reference number C-029397）

今天回頭來看美國走過的百年，充滿了經濟危機、社會危機、種族衝突、文化的對撞還有對外的冷戰和熱戰。但是它在現實中避免了暴力革命、軍事政變和其他方式的無序的政權更替和文化滅絕，在思想信仰上也沒有「和傳統決裂」的過程，基本上都是在原有的思想和文化的框架內不斷的更新、變化。較之於任何一個主要國家來說，美國在政治、經濟以及文化上都有著無可比擬穩定性。在這種穩定之中，美國得以發展成為一個全方位的超級大國，一個世紀獨領風騷。而讓美國有了如此成績的祕訣就是其漸進主義的改良。[4]文化的衝擊可以通過適時的借鑒融合從而形成一種對立方都可以接受的新事物，社會的尖銳矛盾也可以通過適時的對話進行「柔化」。

無論是上世紀20年代的經濟大蕭條還是60年代的甘迺迪總統被刺，乃至以「新左派」和「反文化」運動為標籤的社會危機、信仰危機，美國往往可以通過「新政」，「和平抗議」的方式將干戈變為玉帛，用最小的社會代價換取各個群體都可以認可的結

4　資中筠：《20世紀的美國》，北京：三聯書店，2007年，第11頁。

果。面對文化的衝突，社會的矛盾是通向和平的改良還是政治集團或者利益群體的謀變，或者群眾性的群體性排斥選擇「新歡」並拋棄「舊愛」往往不以理性的判斷或者某個人的力量為轉移，它往往和主體的文化觀念、傳統的行為模式以及外來文化的非侵犯性、非主流性的傳播模式和意圖有著密切的關係。在美國文化在全球還是佔有絕對優勢的現實之中，適當的將外來的文化拿來作為自身發展的補充，並使之更為強大，對於當下的美國來說何樂不為。

二、「拿來」元素如何「在地」改良

　　美國對於全球的「拿來主義」並不是簡單的「鸚鵡學舌」更不是愚蠢的「照貓畫虎」，無論是真人秀電視節目還是「借來」的電影電視劇情節，美國都是在「漸進式改良」的精神的指引下完成著「文化落地」的使命。那麼他的改良的路徑和方式是怎樣的呢？

1、運用「借屍還魂」的方式

　　所謂「借屍」這裏指的是在對外來文化尤其是基督教文明圈以外的文化的引入中，美國所採取的僅僅只是表層或者顯像的借鑒而不去對於其文化內涵本身進行吸收，即只借鑒事實層面的東西，而對於意義層面的東西則持一種拒絕的態度。如在電視節目的借鑒上，它只借鑒節目的環節設置、表達方式或者表現風格，而在原型節目所要表達的表像背後文化圈層自身的意義卻不再有吸收。對於文化意義表達更為明顯的電視劇或者電影來說，美國更是只「拿來」故事的情節或者主要人物關係，而對於故事的

敘事方式的展開以及最後尋求的主題訴求則必然按照一種「美國式」的解讀來實現。

　　所謂的「還魂」其實從對於上面所提到的「借屍」的敘述中便可以現出端倪。按照霍爾編碼解碼理論的解釋延伸下去，「還魂」其實就是對於外來借鑒的那些表像以及事實層面後的意義進行內涵的重新注入和解讀，並將打造好的，已具備「美國精神」的產品再經過整體的效果的包裝重新投放到全球市場。以美國版《無間道風雲》為例，影片雖改編自港版《無間道》，其基本人物結構也是「依葫蘆畫瓢」，但聰明的馬丁·斯科塞斯卻創造性地把西方世界的真人真事活學活用在這個「全新」的故事當中。《無間道風雲》中傑克·尼科爾森（Jack Nicholson）扮演的愛爾蘭黑幫頭目，事實上就是現實生活中臭名昭著的維迪·布徹（Weidy Buchi）的原型。這個在上世紀七十年代成為波士頓西區黑幫老大的曠世惡魔，殺人、販毒、無惡不作、十惡不赦，聯邦調查局曾在2000年懸賞一百萬美金通緝此人，布徹隨即登上了當年全美十大通緝犯榜首。對此人此事的電影藝術化改編，正是老馬丁·西科塞斯多年來從事的工作和一直不變的夢想。與此同時，為了使影片的故事在細節上以假亂真，西科塞斯還特意邀請了麻塞諸塞州警察局已經退休的資深探員湯姆·達夫（Tom Dave）擔當劇情顧問。這位有著30多年警齡的老警察，從二十世紀七十年代中期便開始配合警署對大惡人布徹實施追捕，多年積累的經驗已使他對布徹其人瞭若指掌。在討論劇本過程中，達夫給出了諸多建設性的意見，詳細描繪了布徹說話的語氣，掩蓋犯罪證據的超強本領以及他同僚們的性格特徵，這些資訊在編劇莫納翰的神筆之下，將所有人物都抹上了一層傳奇色彩。可見，這位稱職的顧問為從《無間道》到《無間道風雲》的順利轉變起到了關鍵性的作用。

《無間道》角色對照表

演　員	角　色	《無間道》對應角色	《無間道》對應演員
李奧納多・迪卡皮歐	比利・寇提根（Billy Costigan）	陳永仁	梁朝偉
馬特・戴蒙	蘇利文（Colin Sullivan）	劉健明	劉德華
傑克・尼科爾森	卡老大（Frank Costello）	韓　琛	曾志偉
馬克・沃爾伯格	丁南（Dignam）	張sir 楊錦榮之綜合角色	吳廷燁 黎明
馬丁・希恩	奎恩（Queenan）	黃志誠	黃秋生
雷・溫斯頓	Mr French		
維拉・法米嘉	Madelein	李心兒 Mary之綜合角色	陳慧琳 鄭秀文
安東尼・安德森	Brown		
亞曆・鮑德溫	Ellerby	總警司　梁sir	尹志強
詹姆斯・拜芝・戴爾	Barrigan	林國平（大B）	林家棟
勞勃・華伯格	Joyce（FBI人員）		
大衛・歐哈拉	Fitzy		
Mark Rolston	Timothy Delahunt	徐偉強（傻強）	杜汶澤

圖表來源：維基百科

　　那麼具體來說外來的吸收之物在「美國精神」的主題表達上主要有哪些維度呢？筆者認為主要有以下三個方面：

　　第一，將拿來的表像進行「美國夢」式的重構。在好萊塢的電影以及四大電視網和HBO播出的電視劇中，隨處可見一個個雖情節曲折但最終都「功成名就」的故事，而這正是美國在題材借鑒以及在地改編再創作過程中所注重的。所謂「美國夢」，按

全世界的移民都為美國夢而來（圖片來源：http://www.bruceeisner.com/new_culture/2008/08/）

照好萊塢電影展示的電影模式，就是在美國這個不講究個人出身背景，不注重階級差別的社會裏，只要通過個人奮鬥，就沒有辦不到的事情，就沒有實現不了的夢想。人人都可能在社會中自由流動、不斷變遷，得到好工作，找到好房子，買到好車子，娶到好妻子⋯⋯最終把「乞丐變富翁」、「貧兒變王子」、「醜鴨變天鵝」。這種主題的表達，既宣揚了美國式的價值觀念和生活方式，又給美國和全球普通觀眾帶來了某種美好的期望與心靈上的安慰。[5]

第二，尋求向善的主題和結局的圓滿。在美國的電視電影以及電視節目中，無論外來題材是「悲」是「喜」，在美國的在地化改造中都會最終演變成為人性向善，「皆大歡喜」的主題。這類主題和結局的出現的主要有兩個方面的原因，一方面是為迎合普通觀眾期望「好人有好報」的良好渴望以及休閒娛樂的心理，另一方面，也體現了滿足美國觀眾普遍具有的「正義必然戰勝邪惡」的使命感。

第三，尋找「救世主」和展現英雄主義。根據普通民眾熱愛英雄，崇拜英雄並且嚮往成為英雄的願望，美國無論是在好萊

5　明安香：《美國超級傳媒帝國》，北京：社會科學文獻出版社，2005年，第267頁。

塢的影片還是在四大電視網以及HBO的電視劇中，都注重強調美國式的英雄人物和英雄史觀，並且尤其將白種人幻化成正義的代表、真理的化身，英雄中的英雄。他們個個儀錶堂堂、足智多謀，智勇雙全，他們可以憑藉自己的力量和先進的武器拯救世界於危難，更可以負起應有的責任，大膽向前勇敢的追尋自己的理想和心中的愛。在美國「拿來」的大量題材中，正面的角色絕大多數都是由白人擔當，上面提到的基努・裏維斯，以及在《無間道風雲》中扮演臥底的李奧納多・迪卡皮歐（Leonardo Di-Caprio）都是這樣的典型代表。

美國的英雄主義與救世主的一個縮影
（圖片來源：http://media.movieweb.com/news/11.2007/rambo2.jpg）

2、注重「原型」對於大眾的調適

美國在吸引外來題材上不僅參考「原型」本身的價值和吸引力，更加注重的是「原型」對於美國社會以及大眾的調適。近十年來，西班牙裔以及亞裔族群在美國社會的人口比例日益提高，尤其是拉美裔族群更已成為了美國社會的第三大族群。面對這樣

的社會變化，美國在借鑒外來題材上開始偏重於拉美元素以及東
方元素或題材以謀得新崛起族群在文化價值認同等方面的共鳴。
在熱播美劇《醜女貝蒂》中，為了表達對於舊版的尊敬，更為了
吸引拉美裔族群的收視群體，貝蒂的家庭背景被編劇設計成了拉
丁裔家庭，貝蒂的著裝還時常體現著拉美的風格：顏色豔麗，充
滿激情。在情節設置上，該劇還增加了一些拉丁族裔的現實問題
的映射，如非法移民和貧困。劇中貝蒂的爸爸就是一個墨西哥非
法入境者，他所面臨的問題其實正是許多拉美族裔移民的問題，
貝蒂家庭的生活拮据也反映了現實中拉美族裔生活狀況普遍較低
的現實。這樣的結構和背景的設置不僅可以引起拉美族裔的收視
群體的共鳴，更可以借助這些問題展現引發政府和社會的關注。
另外，在借鑒外來的「原型」上，美國很少拿來一些由以原創國
歷史人物、事件，民族衝突，宗教為背景的題材，也很少吸取原
創國文藝性，或者社會問題性的題材，主要借鑒的仍是美國人可
以接受的罪案、恐怖、愛情等為主題的大眾文化產品，這樣做的

2005年9月，丹麥最大的日報《日德蘭郵
報》刊登了以褻瀆伊斯蘭教先知穆罕默德為
主題的12幅漫畫。漫畫將穆罕默德描繪成一
名好戰的原教旨主義者，而伊斯蘭教是禁止
人們繪畫先知肖像的。一些伊斯蘭教國家認
為這些漫畫內容侮辱了先知穆罕默德，紛紛
向丹麥政府及《日德蘭郵報》發出抗議。但
歐洲近十個國家的大報以捍衛新聞言論自由
的理由，同時刊登了這些備受爭議的諷刺漫
畫，再度激怒了伊斯蘭世界。這次的漫畫風
波演變成國際共同關注事件。伊斯蘭世界的
抗議浪潮已蔓延到亞洲及世界各地。上圖為
〈穆罕默德的臉孔〉——引發該次衝突的漫
畫，最初於2005年9月在《日德蘭郵報》刊
發（圖片來源：丹麥《日德蘭郵報》2005年
9月30日，第3版）

目的一方面避免了由於引用失當引起如「丹麥畫」事件一樣的不必要的衝突，另一方面，更加迎合了本國大眾文化消費市場的需求，不至於投資落空造成損失。[6]

　　總之，美國拿來主義的「改良」是一種外緣性借鑒內核式重構的一種意義層面的重建，這種重建是一種建立在「原型」能夠或有希望滿足本國市場需要並且不會對第三國尤其是原創國造成傷害的基礎之上的。

三、面朝未來，何去何從？

　　無論是在經濟上還是在文化上，美國對於世界的影響都要遠遠大於世界對於他的影響。作為超級傳媒帝國，美國文化產品的輸出和對於世界的影響要遠遠大於外來文化對於美國社會尤其是美國主流社會生活、生產方式以及文化觀念，審美情趣的滲透。聯合國教科文組織曾經的一項市場研究表明，在跨國流通的每100小時的音像製品中，就有74小時的製品是從發達國家和新興工業國家流向發展中國家的；在跨國流通的每100套電腦軟體中，就有85套是從發達國家和新興工業國家流向發展中國家的；美國影視產業量只有全球的5%，市場份額卻占了全球的92.4%；美國公司出產的影片產量只占全球影片產量的6.7%，卻佔領了全球總放映時間的50%以上。[7]

　　還有一項歷史性的資料也顯示，截止到2000年，全球的資訊產品和服務市場的年收入約為2萬億美元，傳播產業的年收入約為

---

[6]　吳非，胡逢瑛：〈重建文明體系須反霸權〉，《大公報》，2007年9月20日。
[7]　姜飛：〈美國的傳播霸權及其激發的世界範圍的文化保護〉，《對外大傳播》，2005年4月。

1萬億美元，另有娛樂業的年收入1萬億美元。這一大產業的年收入達到了4萬億美元，占到了全球經濟的1/12。而美國的娛樂媒體產品在全球總值的1萬億的娛樂產業中占到絕大部分。[8]早在1998年，美國影視業及相關產業總收入高達600億美元，取代了原來的航空器和航太器的出口，佔據了美國各行業出口總額的第一的位置。而到了2002年，根據美國國際知識產權聯盟（International Intellectual Property Alliance IIPA）2004年的報告顯示，美國核心版權行業的出口外銷收入更是達到了892.6億美元，並且仍有激增的可能。[9]全球十大媒體巨無霸中美國就佔據了八個席位，他們分別是美國線上－時代華納（AOL-Time Warner Inc）、迪士尼（The Walt Disney Company）、維亞康姆（Viacom Inc）、新聞集團（News Corporation）、美國電報電話寬帶公司（AT&T）、康姆卡斯特公司（Comcast Co.）、全國廣播公司（MSNBC）、甘乃特集團（Gannett Co.）。每天，僅維亞康姆的MTV頻道在全球一百多個國家的潛在觀眾就達到了3.4個家庭。[10]每年，全世界有超過一億的觀眾收看奧斯卡這個全世界最本土的電影頒獎盛典。

按照常理推斷，美國這種在全球文化市場的絕對優勢足可以讓他高枕無憂，盡情享受一個「大眾文化巨無霸」所應該享有的文化大餐以及由文化大餐出口所帶的源源不斷的財富，但是事實

---

[8] Joseph N. Pelton, "The Changing Shape of Global Telecommunications", in Kwadwo Anokwa, Caroly A. Lin, & Michael B. Salwen, ed., International Communication: Concepts and Cases, Belmont: Wadsworth, 2003, 270.

[9] 根據世界知識產權組織的定義，核心版權行業（core copyright industries）這裏指的是那些以生產或分銷版權物資為主要目的的行業，其中包括報紙、期刊圖書出版、音樂錄音、電影、廣播、電視、錄影和電腦軟體。

[10] Tomas L. McPhail, Global Communication: Theories, Stakeholders, and Trends, Boston: Allyn & Bacon, 2002, P97.

世界十大傳媒集團

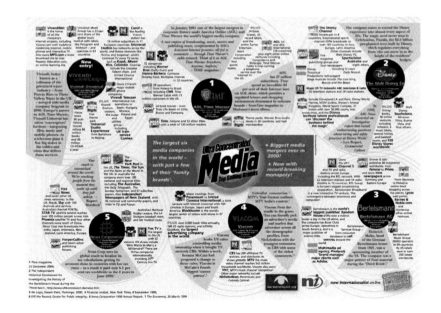

並非如一切預期的那樣美好，自9・11事件和美國總統布希對伊拉克戰爭以來，美國在全球的政治影響力和形象均受到重挫。回溯上世紀90年代初，美國等國以「華盛頓共識」向拉美及中東歐國家推行的美式民主化和市場化的社會模式多以失敗告終，到90年代末，受其影響的多數國家經濟社會不僅沒有改進反而惡化，紛紛放棄「華盛頓共識」，尋求新的發展道路。有些過家如委內瑞拉更是開始走向了和美國對立的狀態。自2007年夏季發生次貸危機和隨後的全球金融風暴以來，美國財政部頻繁採取「救市」措施，但是其拯救貝爾斯登資產管理公司，以及政府投入8,500億的救市計畫備受爭議和輿論抨擊，收到的效果也是「遠非人願」。聯合國貿發會議（UNCTAD）《2008年創意經濟報告》（Creative Economy Report 2008）顯示，就廣告、建築設計、影視、美術工藝、時裝設計、印刷品、媒體等「創意產業」或「文化產業」而言，美國的出口還落在一些國家如義大利之後。按照報告中所給的標準統計，2005年美國「文化產品」出口為255億美元，僅居世界第四位。[11]

　　當然，從目前來看，美國無論是在流行音樂還是在好萊塢電影以及風靡世界的美劇和一個個經典的電視節目上都有著難以撼動的實力。每年的奧斯卡、艾美獎以及格萊美和MTV大獎的頒獎典禮依舊會吸引世界的目光。然而，放眼全球，當韓國的電影正在東亞崛起，日本的卡通早已擠佔了美國的市場，芬蘭的諾基亞手機正在可以越來越多的承載文化功能的時候，我們不得不對美國大眾文化市場的未來前景產生「杞人憂天」的憂慮。

---

[11] 資料來源: Creative Economy Report 2008: The challenge of assessing the creative economy towards informed policy-making , P110 http://www.unctad.org/Templates/webflyer.asp?docid=9750&intItemID=1397&lang=1&mode=downloads

在NBC的奧運開幕式的節目中，美國觀眾看到的依舊是近70歲高齡的湯姆‧布羅考（Tom Brokaw）的解說，在《老友記》（Friends）結束了十年的輝煌之後我們看到的是美國電視劇的群雄逐鹿和許多電視劇的「無疾而終」。即便是《醜女貝蒂》也難逃在地化後過於美國味的俗套而被封殺的宿命。[12]

湯姆‧布羅考（Tom Brokaw）（右）在鳥巢前主持，左側嘉賓為美國前財長亨利‧鮑爾森（Henry Paulson）（圖片來源：www.daylife.com/photo/0cj1fhK9ln63z）

由於美國人對於未來危機的一種警覺，或者是美國人與生俱來的「漸進式改良」精神的潛移默化，或者是對於民族構成改變的妥協，美國的大眾文化正在睜開雙眼，伸出雙手去抓住外面的世界，只是現在拿來的目的是為了讓自己的變得更美。但是不管怎樣，美國已經在「世界是平的」今天，開始了他在地化的轉變，只不過現在它還僅僅是純正美國大餐的一道道開胃菜，而要想把它變成正餐，美國與世界要做的都還有更多。

---

[12] 美國廣播公司（ABC）宣佈，2009年3月起將《醜女貝蒂》踢出其週四晚的黃金時段，並以另外兩部新劇頂上。雖然ABC表示6月會複播該劇，但隨時可能停拍的陰影已經與《醜女貝蒂》如影隨行。

第二節　創意產業帶動下的「新英倫」文化

　　2008年8月24日，在北京奧運會的閉幕式快要結束的時候，一輛從倫敦開來的紅色雙層巴士如約駛入鳥巢，在這輛可以號稱「變形金剛」的巴士中，不是正襟危坐，手拿雨傘的紳士，而是各種膚色交織熱舞的年輕人，小提琴演奏下的流行音樂還有英國當今的國際符號——大衛·貝克漢姆。一提到英國，在過去許多人的印象中總是和保守、嚴肅甚至呆板、沉悶這些辭彙相聯繫。即便是在現代社會，由於英國在國際政治上緊隨美國的表現和在文化上與美國的高度相似性，英國總是被視為美國的「第五十一個州」和借美國光芒的「文化陪襯」。然而事實並非如此，這個曾經給世界貢獻過莎士比亞的戲劇，拜倫的詩歌，資本主義的信仰，開啟過工業革命的大門並曾經創造過「日不落帝國」奇蹟的大西洋島國，在20世紀的最後十年重新開始發力，以「創意產業」的名義，開始了破除世界對其刻板印象魔咒的新紀元。

圖左：北京奧運會閉幕式駛進鳥巢的倫敦巴士（圖片來源：路透社）
圖右：變形巴士上的大衛·貝克漢姆（圖片來源：路透社）

一、揭開創意產業的面紗

　　創意產業（Creative Industry）有時也被稱作創意經濟（creative economy），在近幾年的世界經濟、文化、政治領域中都是一個高頻的辭彙，在媒體上，這一辭彙更是成為熱點中的熱點。創意產業的概念最早就是由英國提出的。創意產業為何物？《1998年英國創意產業報告》將創意產業定義為「源於個人創造力，技能與才華，通過知識產權生成和取用，可以創造財富並提供就業機會的產業」。創意產業在一定程度上和「文化產業」有著重合性，但是它和文化產業也有著本質的區別。[13]聯合國教科文組織（UNESCO）對文化產業的定義是：「結合創作、生產等方式，把本質上無形的文化內容商品化。這些內容受到知識產權的保護，其形式可以是商品或是服務。」文化創意產業一般是指那些「來源於創意或文化的積累，通過知識產權的形成與運用，具有創造財富與就業機會潛力，並促進整體生活環境提升的行業」。[14]「文化產業」與「創意產業」相比較，除了擴大了產業範圍，更加注重以政策引導帶動產業轉型加值，將文化部門直接轉換成產業部門。從覆蓋範圍上來看，文化產業要更為廣泛，創意產業只是文化產業中通過知識產權開發和運用的那一部分，如書店、印刷廠、電影院、劇院、電視臺等都屬於文化產業，但是他們本身並不屬於創意產業，唯有出版、電影製作、文化演出、電視節目製作等這些才是創意產業的範疇。此外，和文化產業相比，創意產業更加強調個人的創意、創造力、靈感等智力因素的

---

[13]　英國文化媒體體育部網站，http://www.culture.gov.uk/。
[14]　聯合國教科文組織網站：http://www.unesco.org/。

聯合國教科文組織標誌（圖片來源Inter-national Programme for the Development of Communication.）

發揮，所受到的外部限制和壓力也較小。

創意經濟之父、英國學者霍金斯在《創意經濟》一書中，把創意產業界定義為其產品都在知識產權法的保護範圍內的經濟部門。從世界各個國家和地區以及社會各界專家、學者對創意產業的定義可以看出，創意產業包括有四個核心的本質，即重點強調個人的創造力、受知識產權保護、具有文化內涵和對財富擁有巨大的創造能力。[15]霍金斯曾經指出，全世界創意經濟每天創造220億美元的產值，並以5%的速度遞增。一些國家增長的速度更快。縱觀世界，一股巨大的創意經濟浪潮正在形成。[16]

英國曾經是以製造業為主的強國，19世紀時其製造業居世界首位。但是從20世紀開始，特別是二戰以後，由於受到國內市場規模、人口數量的制約以及外來同行的激烈競爭，英國傳統的工業日趨萎縮，並逐漸開始走下坡路，創新

古斯塔夫・多雷1870所繪的倫敦開始有工業區（圖片來源：en.wikipedia）

---

[15] 〔美〕理查・弗羅里達著，方海萍、魏清江譯：《創意經濟》，北京：中國人民大學出版社，2006年，第15頁。

[16] 同上，第16頁。

能力大不如其他西方國家。政府沒有制定完善的產業政策，對科技成果的商業應用及教育和人才培養等方面重視不夠，使英國工業形勢進一步惡化。在戰後相當長的一個時期內，英國處於高通貨膨脹、高失業率、低經濟增長的嚴重不景氣狀態。工業投資水平較低，投資環境差，老化的工業結構以及設備更新的滯後直接影響了勞動生產率的增長。經濟上的衰落引起了英國國內政局的動盪，勞資糾紛、罷工運動此起彼伏。英國在人類心目成為了保守、陳舊的代名詞。

　　窮則思變，1994年布雷爾任工黨領袖後提出了「新工黨、新英國」的口號，拉開了「新英國運動」的序幕。1997年5月，時年43歲的布雷爾成為歷史上最年輕的英國首相，「新英國運動」開始從構想變為實踐。為調整產業結構和解決就業問題，並振興低迷的英國經濟，他下決心發展知識經濟，於當年7月成立了文化媒體體育部（DCMS）。1998年，文化媒體體育部組成了「創意產業工作組」，布雷爾親自擔任該小組主席。在布雷爾擔任首相時期他大力推進英國創意產業發展，提倡和鼓勵原創動力在經濟中的貢獻，提出把創意產業作為英國振興經濟的聚焦點，把推廣創意產業作為拯救英國經濟困境的有效方法。1998年，英國還成立了創意產業輸出推廣顧問團，調查政府政策對創意產業產品出口效益的影響情況並提出改善意

1997年競選時的布雷爾
（圖片來源：http://clinton4.nara.gov/WH/New/Russia/photo3.html）

2007年卸任前的布雷爾
（圖片來源：CRI）

見。在相關部門的協作下，創意產業輸出推廣顧問團的工作取得了不錯的進展。英國貿易和工業部門從20世紀90年代開始也對創意產業提供服務。目前英國已經發展出一套系統化的方式來發展其創意產業。

在創意產業範圍的界定上，英國政府把就業人數或參與人數眾多、產值或增長潛力大、原創性或創新性高三個原則作為標準，將13項產業劃入創意產業範疇，包括廣告、建築、藝術品和古玩、工藝、設計、時尚設計、電影和錄影、互動休閒軟體、音樂、表演藝術、出版、軟體設計、廣播和電視。

二、十年苦行終得道

2007年3月6日，已經有卸任意願的布雷爾參觀了倫敦泰特（Tate Modern）現代美術館，並發表了關於英國10年藝術產業改革的重要講演——《英國引人入勝的文化生活》（Britain's cultural life is「spectacular」）。在這篇「蓋棺定論」式的演講中，布雷爾用大量的篇幅

創意產業催化下的創意傢俱
（圖片來源：www.my7475.com/.../page/4）

總結了執政十年來自己推動的「英國創意產業」的發展成就，表示「與10年前相比，英國的藝術與文化更加自信、更富有創意，也更鮮活了。」

英國創意產業分類表[17]

範　疇	核心活動
廣　告	消費者研究，客戶市場營銷計畫管理，消費者品味與反應識別，廣告創作，促銷，公關策劃，媒體規劃，購買與評估，廣告資料生產
建　築	建築設計，計畫審批，資訊製作
藝術品和古玩	藝術品古玩交易，包括：繪畫、雕塑、紙制作品、其他藝術（如編織）、傢俱、其他大量生產品（如大量生產的陶制、玻璃製品、玩偶、玩具屋、廣告、包裝材料等）、女裝設計（含珠寶）、紡織原料、古玩、武器及防彈車、金屬製品、書籍、裝訂、簽名、地圖等，零售，包括通過拍賣會、畫廊、專家現場會、專門店、倉儲店、百貨商店、網際網路的零售
工　藝	紡織品、陶器、珠寶／銀器、金屬、玻璃等的創作、生產及展示
設　計	設計諮詢（服務包括：品牌識別、企業形象、資訊設計、新產品開發等），工業零部件設計，室內設計與環境設計
時尚設計	服裝設計、展覽用服裝的製作、諮詢與分銷途徑
電影與錄影	電影劇本創作，製作，分銷，展演
互動休閒軟體	遊戲開發、出版、分銷、零售
音　樂	錄音產品的製造、分銷與零售、錄音產品與作曲的著作權管理、現場表演（非古典）、管理、翻錄及促銷、作詞與作曲
表演藝術	內容原創，表演製作，芭蕾、當代舞蹈、戲劇、音樂劇及歌劇的現場表演，旅遊，服裝設計與製造，燈光
出　版	原創，書籍出版：一般類、兒童類、教育類，學習類期刊出版，報紙出版，雜誌出版，數位內容出版
軟體設計	軟體發展：系統軟體、合約、解決方案、系統整合、系統設計與分析、軟體結構與設計、專案管理、基礎設計
電視與廣播	節目製作與配套（資料庫、銷售、頻道），廣播（節目單與媒體銷售），傳送

---

[17] 圖表來源：http://www.xinjiyuan.com.cn/web/view.asp?sID=1771。

　　布雷爾指出，藝術塑造了一個積極的、富有國際形象的英國。如同奧斯卡獎得主海倫‧米倫（Helen Mirren）的《黛妃與女皇》（Queen）風靡全球一樣，英國戲劇、繪畫、音樂、文學、建築等各種藝術形態正因它們的創造者、觀賞者和隨之而來的經濟效益，享受著新時期英國文藝復興的碩果。尤其是當代藝術，即使最苛刻的評論家也無法忽視倫敦當代藝術的繁榮氣象。

　　布雷爾認為，像英國這樣的國家，今天之所以能夠存在與繁榮，得益於國民的創新能力、再思考能力和創意能力——他們思維活躍，常常為下一個想法抱有好奇心，他們歡迎一個開放世界的挑戰。「而思維的活躍很大程度上是在與藝術和文化的互動中提高的。所以，當我們的孩子從藝術中獲得歡樂時，他們學到的不僅僅是藝術，還有生活、思考與創造。他們或許永遠都不會成為一名藝術家、舞蹈家或設計師，但無論在哪一份工作中，無論走哪一條路，他們都會懷揣一種無關乎買賣的理念，而是如何將平凡化為神奇。低收入人群免費參觀博物館時，藝術巨作也許也能刺激他們的些許靈感。」

　　布雷爾還認為，藝術對政府政策的許多關鍵領域如經濟復興、解決青年就業和消除社會歧視都產生了重要影響。地方復興、政治認同、凝聚力的形成的問題，通常都是政府發

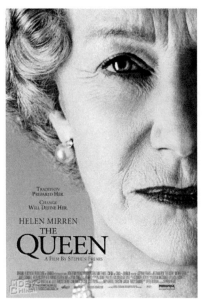

《黛妃與女皇》海報
（圖片來源：www.gmovier.com/）

現有解決難度的問題，但文化產業在這些方面都有所貢獻。如曼徹斯特海濱城市索爾福德碼頭的文化重建創造了11,000個就業崗位，單勞瑞藝術中心就占了6,500個。而泰特現代藝術館在倫敦南華克地區解決的就業人數為3,000，開張第一年創造的經濟效益就達到了1億英鎊。布里斯托爾港口，伯明罕珠寶區，曼徹斯特的Ancoats地區都靠欣欣向榮的文化生活而得以復興。[18]

位於曼徹斯特Ancoats地區的《每日郵報》（The Daily Express）大樓
（圖片來源：維基百科）

　　在布雷爾的這次演講過後不久，英國文化媒體體育部（DCMS）發佈了《2007年英國創意產業報告》，報告以案例的形式總結了英國布雷爾執政10年來創意產業的發展成果，並在新聞稿中以《首相歡呼藝術的「黃金時代」》（Prime Minister hails

---

[18]　演講全文見唐寧街十號官方網站，Cultural speech at Tate Modern, Tuesday 6 March 2007, http://www.number10.gov.uk/Page11166。

「Golden Age」 in the Arts）為題，肯定了布雷爾10年執政生涯中在文化方面所取得的進步。[19]

這裏我們拋開意識形態和感情上的偏見來說，布雷爾的那篇演講絕不是眉飛色舞的「自我吹噓」，DCMS新聞稿中對於布雷爾的稱讚也絕不是對於布雷爾的「歌功頌德」。回望布雷爾執政的十年，英國的創意產業的確是用自己出色的成績讓英國為之在世界所驕傲。

《2007年英國創意產業專題報告》[20]顯示，英國創意產業發展的十年間，創意產業在整個國民經濟增加值中的比例超過了7%，並以每年5%的速度在增長，遠高於整個經濟的增長速度，產值高達560億英鎊並解決了180多萬人的就業問題。2004年藝術產業所創造的外貿總額達到了130億英鎊，占出口產品與服務總額的4.3%。音樂產業的產值達到了60億英鎊，就業人數為13萬人。

一些以普及的文化為要義的活動和舉措，如遺產開放日、免費參觀國有博物館、促進便宜電影票計畫（如國有劇院的10英鎊票季旅行）都受到了民眾的熱烈歡迎。國立博物館允許免費入場後，其參觀人數增加了83%，尤其是2001年以來，國立博物館增加了近3,000萬遊客。

在十個最受遊客歡迎的英國旅遊目的地中，博物館、畫廊、歌劇院成為遊客的必選景點。如泰特現代美術館已成為全球最受歡迎的現代藝術畫廊，參觀人數超過了紐約現代藝術館和巴黎蓬皮杜中心。調查顯示，有28%的海外遊客會選擇去倫敦的劇院；

---

[19] Prime Minister Hails "Golden Age" in the Arts, http://www.creativematch. co.uk/viewnews/?93623.

[20] 資料和資料來源：英國文化媒體體育部網站，http://www.culture.gov.uk/

英國劇院經濟產值達26億英鎊，2001年宣佈劇院補助後，七個主要地區劇院的觀眾增加了40%。

在政府資助的「人民網路」計畫（People's Network）的幫助下，公共圖書館開通了互聯網終端。2000-2003年間，有4,200家公共圖書館接入互聯網。國家彩票基金向各圖書館提供了1.2億英鎊用以建立2.4萬個終端，培訓圖書館員工，以及學習材料的數位化。目前

1215年英國《大憲章》原稿（圖片來源：http://www.kingsmeadow.com/2006_06_01_blog_archive.html）

可查到的線上文化內容相當可觀。10年前，大英圖書館將《大憲章》（Magna Carta）上了網；其獲獎的電腦「翻閱」系統最近將許多圖片資料放在了互聯網上，讀者只需借助電腦觸控螢幕，就可以近距離翻閱大量珍貴的書籍和手稿。

此外，根據報告顯示，創意產業的發展還提高了英國國民的社會責任感和政府信任度，1997年以來，英國新建100多座藝術建築，翻修超過500多座。在文化遺產行業中，有約為40萬志願者為之服務，而在劇院相關的行業裏，志願者還要再多出1.6萬人。由於英國文化部門在創意產業推進中扮演了一個主要的角色，公眾對於政府的好感大大增強。例如，一項關於互聯網使用的調查結果顯示，人們對博物館、圖書館和檔案館的網頁內容信任度很高，十個受調查者中有九個認為他們相信大部分內容。

三、創意在歷史、現實、未來之間

如同英國對於創意產業的自我解讀一樣，英國在創意產業上的發展一直所秉承的是集體創造力的發揮，各種高科技技能技術的施展以及個人才華的展現。英國的創意產業的發展內容，從時空的維度來看，英國是在歷史、現實以及未來三個方面上展開的。

1、讓歷史復活

歷史是一筆取之不盡，用之不竭的財富。回溯英國的歷史可以發現，在文學、哲學、經濟等人文學科上，莎士比亞的「生存還是毀滅」給人類留下了永恆的思考，雪萊的「冬天來了春天還會遠嗎？」讓人類在黑暗中看到了光明和希望，培根讓人類意識

圖左：46歲的以撒‧牛頓爵士戈弗雷‧內勒作於1689年（圖片來源：Wiki-
　　　media Commons.）
圖中：1712年的牛頓畫像（圖片來源：Wikimedia Commons）
圖右：1644年《論出版自由》的封面
　　　（圖片來源：維基百科轉自US Library of Congress Rare Book and Special
　　　Collections Division http://www.loc.gov/law/public/asl/images/areob.jpg）

到「知識就是力量」，彌爾頓的《論出版自由》告訴人類每個人都有表達自己思想的權利，亞當・斯密、凱恩斯更給人類提供的經濟行為思考方式，至今都影響著全球化經濟的發展。在物理、天文、醫學，生物學等自然科學上，牛頓的一顆蘋果讓人類感知到了萬有引力的存在，天文學家哈雷成為了世界最著名的彗星和望遠鏡的名字，哈威的《心血運動論》成為了西方醫學的《聖經》，達爾文的物種起源和進化論讓人類知道了自己從哪里來要到哪里去，史蒂芬・霍金更是以「宇宙之王」的桂冠成為了當代的「愛因斯坦」。

除此之外，王爾德的童話，貝奧武夫的傳說，亞瑟王的傳奇，福爾摩斯的推理……這些歷史上英國留給人類的精神上和物質上的滿足都是英國創意產業巨大的內容寶庫。英國的創意產業也珍惜這些獨有的歷史資源，在歷史文化遺產中不斷激發著自己的創造力。

圖左：BBC魔幻劇《梅林》（Merlin）劇照（圖片來源：http://img.verycd.com/）
圖右：梅林（Merlin）過去的形象（圖片來源：Wikimedia Commons）

在英國創意產業借助歷史資源上，創意產業的各個行為主體（尤其是媒體）主要採取的是兩種方式，一種是將原汁原味的歷史文化遺產再次演繹，這種形式的主要表現是將英國的世界名

著，重大事件，人物或者歷史傳說原封不動或略加改編的搬上舞
臺、電視、電影。如在英國熱播的BBC拍攝的電視劇《梅林傳
奇》（Merlin）是根據亞瑟王與魔法師梅林的故事改編而成，只
是與傳說不同的是，本劇中的梅林不再是白髮老者，而是一位初
出茅廬的少年英雄。另一種方式是站在歷史的維度中重新編寫一
個奇幻的故事然後進行出版和發行，如風靡世界的《哈利·波
特》。故事是現代人所編寫的一個奇幻童話，但是從倫敦老地鐵
站臺到奇幻的霍格沃茲魔法學院無一不是英國的歷史風貌。這種
讓歷史復活的方式，不僅讓英國的傳統觀念和歷史文化得以在現
代社會依舊保持旺盛的生命力，更重要的是，它讓世界看到了英
國人演繹的歷史和人物其實也不是人們所感知的那樣聊無生氣，
呆板生硬。

2、讓現實多彩

除了從歷史中汲取精華和力量，英國的創意產業更加注重的
還是現代英國文化的表達。倫敦西區是與紐約百老匯齊名的世界
兩大戲劇中心，[21]從16世紀末開始，這裏便是英國戲劇的中心，
莎士比亞的諸多戲劇都曾在這裏的環球劇院公演。全球化的進程
和英國創意產業的發展給這裏帶來了新一輪歌劇音樂劇浪潮，觀
賞倫敦西區的演出早已經成為了來英國旅遊遊客的必備節目。每
年，都會有千萬計觀眾在這裏觀看戲劇。世界眾多明星如波姬·
小絲，大衛·修蒙（《老友記》中羅斯的扮演者）等都曾在倫敦
西區演出。作為世界表演藝術的舞臺，倫敦西區更是成為了英國
戲劇屆的代名詞和英國創意產業產品輸出的舞臺。在倫敦西區上

---

[21] 倫敦西區劇院特指由倫敦劇院協會的會員管理、擁有和使用的49個劇院。

演的現代戲劇中，最令人難忘的當屬亦歌亦舞的音樂劇，其中安
德魯・韋伯1981年創作的音樂劇《貓》更是創下了在倫敦西區連
續上演21年，演出近9,000場的記錄。[22]《回憶》一曲早已經成為
了時代的經典。

1997年重建的倫敦環球劇場（圖片來源：wikipedia commons）

　　除了戲劇，英國創意產業發展下的電影和流行音樂也有著
旺盛的生命力。在電影方面，1994年拍攝的《四個婚禮和一個葬
禮》在英國的票房收入是2,800萬英鎊，但是在全球的票房收入則
達到了2.5億美元。這部由休・格蘭特擔當主演的影片講述了男主
角及他的幾個朋友的情感經歷，主角的生活氛圍具有相當的真實
性和英國本土特色，與那些不食人間煙火式的好萊塢愛情故事拉
開了距離。這部電影描繪了英國人自己的生活環境和英國文化自
身的特點，主題凝重，但表現手法又是舉重若輕，英國冷面戲劇
的傳統在這裏得到了充分的發揮。與《四個婚禮和一個葬禮》一
樣，1999年拍攝的《諾丁山》也是用英國本土的特色換來了全世
界票房的成功，此外英國獨有的「冷喜劇」也為英國電影換來了
較高的聲譽，英國喜劇泰斗羅恩・艾金森（Rowan Atkinson）主
演的著名的「豆豆先生」（Mr. Bean）系列電影和電視短片讓全
世界都為英國式的幽默笑出了眼淚。

---

[22] 2001年5月11日，音樂劇《貓》在他21歲生日的時候，在倫敦西區同一個
　　劇院結束了在西區舞臺上的演出，但是《貓》的全球的巡演至今還在繼續。

在流行音樂方面，早從上世紀60年代的披頭士（The Beatles）開始，英國一直就有不缺流行音樂的國際巨星。在當代的英國流行樂壇，從依舊活躍的愛爾頓·約翰（Elton John）到羅比·威廉斯（Robbie Williams），辣妹合唱團（Spice girls），英國的

豆豆先生（Mr.Bean）
（圖片來源：CRI）

流行音樂總是在世界流行音樂中總佔有舉足輕重的一席。2007年第50屆格萊美音樂獎，英國新一代的流行創作型女歌手艾米·懷恩豪斯（Amy Winehouse）憑藉暢銷專輯《重返黑色》（Back to Black）及其主打歌曲《戒毒所》（Rehab）一舉獨得5項大獎，成為當晚獲獎最多的藝人。這過去和現在都充分的說明英國流行音樂不僅一直以來有著實力雄厚，更在未來「後繼有人」。

圖左：The Beatles四人組（圖片來源：Wikimedia Commons.）
圖右：英國流行新天後艾米·懷恩豪斯（圖片來源：http://www.flickr.com/photos/berlinfotos/375924857/）

3、讓未來閃光

　　為了掙脫世界對英國「刻板印象」的魔咒，英國的創意產業在讓歷史復活，讓現實多彩之外，還有一條祕訣，就是用創造力讓未來閃光。在英國的創意產業發展中，用智慧設計未來讓許多人對於英國的現代印象耳目一新。英國的設計業是迄今為止英國創意產業中最大的行業，同時也是最敢於運用創造力來描繪未來圖景的行業。英國在設計方面的影響力之巨大，使它在設計上的競爭對手義大利都不得不讚譽英國是「世界設計之都」。義大利的報紙認為，他們的設計之都米蘭面臨著被倫敦「邊緣化」的危險。[23]

　　英國的設計業包羅萬象，系統龐大，除了大型的設計集團，一些小型的獨立工作室和個體設計者更是英國設計業的「創意發動機」，這些獨立的工作室或個人崇尚獨立、崇尚自我發展和個性的展現，用自己的見解和洞察力做自己喜歡的作品。這些獨立機構和個人的為英國的設計業的世界地位做出了巨大的貢獻。

弗里曼特傳媒公司標誌（圖片來源：http://www.fremantlemedia.com/）

---

[23]　轉引自環球網，http://www.huanqiu.com/。

除了設計業，英國媒體的許多顛覆既往的節目模式更是讓英國的電視成了世界電視節目的「樣板工廠」。風靡世界的「偶像」（Idol）式選秀節目模式的原創者就來自英國的弗裏曼特傳媒公司（Fremantle Media），英國的ITV是這種該種節目模式播出的始作俑者。包括「美國偶像」（American Idol）在內的全球三十多個國家的偶像選秀節目都是照著英國的樣板各自進行在地改良的。除了「偶像」式的選秀節目，英國的真人秀節目如《英國達人》（Britain's Got Talent），訪談性節目如《small talk》等，也是世界各國媒體競相模仿的對

《英國達人》片花（圖片來源：www.itv.com/ 3C!--ADDITIONAL INFORMATION）

ITV臺標（圖片來源：www.psfk.com）

象。由於英國電視節目的諸多「獨到之處」，讓一直以來都以「傳媒帝國」自居的美國也開始購買英國的節目模式和電視劇題材。如美國熱播的電視劇《辦公室》（The Office）就是模仿和改編英國的同名喜劇而來。如今英國已經在一定程度上成為了美國電視節目和電視類型的「發源地」和「大後方」。

四、創意產業的罪與罰

每個硬幣都有兩面，創意產業在為英國帶來了財富，讓世界改變了對於英國「刻板印象」的同時，也承受著創意產業帶來的罪與罰。

　　由於過度追求節目的收
視率，一些電視節目出現了許
多出位的舉動，這些舉動招來
的不僅是受眾的不滿，還有政
治上的紛爭。2007年1月，31
歲的印度寶萊塢女星希爾帕·
謝蒂在參加的英國第四頻道電
視臺的《名人老大哥》（Ce-

《名人老大哥》節目標識
（圖片來源：www.mirror.co.uk）

lebrity Big Brother）真人秀節目中，她因屢次遭到其他英國明星
譏諷甚至被稱作狗而屈辱落淚。觀看這期真人秀的很多英國觀眾
都被謝蒂受到的「種族侮辱」激怒了，他們通過電話和電子郵件
向英國媒體監督機構和第四頻道電視臺提出強烈抗議。在兩天時
間裏，至少有22000名觀眾投訴。該事件還引發了印度眾多影迷
抗議，印度官員警告該事件將影響印英外交關係；當時的英國首
相布雷爾和財政大臣布朗也先後表態，譴責任何形式的「種族主
義」。該事件的影響力已遠遠超出娛樂圈，擴展到了政治領域。[24]

　　此外，一些創意的電視節目還摒棄媒體道德，涉嫌欺騙和騙
取觀眾錢財。《早安電視》（Good morning TV）是英國最受歡
迎的早間電視節目，「打進電話，您就有可能獲得大獎」是它的
招牌口號。它每天播出時間從早晨6時到9時25分，在有英國擁有
500萬忠實觀眾。該節目開始時，主持人會鼓動大家參與「答題
獲大獎」的互動，然後在打進電話的觀眾中抽出獲獎者，獎金一

---

[24]　來源：泰晤士線上（times-online），Thousands complain as Bollywood actress taunted on Celebrity Big Brother, http://www.timesonline.co.uk/ tol/news/uk/article1293391.ece Celebrity Big Brother racism row, http:// entertainment. timesonline.co.uk/tol/arts_and_entertainment/article1111791.ece

般在1萬到2萬英鎊。然而根據
2007年4月BBC的一檔節目披
露，其實《早安電視》在8時
15分就已經選出了幸運觀眾，
也就是說8時15分以後打進電
話的觀眾根本沒機會抽獎，但
觀眾卻對此一無所知。BBC節
目主持人給觀眾算了一筆賬，
每名觀眾打進電話的時間一般
是兩分多鍾，電話費是每分鐘
60便士，以此推算，該節目每
天至少騙取4.5萬英鎊。而該臺
採用這種做法已有4年，這意
味著觀眾白白花了4,000萬英鎊
的電話費。[25]如此的行為實在
是讓創意節目蒙羞。[26]

倫敦千禧巨蛋（圖片來源：新華網）

伯明罕的鬥牛場購物中心
（圖片來源：新華網）

　　其實在建築業領域，有關
於創意產業的微詞早已有之，
創意理念催生下的建築對於傳
統英國的傷害的一直就沒有停
止過。在2008年美國CNN綜合

蘇格蘭國會（圖片來源：新華網）

多個地區的民意選出的世界十大醜陋建築中，英國就占到了五項
（分別是倫敦千禧巨蛋，伯明罕的鬥牛場購物中心，倫敦巴比肯
藝術中心，倫敦白金漢宮，蘇格蘭國會）其中在布雷爾極力遊說

---

[25] 《英國電視節目騙取觀眾巨額話費》，《環球時報》，2007年4月24日。
[26] 吳非：《BBC「隆起」的信譽危機》，《晶報》，2007年9月9日。

下建造的倫敦千禧巨蛋更是位列榜首。此外，倫敦眼等建築也在輿論的漩渦中飽受非議和指責，創意產業帶來的副作用不可小覷。

五、英國創意產業的啟示

英國創意產業的發展和成就給世界提供了一個全新的發展樣本和思考維度，從中也留下了不少經驗和啟示。

首先，英國不把創意產業看作「搖錢樹」。英國雖然憑藉創意產業的發展給經濟注入了新的活力，但是英國沒有把創意產業只看作是經濟提升的重要手段，而把它視為增強綜合國力的重要途徑和增強民族凝聚力的重要因素。

其次，英國政府注重於創意人才培養和機構扶植，在英國藝術委員會的常規資助機構中，有90%以上的機構都有藝術教育的功能，33萬青年人被納入到了創意合作夥伴計畫中，他們有機會與藝術家和其他創意專業人員一起工作。大約有3000個學校在音樂、舞蹈、戲劇、藝術和設計等學科方面設置了藝術學分。1997年至2007年間，英國已培育了12萬多家創意企業。許多藝術機構和藝術活動因此受惠，被注入的資金至今已超過1.5億英鎊。

第三，英國的創意產業注重國際間的交流。英國文化部門認為只要本著平等互利的原則，加強英國與其他國家在創意產業領域的合作，就可以消除國與國之間的貿易壁壘，最終有利於本國創意產業的發展。2006年，英國政府資助發起了「世界創意之都」項目，該項目由倫敦藝術大學負責組織實施，並在印度、中國等地設立五個創意產業中心，以促進文明對話和文化交流。2006年11月23日，北京創意產業中心正式成立。目前英國正在試

圖在本土創意文化充分發展的基礎之上，從東方和其他的文明之中「拿來」一些創意的靈感。讓世界徹底擺脫昔日大英帝國的「印象魔咒」。

第三節　借助卡通演繹的日本全球在地化

自1980年12月日本動漫《科學小飛俠》作為中國大陸從國外引入的第一部動畫片開始，日本動畫便成了許多中國小學生、中學生、乃至大學生、工薪族還有老人的最愛。可以說，從1980年代開始，幾乎此後的每一代中國少年都是看著日本的動漫長大的，不管是伴隨「70後」童年成長的《科學小飛俠》，《花仙子》，《一休和尚》，還是讓「80」後至今回味的《聖鬥士星矢》，《櫻桃小丸子》

日本街邊公園的科學小飛俠雕像
（來源：維基百科）

或是讓「90」後著迷的《爆走兄弟》，《灌籃高手》，《火影忍者》……日本的動漫以魔力一般吸引著無數中國青少年的眼球，帶給他們學習後的歡樂，改變著他們的思維和生活。其實眾所周知，日本動漫的影響的遠遠不止東亞這些與它一衣帶水的鄰居，日本動漫早已經成為了日本表達世界和世界認識日本的一個窗口。

　　法國於1991年開始引進日本動漫雜誌，義大利更是有超過200萬的動漫消費者，英國、德國也在90年代開始引進日本動漫。[27]如今動漫的發展成為了給日本帶來財富的「印鈔機」。根據日本貿易振興會前期公佈的資料顯示，早在2003年，銷往美國的日本動漫片以及相關產品的總收入就已經高達43.59億美元，是當年日本出口到美國的鋼鐵總收入的四倍。廣義的動漫產業實際上已成為超過汽車工業的賺錢產業。[28]全球播放的動畫節目約有60%是日本製作的，在歐洲，這個比例更高，達到八成以上。日本動漫在全球取得如此大的成功，原因是多方面的，既有日本動漫背後日本文化傳統的魅力，更有著日本人力圖從動漫突破讓日本也可以擁有全球文化表達權利的一種渴望和戰略。

一、回望——歷史發展中積累出的動漫類型

　　日本動漫最初起源於民間草筆，明治29年（1895年）動漫開始進入日本。隨著歐美文化的入侵以及日本工業化進程的加速，一些畫師開始以繪畫為職業謀生，一些畫開始由單幅發展到有故事情節。不過，當時畫師們的繪畫僅僅是一種貧苦百姓自娛自樂的消遣方式，不登大雅之堂。

　　1917年下川凹夫製作的《芋川椋三玄關・一番之卷》被認為是日本的第一部動畫片，也有一說是北山清太郎的《猿蟹和戰》（1917年）或幸內純一的《塙凹內名刁》（1917年），這三人為

---

[27] 陳仲偉：《日本動漫畫的全球化與迷文化》，臺北：唐山出版社，2004年，第17頁。

[28] 〈日本動漫出口超鋼鐵4倍占全球動漫60%份額〉，日本《每日經濟新聞》，2005年7月27日。

世界上第一張卡通畫《Cartoon no.1: Substance and Shadow》，由莊李治所繪畫一幅卡通，用以諷刺1843年在新的英國國會議事廳裏，為繪畫壁畫作準備而畫的卡通草圖。結果，這作品為「卡通」一詞，賦予了新的意義。（圖片來源：Wikimedia Commons）

日本動畫的發展做出了啟蒙性質的貢獻。政岡憲三和他的弟子瀨尾光世則完成了日本第一部有聲動畫片《力與世間女子》（1933年）。日本發動侵華戰爭時，瀨尾光世還拍攝了許多美化軍國主義、鼓吹侵略的「國策」動畫片，如「桃太郎」系列，其中最著名的就是《桃太郎‧海上神兵》（1944年）。

桃太郎雕像和玩偶（圖片來源：Jnn's file）

　　二戰後，隨著歐美動漫的傳入，日本一些漫畫家開始有意識地對動漫這一文化工業的產物進行研究，對歐美的動畫經驗進

行學習，並以日本人特有的「拿來主義」方式將其改造為自己的「特產」。日本動漫能得以產生與發展，與「日本漫畫之父」手塚治蟲的貢獻是分不開的。

手塚治虫1928年（昭和3年）出生於大阪府，名「治」，1939年改為「治虫」，並至死都一直使用這個名字。手塚14歲（1942年）的時候，中國萬氏兄弟公司仿照《白雪公主》製作的《鐵扇公主》在日本公映，這部影院動畫給少年手塚以極大的震撼，據他自己說正是因為受到這部影片的刺激，日後才走上了漫畫創作的道路。1945年日本戰敗，17歲的手塚

日本動漫之父手塚治虫（圖片來源：維基百科）

進入了大阪大學附屬醫學專門部學習。第二年就開始嘗試在報紙上發表四格漫畫作品。1947年，手塚繪製的紅皮書《新寶島》把電影、電視中變焦、廣角、俯視等手法運用到兒童探險故事中，使人物都「動」了起來。這種耳目一新的模式一經推出立即受到了歡迎，在經濟低靡的戰後第三年（1948年），《新寶島》通過非正常的發行管道再版狂銷40萬冊，許多人也開始按照手塚這種方法繪製漫畫。《新寶島》是日本漫畫表現手法的一次劃時代進步，它決定了手塚未來的道路，也改變了人們對於漫畫的觀念。手塚創造性地將大量的電影拍攝手法引入漫畫（如同景別的多角度拍攝），按照電影畫面來設計，用類似電影裏分鏡的方法來決定畫面的分配，將大小不同的畫格排列在一起，造成類似鏡頭推移的效果，我們今天所熟悉的漫畫就是這樣誕生了。另外，在無聲的漫畫中體現聲音，將象聲字「畫」在畫面裏，也是他的小發明。雖然在手塚之前也曾經有人在某些地方做過一點類似的嘗試，但真正系統研究並確立這種全新觀念的人仍是手塚治虫。在

他之前，漫畫是以戲劇的表現手法來創造，在他之後，漫畫開始以電影的表現手法來敘述故事。

1953年，手塚開始在《少女組》上連載《藍寶石王子》，這是公認的第一部少女漫畫，在這部「面向女孩子的作品」中，手塚關於動漫畫應該「按照不同的人群需要製作不同取向」的理念得以貫徹。這部漫畫是日本漫畫發展歷史上的一個重要里程碑。從此以後，日本漫畫有了少年漫畫、少女漫畫的區別，再往後，在少年、少女漫畫的基礎上，又派生出了成人向、中性向等不同的取向，日本漫畫高度產業化的時代開始了。

1961年，手塚治虫製作公司成立動畫部，手塚開始向動畫領域進軍。和迪士尼公司的動畫發展路徑不同，面對市場的巨大渴求，手塚治虫進行了一場異想天開的革命——和他創作漫畫的想法一樣，手塚覺得與其關注人物的動作，不如去關心人物的內心。他認為動畫最重要的是故事，只要故事好，就算是兩張紙片也一樣可以吸引人。在這種理念的指導下，手塚開發了一整套動畫製作流程，最大限度地節省製作成本。他嘗試著為典型人物製作典型動作（這樣可以在不同的背景下重複使用）；嘗試著眨眼三楨，口動三楨的模式（迪士尼要求口型與說話結合）製作對話。這種靜態對話場面的使用大大節省了資金。另外，手塚把動畫的興趣放在電視這一當時新興的媒體上，利用電視將動畫推廣給各個層面的觀眾群。由於思路及流程的正確，手塚很快取得成功。而在隨後的半個世紀裏，經過無數動畫工作者的共同努力，在今天，低成本、重故事的日本電視動畫以數量為武器像蝗蟲一樣侵佔了全世界的動畫市場。它將迪士尼困在經典影院片的古堡，將歐洲動畫打死在小小的學術沙龍咖啡館。有人形象地說手塚治虫發明了一個打擊迪士尼動畫帝國版圖的小錘子，並在上面

輕輕地敲開了第一個缺口。因為這個缺口，日本動畫才有今天在世界與美國兩分天下的局面。

到了70年代，日本動漫進入了一個發展時期。大批技術成熟、構思精湛的漫畫家湧現出來，動漫創作題材也得到了空前的開發。宮崎駿、藤子不二雄、永井豪、松本零士、石森章太郎、安彥良和、赤塚不二夫等漫畫家在手塚之後成為日本漫畫創作的中堅力量，他們在這一時期創作的作品許多都成為了日本動漫的經典之作。藤子不二雄的《哆啦A夢》更是這一時期最著名的作品之一，至今還被世界動漫迷所追捧。70年代的動畫聲優（即配音演員）熱，更使日本的動漫如虎添翼，出色的聲優加上精良製作的動漫受到了民眾的狂熱追捧。

哆啦A夢第一版漫畫第一集（圖片來源：Doraemon_first_appearance.jpg ）

80年代，膠片技術開始突飛猛進，另外，錄影機的普及也使得OVA（Original Video Animation，原創錄影動畫）製作量增加，動漫的覆蓋面因為這一技術的進步得到巨大推動。OVA，顧名思

義，就是不在電視或電影院播出，而只出售錄影帶。除非該片大
受歡迎，才有可能在電影院公開而升格為電影。1983年，日本動
畫市場上出現的世界上第一部OVA《DALLOS》為動畫在電影，
電視市場外，開闢了一個新市場——錄影帶市場。這個時期，動
漫的表現也開始在作品中體現自己的風格，各種風格迥異的動漫
在市場上大量的湧現，其中以宮崎駿為代表的日本藝術動漫和以
鳥山明、車田正美為代表的商業動漫更是在這一時期取得了令人
交口稱讚的成績。由於故事題材的多元化以及商業運營上的屢屢
成功，日本漫畫的分類也更為細緻與多元。現在的日本漫畫至少
可以分出以下類型：技擊類、體育類、少女類、科幻類、歷史
類、言情類、偵探類、政治類、商業類、色情類等等。[29]

　　20世紀90年代初，日本動畫曾一度進入了「冰河時期」，但
隨著庵野秀明的《新世紀EVANGELION》（1995年）的推出，
「冰河」開始解凍，日本動畫又進人了一個全新的發展時期。在
這以後，日本動漫的內容更加多樣化，動畫題材與製作人員也開
始產生了比較明顯的分化，動畫的製作者中既有像淺香守生這樣
擅長製作《ANGEL》（第一部：2001年；第二部：2002年）等
「美少女動畫」的高手，也有像大地丙太郎這樣對《邪流丸》
（1998年）、《水果籃子》（2000年）這類以「搞笑」為主的動
漫比較拿手的畫師，而押井守的《攻殼機動隊》（1995年）、
《人狼》（2000年）等作品雖然比較晦澀，但其自成一格的風
貌，也已被觀眾所接受。以《千年女優》（2002年）一片而躋身
名家之列的今敏在動畫中所採用的敘事手法和營造撲朔迷離的氣
氛的手法，更是開創了一種全新的動畫表現方式。

---

[29] 該發展紀要綜合互聯網有關日本動漫發展的敘述整理而得。

日本動畫的歷史階段[30]

	名稱	起止時間	代表作品
第一階段	戰前草創期	1917年日本開始有動畫到1945年日本戰敗為止	《海之神兵》
第二階段	戰後探索期	由日本戰敗到1947年為止	《太陽王子大冒險》
第三階段	題材確定期	自1974年《宇宙戰艦》上演至1982年為止	《宇宙戰艦》《冱屺宇宙戰艦》《永遠的大和號》《宇宙戰艦完結篇》《機動戰士》
第四階段	畫技突破期	自1982年《超時空要塞》（MACROSS）上演至1987年為止	《風之谷》《天空之城》《機動戰士Z》《機動戰士ZZ》
第五階段	路線分化期	自1987年到90年代初	《古靈精怪》《機動戰士GUNDAM－逆襲》《王立宇宙軍》《天空戰記》《機動警察》
第六階段	風格創新期	自1993年到現在	《攻殼機動隊》

二、主題——日本式的「拿來主義」

　　有學者曾經把日本的文化稱之為「洋蔥頭」式的文化。如果細心並慢條斯理的將日本的文化進行層層剖析就會發現，日本文化的確就像是「洋蔥頭」一樣沒有真正的內核，但是層層都有

---

[30] 該表格歷史階段劃分來自於互聯網文章《日本動畫發展史》，http://www.xici.net/b126073/d7265495.htm。

自己的內容。從古代的學習中國的漢朝和唐朝到近代的學習西方，日本的文化都是在一層一層的包裹著自己的文明並且在這些層裏之間融入本民族的精神元素，最終成為一種獨特的「日本文化」。

　　動漫從進入日本的那天起就是以一種「拿來主義」的姿態開始在日本落地的，但是日本獨特的歷史人文環境以及上面提到的日本幾代動漫人的不懈努力使這個「拿來」之物披上了一件漂亮的和服，並且在日本生根發芽，經過再包裝後傳播到世界，讓世界在這些動漫中找到日本的時代精神與主題。在幾十年的日本的動漫發展中，雖然在表現技法、媒體應用以及經營運作上有了一些變化，但是其內在核心精神以及價值觀念的表達依舊堅持著自己的主題：

1、日本式「救世主」情結與武士道精神

　　一直以來，救世主的觀念不僅存在於歐美這些受過基督教「出世」精神薰陶的國家和民族，「救世主」情結事實上一直以來都存在於日本的情愫之中，這種情愫曾一度讓日本誤入歧途有了「大東亞共榮圈」的迷夢，並為此付出了沉痛的代價。雖然說二戰之後曾經自認為最懂得「各安其所，各守本分」的日本也被美國這個他們眼中的「救世主」所救贖，但是日本人的這種「拯救世界」的心結還是在動漫主題的渲染上表現的淋漓

全副盔甲的19世紀日本武士（圖片來源：Bennett, Terry. 'Early Japanese Images' 75, 139, pl. 35.）

盡致。在日本「動漫之父」手塚治虫繪製的《科學小飛俠》中，被茶水博士收留的科學小飛俠擁有10萬匹馬力和7種武器，是人類正義與和平的守護者，隨時準備與邪惡勢力展開戰鬥。這裏需要說的是，與美國動畫片中的救世主強調的是諸如超人、蝙蝠俠、蜘蛛俠一樣的個人英雄主義不同，日本動漫的救世主往往更加注重集體力量和團隊精神。在日本動漫中，往往看到的都是「組合」式的團隊在完成著拯救世界於危難的使命。和黑暗勢力進行持久性鬥爭的美少女戰士是一個「各懷絕技」的美女八人組，和「KOKOPERI」的神祕人簽訂合約的《地球防衛少年》勾勒的是保護地球不受敵人的危害的15人團隊。當然這種團隊性質的「救世主」樣式並不意味著中間就沒有靈魂人的出現。《足球小將》中的大空翼，《魔神英雄傳》中的瓦塔諾等都是其動漫中的靈魂性人物。但是需要注意的是，這種靈魂人物的「救世主」形象與美國動漫中宣揚的英雄個人主義還是有著很大的區別，在日本的動漫中，那些救世主般的靈魂人物的背後往往有著一個整體團隊作為後盾：在大空翼的背後有一群如若林源三、日向小次郎等一起追求夢想，為日本足球而奔戰努力的「同道中人」。這種「群體英雄」的出現事實上與日本人本身注重團隊力量，注重個人在集體中的表現以及講究協作的民族精神有著密不可分的聯繫。

日本櫻花的大和繪（圖片來源：http://visipix.com/index.html）

　　武士道就如同日本的象徵櫻花一樣，「是日本土地上固有的
花朵。」[31]不管是在歷史上還是在現實中，武士道精神都在日本的
社會之中起著不可忽視的理念上的支撐。雖然說武士道不是什麼
成文的法典，充其量只是一些口頭相傳甚至是一些武士或者學者
記錄下來的格言，但是在日本，武士道「乃是武士遵守的，或指
示遵守的道德原則規章」，是「一部銘刻在內心深處的律法」。[32]
它的理念以及準則從內涵到表像都深深影響著日本人生活和文化
的方方面面。作為日本文化輸出重要出口的動漫當然不會擯棄
這個深入日本人骨髓的傳統，加上精美的繪畫以及扣人心懸的情
節，日本借助於動漫讓全世界都看到了日本武士道的「義」、
「勇」、「仁」、「禮」、「誠」，重視「名譽」講究「忠義」
的美德。

《鎧傳》劇照（圖片來源：web-kare.jp/bbs/topic/1429/4）

　　1988年開始在日本上映的動畫片《鎧傳》非常有代表性的詮
釋了日本武士道精神給世界以及人類帶來的巨大精神力量。故事

---

[31] 〔日〕新渡戶稻造著、張俊彥譯：《武士道》，北京：商務印書館，1993
年第一版，第13頁。
[32] 同上，第15頁。

講述了正義與邪惡之間的一場跨越異度時空，橫亙千年的爭鬥。數千年前，由人類內心的軟弱和陰暗產生了一種叫妖邪界的東西，人類不斷的自相殘殺，武力鬥爭及對強大力量的追求鞏固著這個異世界，終於，妖邪界誕生了一具有著邪惡意志的盔甲，盔甲的名字叫阿羅醐。阿羅醐率領妖邪界的惡魔向人類世界發動進攻，而人類卻無法抵抗那種強有力的攻勢。這時一位叫迦雄須的雲遊僧拯救了當時的人類，並擊敗了阿羅醐。阿羅醐留下了自己的鎧甲，逃回了妖邪世界。而迦雄須為了防止阿羅醐再次侵犯人類世界，將它留下的鎧甲打造成九件有著神奇力量的盔甲。然而9件鎧甲上帶著阿羅醐的妖氣，其中四件先後落入阿羅醐手中，四名追求力量而屈服於阿羅醐的人類得到了這四件盔甲，成為阿羅醐的幫兇。阿羅醐經過一千年積蓄力量之後，再次向人類世界發動進攻。為了阻撓阿羅醐的邪惡計畫得逞，圍繞鎧甲開始的一場光明與黑暗的戰爭就此展開。影片中九件鎧甲分別具有「仁」、「義」、「禮」、「智」、「信」、「忠」、「孝」、「悌」、「忍」人類的九種美德封印，而這九種美德正是日本武士道精神的集中詮釋。影片最後九件鎧甲合體戰勝邪惡的阿羅醐並在死亡之後復活的結局也充分說明了日本人對於武士道精神戰無不勝並恆久不滅信念的堅持。

2、注重生活情趣的表達

不管是在哪一種類型的動漫中，不管劇情的結尾是悲劇還是喜劇，在日本的動漫中你總可以看到獨有的生活場景以及人物令人搞笑的表情：或一道道黑線、汗珠從臉上劃過，或人物在瞬間誇張變形放大縮小，或瞬間雲霧蒸騰以反映人和物的變化，或霎時背景虛化唯美以映襯人物心境……這種注重生活情趣的表現方

式使日本動漫在整個情節節奏以及劇情的展現上都大大擴展了空間。很多語言無法表達人物關係，人物個性都得到了充分的展現，同時也舒緩了日本動漫受眾生活工作上的緊張壓力。

從1992年起開始在日本朝日電臺播放至今不衰的《蠟筆小新》便是最典型的代表。小新

日本的掌上「枯山水」
（圖片來源：en.wikipedia）

是一個年僅5歲，正在幼稚園上學的小男孩。他家住在春日市的市郊，最初小新與父親廣志和母親美冴組成一個三口之家，隨後又添加了流浪狗小白。隨著故事展開，又加入了新的成員妹妹野原葵（漫畫版：野原向日葵）。在最新的故事裏，美冴的妹妹小山夢冴也住到了野原家（不過找到工作後又離開了）。作者臼井儀人從日常生活中的故事取材，敘述小新在日常生活中所發生的事情。小新是一個有點調皮的小孩，他喜歡別出心裁，富於幻想。小新最大的魅力在於他以兒童的純真眼光略帶調侃地看待世界。由於《蠟筆小新》清新的生活氣息以及搞笑的語言，使小新不僅深受小朋友的喜愛，也非常受到大人的歡迎。蠟筆小新連續系列的單行本曾先後在中國大陸、臺灣、香港、泰國、馬來西亞、巴西、美國、義大利、法國等國家和地區發行。動畫版蠟筆小新還被翻譯配音在西班牙、印度、印尼、韓國、德國等地的電視臺播放過。

　　日本動漫注重生活情趣表達的另一個表現就是「萌元素」在日本動漫的運用。在解釋萌元素前有必要對於「萌」這個概念做一下解讀。根據維基百科的解釋，「萌」本來是指草木初生之芽等義，[33]但是後來日本御宅族和其他的動漫喜好者用這個詞來形容極端喜好的事物，但是通常都是對（尤其是動漫的）女性而言。因此，「萌え（もえ）」也用來形容可愛的女生。現今，樣貌可愛、討人喜歡的男性甚至非生物也可用這個詞來形容。萌文化約在2003年，以日本東京秋葉原為中心地開始流行開來。秋葉原早先以電器街聞名，自1990年代末開始變成御宅族電玩動漫商品（ACG）的大本營，如今它也成為了萌文化的集中地。目前，這個用法在華語地區的動漫迷中亦已經逐漸地風行起來。動漫迷經常把「萌」用做動詞、形容詞等各種的詞性，例如「蘿莉（或正太、御姐……等）很萌」（形容詞）、「被XXX萌到」（動詞）等。能夠令人「喚起萌感」的特徵，稱為「萌屬性」。作為尊重被視為萌的人物，胡亂將人物量化成單純的屬性組合是不應該的，因為理論上每一位原創人物都是獨一無二的，而屬性的出現是為了識別和理解其「獨到之處」，而且人物的外在和心理設定不一定在作品中固定維持不變。至於萌元素本身，則在人物以及對象上的表現有著如下的屬性。[34]

「萌」的其中一種人物造型（圖片來源キャラクターなんとか機）

---

[33] 臺灣教育部重編國語辭典的解釋。

[34] 該表格均來自於維琪百科由關於「萌」的詞條，http://zh.wikipedia.org/w/index.php?title=%E8%90%8C&variant=zh-cn

a、人體特徵

種　類	範　例
年　齡	蘿莉（女童）、正太（男童）、美少女、美少年、御姐、兄貴、熟女等
種　族（非人類）	精靈（エルフ）、機器人、玩偶（人形）、獸人、（狼人、獸人正太、獸人蘿莉）、吸血鬼、惡魔、使魔、從者、兵器娘等
眼　睛	片目（單眼）、雙色瞳、眯眼和其他不是自然人類的瞳色（如朱紅色、黃色等）、垂目
髮　式	呆毛、姬髮式、馬尾辮、雙馬尾、捲髮、短髮、瀏海、長髮、包包頭；髮色：金髮、黑髮、銀髮和其他不是自然人類的髮色（如藍色、粉紅色、綠色等）
表　情	虎牙／犬齒（八重齒）、貓嘴
表　徵肢　體	長身、白化、長腿、雌雄同體

b、性格、行動

種　類	範　例
性　格	傲慢（高飛車／勝気）、氣弱、冒失娘（ドジっ娘）、傲嬌（ツンデレ）（從看扁對方發展到會萌生感情）、天然呆（天然ボケ）、裝嬌（ぶりっ子）、仆娘（ボク少女）、腹黑（腹黑い）、扭扭捏捏（モジモジ）、賢良淑德（大和撫子）等
興　趣嗜　好	很會吃、喜歡機械等

c、其他元素

種　類	範　例
職　業社會地位	學生、老師、護士、偽娘、美少女、巫女、女僕、魔法少女、委員長、科學家、勇者、魔女、千金小姐、修女
身　世	病弱（虛弱）、不幸（天涯孤獨、不幸體質）、富裕（富豪、貴族、王族）、混血（一半、四分之一）、外國人、歸國子女
人際關係	青梅竹馬（幼馴染）、（血緣、結拜、繼）兄弟姊妹、下仆、室友、鄰居、主人、世仇、冤家、女兒等
戀愛關係	BL、GL、後宮、三角關係等
特殊事例	擬人化（美少女）、萌擬人化

　　萌元素大量的出現在動漫中雖然引來了不少的爭議，但是「萌」元素的出現確實是為日本動漫生活情趣主題的展現展開了一個新的空間。

3、神祕感與科幻性

　　將故事的場景放在一個不可預測的某個時空，然後根據現實的想像去勾勒未來模樣是日本動漫最常見也最為吸引人的地方。在日本的動漫中你經常會看到未來的某個時間，在浩瀚的太空或者某個異度的空間，人類（或機器人或類人生物）與外來星球生物各種錯綜複雜的糾葛和恩怨情仇。久播不衰的高達系列就是將故事的場景放在了未來的23世紀的異度星球，場景的設置幽靜而深遠，給人以無盡的想像以及人類內心不可預知的神祕。事實上，這種神祕感和科幻性不僅僅體現在星戰類或者打鬥類的動漫類型之中，幾乎在各個類型的動漫之中都可以找到。在這些動漫之中，未來可以造訪現實，科幻與神祕在現實中變得融為一體。上世紀70年代開始放映的《哆啦A夢》系列動畫，主人翁哆啦A夢就是來自於未來的「育兒型機械器」，《名偵探柯南》中，將工藤新一縮小成柯南的神祕組織在現實之中給人以一種隱隱的神祕或恐懼。此外，經常在日本動漫中見到的被誇大表現的武器裝備，神祕裝置或者被賜予魔力的「蓋世神功」都體現著日本動漫的這一特殊特點。

　　日本的動漫中的神祕感與科幻性是與日本歷史發展過程中所積累出的神道文化密不可分的。各個民族都有著自己的信仰和原始崇拜，日本人對於神的信仰是日本人對於自然幻化而成的一特殊的文化現象。日本的傳統觀念一直認為他們的「國體，民族，是世界哪里都找不出來的，是神創造的」。[35]

---

[35]　戴季陶：《日本論》，北京：線裝書局，2006年，第271頁。

在日本，大大小小的神社、鳥居散佈於國土的各個角落。這種敬神的觀念從小便會根治在於日本人的靈魂之中，日本人一般在出生30至100天內，都會被父母帶領參拜神社，在3、5、7歲的11月15日所謂三五七節要參拜神

神社前的鳥居（圖片來源：維基百科）

社，升學、結婚要到神社祈求神佑。在日本人的眼中神是不可侵犯的，並且是威力無窮的。日本人在對看不到摸不到的神產生敬畏的同時，也對神的力量，神的模樣產生著各種各樣的幻想，這種幻想從文化根源上直接激發了日本人的創造力以及內心潛在的神祕感和科幻主義色彩。在這種從小便會灌輸到日本人腦子裏的「神道」思想的影響下，一切事物在日本的動漫中都變得不再不可能。此外，由於二戰之後50年代日本的滿目瘡痍，70年代經濟騰飛人們工作壓力的加大，80年代末經濟泡沫後人們的幻滅和空虛，每個時代都需要一種情感的出口作為日本國民自身傷痛的一種慰藉。在這樣的背景下，寄託於未來，求助於神力並充滿科幻的動漫出現成了日本動漫創作的必然選擇。

4、侍主情節與恩義當前

講恩德，重情義，是日本文化傳統中最高的道德習性。在這些恩德情義中，「皇恩」（即天皇的恩情）是日本人觀念中最大最好的恩情。面對「皇恩」，每個人都必須以無比感恩的心態來

恭受。此外，傳統的日本觀念認為，至高無上的人就是那個有恩於你的人，他也是你的世界裏的最高領導[36]，這種恩德觀念在日本社會中的表現就是侍主情節。這種侍主情節在日本動漫中展現的可謂淋漓盡致，不管是為雅典娜而戰的《聖鬥士星矢》中的聖鬥士，還是《天空戰記》中拯救變成石頭女神慧明大師的「八部眾」，以及《哆啦A夢》中哆啦A夢對於又笨又愛惹事的大雄的不離不棄，都體現了日本忠心侍主，恩德當前的核心理念。和美國動漫宣揚的功德圓滿不同，日本的動漫在宣揚恩義當前的同時總有著「情義最為難」的情愫。在日本動漫中，經常可以看到因為注重人情而忽視了義務，因為盡忠而不能盡孝，因為情義太重而無法遵循正義，因為正義只好犧牲家庭和愛情的情節，並且在日本的動漫中，恩義的表現取捨又往往和個人內心的矛盾掙扎緊密連接。在《最終兵器彼女》中，修次和千瀨這對剛剛才開始戀愛的人，卻因為捲入了「戰爭」，承受著艱難絕望的考驗，兩人最終在世界毀滅的最後一刻的死亡瞬間以生命的代價得到了永遠的相聚。

印在日元紙幣上的《源氏物語》繪畫（圖片來源：Bank of Japan）

---

[36] 〔美〕露絲・本尼狄克特著，北塔譯：《菊與刀——日本文化面面觀》，上海：上海三聯書店，2007年，第69頁。

在日本的動漫表達中，它所注重的不是一個歡快的大圓滿結局，往往更關注的是「物哀之美」的體現。「物哀」是《源氏物語》所創立的一種美學傳統，除了表現睹物動情外，還具有「使自己和對象同一化，與對象產生一種共感，或者說在對象中發現自己，觀照自己，從而產生與對象同種感情的特徵。」[37]在日本的動漫中，這種「物哀」的精神集中表現是漫舞的櫻花。不論故事結果是皆大歡喜還是慘澹悲涼，故事的結局總是有櫻花為伴，花瓣抹平了喜悅與悲傷，生存與毀滅，更用剎那的美麗融化了全世界動漫迷的心，最後留下最美的回憶。

另外，日本的動漫在一些主題表現上還習慣於用日本人的視野解讀世界其他國家的文明，如《聖鬥士星矢》中對於聖域以及希臘傳說的解讀，《中華一番》中對於中國飲食文化的詮釋。在這些主題的表現上，日本人用一種學習的目光以及日本特有的「拿來主義」方式，將其幻化成為自己要表達的內涵。

三、成功──文化的挖掘與政府的努力

日本動漫能夠在世界文化市場上嶄露頭角其成功的因素有很多，但是其對於日本深層文化的挖掘並將其進行外向性表達是最重要的原因之一。在日本的動漫中，總可以或多或少的看到日本特有文化元素的存在。玄關、櫻花、茶道、插畫、神龕、佛像，大和繪幾乎都可以在動漫中找到身影，一些動漫如《棋靈王》、《浪客劍心》、《忍者亂太郎》等更是直接將「最日本」的東西搬上了螢幕，讓動漫迷在欣賞動漫情節的同時，慢慢被日本的文

---

[37] 馮瑋：《日本的智慧》，臺北：創智文化有限公司，2004年，第128頁。

化所感化和吸引。在這其中，以宮崎駿為代表的日本藝術動漫流派更是將日本動漫的國際化表達做到了「爐火純青」。

2002年，宮崎峻執導的動畫片《千與千尋》獲得了世界三大電影節之一的第52屆柏林國際電影節的最高獎項——金熊獎。這是繼另一部日本電影《武士道殘酷物語》（今井正導演）於1963年獲得該獎項以來日本電影的第二次問鼎。此外，《千與千尋》還獲得了2003年第75屆奧斯卡長篇動畫獎，這充分顯示日本動畫片在國際範圍內的地位，也充分表明了主流電影界對於日本動漫的認可。《千與千尋》描述了一位任性嬌氣的小女孩千尋在幻想世界裏的冒險經歷：她和父母不小心迷失在欲望之都——湯婆婆的家中。父母因為禁不住食物的誘惑而變成了豬，千尋的名字也被湯婆婆偷走，變成了游離在世界之外，沒有來由的「小千」。小千為了找回自己和拯救父母，開始經歷種種磨難。漸漸地小千學會了忍耐，毫無怨言地做著湯婆婆安排的苦工；學會了尊敬，幫骯髒的河神洗去身上污垢；善待常人，讓無根漂泊的無臉男有一個躲避風雨的所在；培養了誠實的品德，幫白先生歸還了他偷來的寶物；找到了屬於自己的愛，為白先生找回失落已久的名

圖左：《千與千尋》的街景繪畫現實藍本（圖片來源：ja:Image:Chiufen001.jpg）
圖右：《千與千尋》海報（圖片來源：www.verycd.com）

字；實現了自己的諾言，讓父母重新變成人。影片中所流露出濃濃的「日本風」更是讓全世界為之傾倒。

　　此外，政府對於動漫產業的支持，也使日本動漫走出去有了更為堅強的後盾支持。1989年，由文化廳廳長裁定成立了隸屬文化廳的文化政策推進會，該推進會在經過細緻的工作後於1995年提出了「新文化立國目標」，並在次年提出了《新文化立國目標的具體施政方案》，施政方案的提出標誌著日本「文化立國」戰略的正式確立。1998年，文化政策推進會提交了《文化振興總體規劃——為了實現文化立國》的報告，報告中提出了振興文化的施政六項體系和措施：一是搞活藝術創造活動，二是繼承和發展傳統文化，三是振興地區文化和生活文化，四是培養和確保繼承文化人才，五是要在文化上作出國際貢獻並傳播文化，六是加強文化傳播的基礎設施。2001年，日本國會還出臺了《文化藝術振興基本法》，法律明確規定了國家與地方公共團體的責任，把改進文化藝術相關的教育、日本語教學、文化遺產保護、文化傳播等方面的財政及稅制政策作為振興文化藝術的重點方向。[38]

日本廣播協會（NHK）總部（圖片來源：維基百科）

---

[38] 日本文化廳：「我が国の文化行政」（《我国的文化行政》報告），2006年。

　　2006年4月，時任日本外相的
麻生太郎在東京發表了以《文化
外交新設想》為題的演講，在演
講中他提出了「動漫外交」的設
想並希望日本的NHK在海外可以
有像BBC和CNN一樣，有24小時
的專門英語頻道，用來播放日本
動漫和日本文化；他還希望以為
海外的年輕漫畫家為對象舉辦類
似於「嘎納電影節」一樣的國際
漫畫大獎，他還主張設立「文化
交流實習生」計畫並在外務省設

秋葉原：日本電玩產品聚集地
（圖片來源：維基百科）

立「動畫文化大使」以推動日本動漫的發展。[39]在日本外務省公佈
的《2007年日本外交重點政策》中，加入了「積極傳播日本魅力
和資訊」的內容，[40]此外政府還加強了對於動漫人才的培養，每年
政府都會投入大量的人財物力對專業的動漫人才進行培養。據日
本風景公司2004年的調查顯示，67%從事動漫製作的被調查者是
在專門學校學習製作技術的，10%的被訪者是在大學獲得製作技
能的。[41]另外，日本政府還從2002年開始舉辦東京國際動畫影展，
在2003年成立了東京動漫中心。為了積極拓展海外市場，日本政

[39]　祁述裕：《中國文化產業國際競爭力報告》，北京：社會科學文獻出版
　　　社，2004年，第11頁。

[40]　外務省：「平成19年度我が国の重点外交政策」《2007我國的重點外交
　　　政策》，平成18年7月。

[41]　株式会社デジタルスクープ：「平成16年度クリエイター人才育成支持事
　　　業—経済産業省クリエイター育成講座調查報告書」（《2004年度創作者
　　　人才培養事業——經濟產業省創作者培養講座調查報告》）。

府還在2005年利用外務省「政府開發援助」中的24億日元文化無償援助資金，從動漫製作者手中購買版權並將其無償提供給發展中國家的電視臺播放。日本政府的這種做法，不僅讓動漫製作企業無銷售之憂，還為日本動漫輕鬆進入國際市場打開了道路。[42]

此外，電玩動漫商品（ACG）的發達以及與動漫之間的互動，動漫的附加產品如原聲音樂等的整合式營銷也為日本動漫市場的成熟發展起到了積極推進作用。

四、未來——如何填補下一個空白

毫無疑問，日本目前已經成為了國際動漫市場的超級大國，日本政府已經制定了一個目標，希望到2010年讓日本娛樂業出口增長五倍，達到138億美元。政府希望，動漫產品能在其中占一個比較高的比例。

但是，想要實現這個全球夢，日本動漫業還需要解決很多問題。首先日本動漫行業雖然巨大，但是卻沒有像索尼，豐田、松下這樣的巨頭，目前日本還沒有像美國迪士尼和夢工廠一樣真正意義上的動漫工廠的出現。此外，動漫行業人才的流失也是一個需要解決的問題，從2000年到2005年，東京的媒體發展研究機構的調查資料顯示，日本全職漫畫家已經從3,500人減少到3,000人。由於人才的流失，使日本不得不把一些動漫「外包」給周邊的韓國和中國，這不僅造成了自身的發展限制，還變相的樹立了自己的競爭對手。由於90年代以後日本的動漫過多的偏向於科幻色彩，使動漫在內容市場上的受眾不斷的縮小，在動畫商業性大片

---

[42] 張莉霞：動漫產業點亮日本經濟，《環球時報》，2005年5月6日。

上和美國相比也有著很大的差距。因此，下一步如何實現日本動漫業規模化，是擺在日本政府以及日本動漫人面前的「斯芬克斯之謎」，而謎語如何解開，則需要日本人自己繼續的努力和探索。

第四章
全球化的世界與在地化的法蘭西

第一節　文化大同中的「法國例外」

　　在這個世界上可能再沒有人像法國人那樣熱愛自己的文化了。他們可以以傾家蕩產的架勢對自己的文化進行補貼，他們可以以近乎嬌慣的配額方式保護著本國文化產業的繁衍生息。法國人對於自己文化的熱愛，既可以在都德《最後一課》小說中看到虛構的情節但是真摯的感情，更可以在現實的政治舞臺上看到一國的總統因為語言的問題離開會場以示無聲的抗議。[1]在這個幾乎可以和浪漫畫上等號的國度，每年會有上百部的電影，小說和數不清的藝術展覽走向世界。在法國的媒體上你總是可以找到最「法蘭西」的文化展示空間。法國的文化一直以來都是以浪漫的風格，高雅的氣質以及傲視一切的精英文化讓世界投以豔羨的目

希拉克總統退席以示抗議
（圖片來源：CRI）

---

[1]　2006年3月，時任法國總統的雅克·希拉克在出席歐盟首腦會議第一次工作會議期間，因為一名法國同胞——歐盟下屬雇主聯盟負責人塞埃在發言時堅持用英語，引起希拉克不滿，帶領身邊的法國外長、財政部長憤怒離席，以示抗議。

光。然而，當文化全球的風潮開始勁吹，伴隨著人類的發展經濟
和政治需要共同面對的問題越來越多，文化也在日益尋求共同價
值表達的時候，多情的法蘭西卻在世界舞臺上上演了一幕幕「文
化例外」的好戲。伴隨著「文化例外」自產生之日起便喋喋不休
的爭論和法國人對於本國文化一成不變的守護與執著，法國在全
球化和自我之間苦苦的堅持並尋找著平衡的出口。

一、何謂「文化例外」

　　「文化例外」自古有之，在王權時期，國王和權貴們為了
保護和鞏固自己在文化上的業績往往採取顛覆制度保留遺產的做
法。這種政策顯像其實早在法國大革命時期就體現出來。法國大
革命將國王連同封建的制度一同送上的斷頭臺，但是1792年的一
紙有關保護王權財產以及既有文化藝術作品的法令卻體面的維護

1789年法國《人權宣言》
（圖片來源：Wikimedia Commons）

了無數法國人共同記憶中的財富
並一直延續至今。1830年以來，
不管法國政局怎樣的動盪和更
迭，對於文化的保護勢頭卻始終
直線上升。其實不僅是在王權時
代，更不僅僅是在法國，將政治
和經濟重新洗牌而將文化的、遺
產保留給子孫後代的在世界上任
何一個國家都可以找到身影。在
中國，清兵入關，沒有將明朝
十三陵付之一炬；民國初建，北
洋政府將故宮頤和園等前清文物

加以保護；新中國成立，雖然說有過諸如「破四舊」，「文化大革命」這樣的破壞性記憶，但是大量的文物都以民族遺產和保護單位的形式成為全人類共同的文明標籤。

　　雖然說法國對於文化的「網開一面」自古就有，但是法國真正為文化政策制定框架卻是在法蘭西第五共和國成立之後。1959年，安德列・瑪爾羅受第五共和國之托，遵照極其「戴高樂式」的指令創建了法國文化部以讓「盡可能多的法國人能接觸到人類的，首先是法蘭西的文藝作品；讓最廣泛的人關注我們的文化財富，鼓勵創造能豐富我們文化遺產的藝術精神」。[2]此後，不管是法國的政局怎樣變化，法國的任何一個政黨（法國極右黨派民族陣線[3]除外）都對法國文化保護的政策和態度加以支持。

　　然而，隨著時間的流逝，人類文明的全球化進程已經使法國不可能再獨善其身的關起門來將自己的文化安靜的守護。面對著冷

法王路易十四
（圖片來源：wartburg.edu）

---

[2] 讓・皮埃爾・里烏、讓・弗朗索瓦・西里內利著，吳模信、潘麗珍譯：《法國文化史——IV大眾時代：二十世紀》，上海：華東師範大學出版社，2006年，第323頁。

[3] 國民陣線（Front National）：成立於1972年10月，前身是被取締的極右組織「新秩序黨」。黨員約10萬人，多為中小工商業者。1986年議會選舉中首次進入國民議會。代表極端民族主義思潮，煽動排外情緒，強調「要把法國從歐洲控制和世界主義中拯救出來」，呼籲「進行一次反對新共產主義和世界主義的十字軍討伐」。

戰之後不可逆轉的全球政治多元化以及經濟一體化的現實，法國
的文化受到了英美大眾文化的嚴峻挑戰。對此，法國採取了強硬
的對策。在關貿總協定（GATT）烏拉圭回合談判期間（1986～
1993），美國堅持必須把視聽產品包括在新的全球自由貿易協定
之中，針對美國的提議，包括法國在內的多個歐盟國家則提出了
強烈的反對。他們認為電影，歌曲等這些大眾文化產品是民族文
化的一部分，不可以像其他的商品一樣進行簡單的交易與買賣。
經過一次次的「唇槍舌劍」，最終在1993年烏拉圭回合談判即將
結束之際，時任法國總統的弗朗索瓦·密特朗提出了「文化例
外」的觀點，拒絕接受文化生產領域貿易和投資自由化。隨後，
歐盟採納了法國的這一「文化例外」的主張，聲明當在國際交往
中存在影響歐盟語言和文化多樣性的風險時，歐盟對文化和視聽
服務國際貿易談判的決策將以一致通過的方式進行，而法國可繼
續在未來的歐盟憲法（歐盟憲法由於多國反對至今未能成型）中
持有否決權。1999年9月5日在加拿大蒙克東舉行的第八屆法語國
家會議重申了文化多樣性的重要性。[4] 1999年11月20日，當時的歐
盟的25成員國（法國、德國、義大利、荷蘭、比利時、盧森堡、
英國、丹麥、愛爾蘭、希臘、西班牙、葡萄牙、賽普勒斯、匈牙
利、捷克、愛沙尼亞、拉脫維亞、立陶宛、馬爾他、波蘭、斯洛
伐克、斯洛文尼亞、奧地利、瑞典、芬蘭）的電影家協會代表依
據世界電影家論壇的框架通過了保衛「文化例外」的檔，2003年7
月，法國成功的將「文化例外」納入了歐盟憲章。

　　為了將法國的文化守護到底並抵制好萊塢文化獨霸全球影視
市場，法國前總統的雅克·希拉克在他總統第二個任期內，在其

---

[4]　卡特林·拉呂米埃撰，梁守鏘譯：〈「文化多樣性」之戰〉，《今日法
　　國》，2000年1月，第38期。

旨在打破美國獨霸的「多極化世界」的理念框架下提出了「文化共榮」的理論。「文化共榮」理論主張尊重不同種族民俗文化，保護地球上人類多元性的文化遺產。為此，希拉克支持法國對於娛樂行業的貿易限制，表示「歐洲文化被出於與真正的文化無關的經濟原因而大肆擴張的美國文化湮沒了。」[5] 2007年繼希拉克之後就任法國總統的尼古拉・薩科齊不僅繼承了密特朗、希拉克時期的文化政策衣缽，更將支持法國文化的保護和抵制英語文化的入侵發揮到了極致。2008年1月，薩科齊在議會發表演講表示法國將停止資助法國24小時電視臺全天候英語新聞頻道，轉而設立一個全法語新頻道，說「不准備用納稅人的錢播出不說法語的頻道」。[6]他還在多個公開場合表示支持法國烹飪成為世界上第一個烹飪的世界文化遺產[7]。

　　「上有所好，下必附焉」，總統帶頭的政府對於法國文化的堅定支持，「法蘭西例外」更為堅挺的成了法國文化特有的符號。

二、為何「文化例外」法國出

　　歷史是現實的人證，更是回答現實最好的答案。在全球化在世界每一個角落生根發芽，各個在地文化也在尋求全球價值的時候，為何只有法國可以首先提出文化例外？

---

[5]　鄒明智：〈回顧與展望：法國由左右共治轉向兩極對立〉，鳳凰網。http://news.ifeng.com/home/zhuanti/xwshj/hgyzw/hgyzwgj/200212/15/10413.html

[6]　〈薩科齊掀法國文化革命〉，《瀟湘晨報》，http://www.xxcb.com.cn/show.asp?id=892777。

[7]　2008年7月6日，在加拿大魁北克舉行第32屆世界遺產大會暫未將「法式大餐」列入名錄之中。

1、 法國燦爛的文化給了法國可以提出文化例外拒絕文化 入侵的理由

諾貝爾文學獎獎 牌（圖片來源： 維基百科）

從歷史到現實，法國在人類文明的發展過程中都曾經留有濃墨重彩的一筆，不管是對於法國還是對於全人類都是一筆寶貴的財富。在文學方面，歷史上的法國不管是在文學的哪一個時期都有著影響世界的大師，蒙田、莫里哀，雨果、左拉，喬治‧桑，福樓拜，莫泊桑，大小仲馬，巴爾扎克，儒勒‧凡爾納，羅曼‧羅蘭……在諾貝爾文學獎獲得者中，法國就有13人獲此殊榮，是獲得諾貝爾文學獎最多的國家。

法國作家塑造的許多小說人物如冉‧阿讓、凱西莫多、于連、老葛朗臺……不僅成為了人們不滅的記憶，更成為了人們交往中常常用到的特殊的指代；在哲學方面，伏爾泰、盧梭、孟德斯鳩的啟蒙思想，保羅‧薩特的存在主義成為了一個時代的思潮，給世界和人類的認識帶來了質的變化；在繪畫方面，莫　的一幅《日出‧印象》開啟了印象主義的繪畫時代；在建築方面，整個巴黎都是法國貢獻給世界的作品：盧浮宮、凱旋門、先賢祠、埃菲爾鐵塔，巴黎聖母院，大巴黎地區的凡爾賽宮和塞納河上鏈結巴黎城和其核心西岱島上的各式各樣的橋樑……散佈在法國各個地方，各個時期建築的城堡、教堂、宮殿都讓法國吸引來世界驚歎的目光。在世界的文化發展中，法國和法國人也曾經多次有首善之舉，為人類文明的發展和進步做出巨大的貢獻：目前世界上公認的第一部電影是由法國人魯米埃爾兄弟拍攝的，世界上的「米」度量單位也是由法國最早使用的，同時，國際標準的

米的模型也是法國人製作的。在法國人顧拜旦的推動下，現代奧林匹克運動會得以恢復；聞名世界的環法自行車賽更是深深的在世界競技運動上打下了法國的烙印……此外，法國的文化還以一種生活方式和態度影響著世界的文化進展和人們的消費，皮爾·卡丹、伊夫·聖·羅蘭的高級時裝，香奈兒、迪奧的香水，路易·威登的箱包，波爾多的葡萄酒，每年一度的巴黎時裝周和嘎納電影節以及以法國奶油蝸牛，鵝肝醬為代表的法國大餐都會引來無數的遊客來到法國，來到巴黎，體驗這個文化的國度和城市帶給他們的別樣風情。除了歷史留給法國的豐富的人文遺產讓法國可以讓法國人願意享受「文化例外」的驕傲之外，法國較為成熟和發達的文化產業也讓法國有了「文化例外」的底氣。在法國約有1,200座博物館每年吸引著數千萬的參觀者，僅盧浮宮、凡爾賽宮和奧爾賽博物館每年就接待1,300萬遊客。在法國共有3,300個專業的演出團體和1,500多個演出場所。每年大約有5,000個劇目投放到市場之中，法國還有11,300名戲劇藝術家和舞蹈家，16,200名音樂藝術家和歌唱藝術家，700個演藝類的藝術節，此外，法國還有1,500多個獨立戲劇公司，每年約有50,000場戲劇演出，分佈

圖左：維克多·雨果簽名（圖片來源：Versione ad alta risoluzione）
圖右：維克多·雨果（1884年）（圖片來源：維基百科轉自Εικόνα σε υψηλότερη ανάλυση）

在國家劇院、戲劇中心以及大大小小的公立和私人劇院，吸引著800萬固定觀眾，此外在政府的資助下，法國的電視電影雖然說有一些問題但是也有著較強的實力，也有著像阿蘭‧德龍，路易‧德‧菲耐斯，傑拉爾‧德帕迪約，蘇菲‧瑪索，尚‧雷諾，奧黛麗‧塔圖等一批國際影星。

2、法國人的性格以及對本國文化的熱愛使然

說到法國人，可能首先讓人想到的關鍵字就是「浪漫」，但是僅僅用這一個詞來描述法國人顯然是不夠的，尤其是在法國人對於自己的文化熱愛這一方面「浪漫」一詞更顯得蒼白。法國人的自信甚至有些高傲的民族性格和法國人對於法國文化的熱愛可以說是法國「文化例外」得以堅持的深厚土壤。法國人深深的熱愛著自己的語言，一個外國人和法國人進行交談如果這個外國人只可以說出哪怕一兩句法語，法國人都會對你表現出有別於常人的熱情。在法國人的眼中他們始終都堅持像都德小說中所描述的一樣將法語視為「世界上最美麗的語言」[8]，始終注意保持法語的純潔性。在全球化衝擊下，至今法語中很少見到外來詞語寄生的現象。在法國人的眼中，「巴黎是世界的神經中樞，如雅典是希臘的思想靈魂一樣，巴黎永遠是首創精神之地，是向前發展的尊嚴故鄉，是才智的中心和發源地，想像力的火山」。[9]總之，在他們的眼中法國，巴黎總有著世界的魅力。此外，法國對於曾經為法國贏得世界驕傲的法國人都會倍加的尊重。於1791年建成的先賢祠，是永久紀念法國歷史名人的聖殿，在這裏長眠著幾百年來

---

[8] 詳見都德短篇小說《最後一課》。

[9] 〔法〕克裏斯多夫‧普羅夏松著，王殿忠譯：《巴黎1900──歷史文化散論》，南寧：廣西師範大學出版社，2005年，第3頁。

對法蘭西作出巨大貢獻的名人，棲身於先賢祠不是件容易的事，它的條件非常苛刻。許多享譽世界的偉人，如巴爾扎克、莫泊桑、笛卡爾，至今仍不得其門。即便是有幸入室的偉人通常也很難覓到一個寬敞的位置。只要是有新的偉人靈柩移到先賢祠，其儀式一定是倍加莊嚴肅穆並且有政府高級要員參加。2002年，法國大文豪大仲馬的靈柩移居先賢祠，時任法國總統的希拉克親自手扶大仲馬靈柩入住先賢祠，其規格和豪華程度可見一斑。在很多人的眼中，法國人對於文化的熱愛多少顯得有一些排他性和來自於骨子中清高，其實法國人在文化上表現出的高傲也談不上傲慢，而是出於一種對文化的保護和傳播的責任。即便高傲真正的存在，也是出於法國人對於法國文化的熱愛，而這正是「文化例外」能在法國成型的根基。

先賢祠內部（圖片來源：維基百科）

3、二戰以後法國的對外政策對文化例外有著深遠的影響

　　二戰之後，尤其是在1958年法蘭西第五共和國成立後，法國作為一個主權國家在當代國際政治舞臺上扮演了極其重要的角色，並不時上演出與美國叫板的好戲。法國有這樣令人驚歎的表現和法蘭西第五共和國創始人戴高樂將軍所制定對外政策有著直接的關係。戴高樂所制定的第五共和國的對外關係方針的核心就

是堅持獨立自主。他指出
「主要的是我們所說的和所
做的必須保持獨立性。我們
執政以來這就是我們的規
則！」[10]在獨立自主的前提
下，法國的外交還遵循著一
個準則，那就是樹立法國在
國際舞臺上的偉大形象，

法國總統戴高樂（右二）
（圖片來源：法國歷史網）

保持法國在國際政治中的大國地位。戴高樂總統之後的歷任法國
總統以及法國政府雖然說在外交口號和國際事務處理方法有所不
同，但是都沒有偏離戴高樂時期所制定下來的獨立自主和保持法
國大國地位的外交核心原則。為了維護法國在國際政治上的獨立
性，法國積極的倡導世界的多極化，並主張建立以法德為核心的
體系主導歐洲大陸事務。為反對英美對於歐洲尤其是西歐事務的
干涉，法國甚至不惜退出北約以對抗英美對於歐洲事務的指手畫
腳。[11]

---

[10] 戴高樂著，希望回憶錄翻譯組組譯：《希望回憶錄》，北京：中國人民大學
出版社，2005年，第174頁。

[11] 戴高樂就任總統期間先後對美英表示：法國應和美英一樣承擔起它在世界
上的責任，要求修改北約章程，建議在北約內建立包括法國在內的三國指
揮機構，否則法國就保留修改公約或退出該組織的權利。英美拒絕了戴高
樂的建議。戴高樂於1959年3月宣佈法國的地中海艦隊不受北約指揮。6
月，美國要求在法國設置核武器，遭到拒絕。法國還迫使美國撤出它在法
國的核彈及攜帶核武器的轟炸機。同時法國政府積極發展自己的核力量，
1962年6月法國政府提出耗資300多億法郎的《軍事裝備計畫法案》，其中
60多億法郎用來建立核打擊力量。1962年法國爆炸了第一顆原子彈。法美
對抗不斷加劇。1963年法國政府宣佈大西洋艦隊不受北約指揮。1964年召
回了在北約海軍司令部任職的全體法國軍官。1966年3月，戴高樂至函美
國總統詹森，要求正式退出北約各軍事機構，並宣佈在7月之前撤回受北

　　另外，法國作為一個傳統的西方國家在冷戰時期以及現在都
走著和英美等國完全不同的外交路線。在冷戰時期，法國為了打
破蘇美的兩級格局，積極的同第三世界國家發展友好關係，並改
善和蘇聯的關係，法國是第一個和中華人民共和國建交的西方大
國。冷戰結束後，法國又積極的投身到打破美國一強獨霸，致力
於建立「多極化」世界的努力之中。目前法國還正在試圖建立一
種以法國為主導的一些地區性合作組織，以將實施多元化外交，
建立多極化世界的目標繼續向前推進。2008年在法國總統薩科齊
倡議下建立的「地中海聯盟」就是法國在外交上的一種新的嘗
試。[12]

圖左：薩科奇的地中海聯盟設想（陰影最重部分）（圖片來源：維基百科）
圖右：諷刺薩科齊建立地中海聯盟的漫畫（圖片來源：google圖片）

約指揮的全部法國軍隊，同時還取消了北約軍用飛機在法國過境和降落的
權利，限令美軍及其基地在一年內撤出法國。7月1日，法國退出北大西洋
公約組織一體化軍事機構。10月，法國退出了北約軍事委員會。北約總部
從此由巴黎遷至布魯塞爾。

[12] 建立「地中海聯盟」是薩科齊2007年在競選法國總統時提出的構想。薩科
齊執政以來全力推動旨在深化地中海南岸和北岸國家合作的這一構想。經
過反復磋商，歐盟各國首腦在2008年3月的峰會上正式通過了建立「地中
海聯盟」的原則計畫。2008年7月13日，首屆地中海峰會通過聯合聲明，
與會領導人決定正式啟動「地中海聯盟」計畫。

　　法國對外政策上的獨立和多邊多元的外交思維也直接影響著法國文化的對外交往和外來文化的對內滲透，可以說，法國戰後一直以來所慣行的對外政策也為法國「文化例外」得以最終故我的在世界獨行起了巨大的正面影響。

三、行勝於言的「文化例外」措施

　　法國人要想在全球化的世界做到「文化例外」僅僅靠檔和口頭上的宣傳自然是遠遠不夠的，法國人也深知「行勝於言」的道理。在維護「文化例外」的路上，法國人一直都在盡心盡力。法國對於文化保護的措施很多，但總體來看主要的手段只有兩種：補貼和配額。

1、補貼

　　法國對於文化的補貼可以分為兩個層次，一個是政策的「補貼」（即政策的管理和扶持），一個是財政的補貼。每年，政府都要拿出GDP總額的1.5%來用於文化的保護。[13]在電影方面，法國雖然沒有國營的電影製片廠和電影公司，電影從製作、發行到放映都均由私人經營，但法國政府通過法律行政的手段以及財政的手段推動電影發展。二戰後，法國頒佈法令正式建立國家電影中心，建立這個中心的目的就是對於電影對電影產業進行調控以合理分配電影票房在各權利持有人之間的分紅。1959年，法國政府建立了電影產業經濟資助帳戶，由國家電影中心直接管理，從那時起，國家電影中心開始代表國家對電影產業的製作、發行、

---

[13]　Donald Morrison: The Death of French Culture, Times, http://www.time.com/time/magazine/article/0,9171,1686532-1,00.html

放映三大部門進行經濟資助和扶持。此外，政府還通過直接出資和減免稅賦的方式來扶持國產電影的拍攝和發行。

法國電視臺總部（圖片來源：fr.wikipedia）

　　法國政府在1985年出臺了一項政策，硬性規定各電視臺必須按照其營業額按比例出資拍攝並播放國產電影。1998年時的一項資料顯示，法國為電影業共提供了26.3億法郎的資助，其中24.25億法郎來自於本行業的各種稅收，2.05億來自國家的撥款。近幾年，法國政府每年都會向電影業提供將近4億歐元的資助，其中90%的資金來自於影視行業的各種稅收（電影門票稅、電視稅、錄影帶稅），10%的資金來自於法國文化部的撥款。法國政府還通過獎勵和獎學金的方式鼓勵法語劇本的創作，如果一個編劇第一次用法語寫了個劇本，那麼就會有25種「獎學金」供你申請。因為這樣的政策，法國的電影在經歷了十幾年因為好萊塢的強勁攻勢而不斷萎縮後，在新世紀又逐步成為了歐洲電影業中與好萊塢相抗衡的代表。

在電視方面，政府的補貼主要是體現在政府來補貼法國家庭給免費電視臺的視聽稅和電視經營成本之間的差價上。2008年，總統薩科齊議會建議禁止法國公共電視臺播出廣告，然後政府通過對私營電視臺廣告收入、手機通信費或互聯網接入服務費收稅，以彌補公共電視臺的廣告收入損失的辦法來保護法國的文化。薩科齊的這項計畫被傳媒界稱為是「前所未有的創新之舉」。獲得議會通過的這一舉措在未來必然會給法國公共電視臺掀起一場文化革命，促進法國文化發展結構和模式的進一步改變。[14]

2、配額

如果說政策和財政的補貼是法國「文化例外」的「蘿蔔」的話，那麼以配額為代表的內外限制措施就是法國為文化保護亮出的一根「大棒」。法國的文化配額政策制度之完善，執行之嚴格，可以說是世界上任何一個國家都難與之匹敵。早在1989年10月，為了保護歐洲文化的特性，當時的歐共體就通過了一項廣播指示，該指示要求歐共體成員國「確保不論在什麼情況下，都要通過可行和恰當的方式，在除了新聞、體育、廣告、和文字電視廣播節目之外的用於娛樂節目的時間段」，必須保證有51%以上的時段用來播放歐洲本土製作的節目。法國在這一指示的通過中起到了決定性的推動作用。

除了在歐洲這個框架下發揮影響，法國更在自己的本土之內採取了諸多具體措施。在電影方面，法國政府通過「電視無國界」的指示和配額制度限制了美國影片在法國影院和電視上的

---

[14] 目前法國的國營公共電視臺有：法國二臺、法國三臺、法國五臺、ARTE和議會電視臺，私營電視臺有法國電視一臺，M6和地方臺。

播放數量。1996年，法國開始執行一項規定，要求電視臺播放的電影當中，法國片至少要40%，歐洲片（包括法國片）至少要60%，違者將接受巨額的罰款，法國電視一臺就曾經因此領到過一張4500萬法郎（當時還未使用歐元）的罰單。此外，法國還通過稅率來迫使國民來觀看歐洲本土電影，購買美國影片的電影票所要交的電影稅要比國產電影和歐洲電影要高出許多倍。

在廣播電視方面，法國的配額制度更是執行的詳細而苛刻。1994年法國著名的《卡西貢》法規定：全法國1,300多家電臺在每天早6點30分至晚10點30分之間的音樂節目中必須播放至少40%的法語歌曲，違者將受到嚴厲的懲罰，懲罰的

法國電視臺臺標（圖片來源：France Télévisions à partir d'avril 2008）

罰金將用來資助民族文化的發展。除了歌曲，法國在廣播電視內容方面還規定，有關歐洲的內容不得低於60%，每天至少有40%的法國內容（和法國有關的法語節目）在播出日的全天或黃金時間播出。另外，法國還出臺了針對各個部門的各種不同的法規，如：電視機構必須將其年收入的15%～20%用於委託獨立的歐洲製作公司製作原版法語節目；電視進行首輪播出節目必須包括法語故事片，有創意的記錄片或卡通；獨立製作公司不得擁有任何一家電視機構5%以上的股份等。

除了對於國內自身市場的電視、電影實行配額，法國還通過另一種配額的方式——對外來文化輸入的限制來實現法國的「文化例外」。法國規定，所有歐盟的投資者擁有法國私營電視臺的股份不得超過25%，非歐盟成員更是不得超過20%，對於法國對

外合作製作的節目，法國視聽最高委員會規定：為了獲得「原版的法語節目，必須由一家法語為主的製作機構根據（或兩家最大的）」根據其最終支出的費用至少要資助15%；原版的作品必須要用法語來拍攝；與國外的合作中至少有80%的財政資助來自於法國的合作夥伴並且至少50%的費用要在法國花費[15]⋯⋯這種種要求使即便是在資金上可以保證的海外合作商大多也會因為繁瑣的規定而望而卻步。

補貼的「蘿蔔」和配額的「大棒」牢牢的將法國文化隔離在全球化世界之外。然而，再好的政策也難保有「魚與熊掌不可兼得」的尷尬，更何況「文化例外」從一誕生就飽受非議，法國的「文化例外」在全球化的世界遇到了哪些無可奈何？下一節將就此作一些討論。

第二節　法國「文化例外」的困境

正如每個硬幣都有兩面一樣，法國的「文化例外」政策在讓法國保持了它「最法國」一面的同時，也不得不承受著因為對法國文化之愛而付出的「愛的代價」。在法國政府「蘿蔔＋大棒」式的政策支持下，法國傳媒就像是一個被寵壞的孩子，多少有一些不思進取的懈怠，同時有一些因為被「愛到痛了」而產生的怨言。就在全球化真正開始慢慢實現如法國所提出的「多元文化」的時候，法國又以一種不願做任何退讓的姿態，多少有些固執

---

[15] 明安香主編：《全球傳播格局》，北京：社會科學文獻出版社，2006年，第333頁。

「我行我素」的堅持著自己的一切。而法國文化也因為它的「陽春白雪」而付出了相應的代價。

一、文化過度精英追求讓大眾難以接受

同美國的文化產品中習慣於向大眾視角化傾斜不同，法國的文化更加習慣於精英意識主導下的表達。但是錯位的是法國把這種精英意識主導下的文化產品偏偏放在了大眾傳媒之中進行傳播，這就使過度精英的追求在讓追求的大眾「娛樂」功能的媒體面前顯得有一些難以接受。以最具代表的法國電影為例，每年，法國都會有數百部的電影投放到市場之中，但是和好萊塢電影簡單明瞭的生死戀、美國夢、英雄觀等商業化主題不同，法國的電影在主題上晦澀難懂，孤芳自賞，這幾乎成了法國電影一個公認的「病」，讓大眾望而卻步。

安德列・巴贊的《電影手冊》第三版封面（圖片來源：http://www.tcf.ua.edu/classes/Jbutler/T440/bazinq3.jpg）

很多主流觀眾都知道法國著名導演，新浪潮主義電影[16]的代表人物戈達爾的大名，可沒有多少人敢保證能看懂戈達爾那麼複

---

[16] 新浪潮主義電影：產生於1958年的法國。當時安德列·巴贊（Andre Bazin）主編的《電影手冊》聚集了一批青年編輯人員，如克洛德·夏布羅爾、特呂弗、戈達爾等50餘人。他們深受薩特的存在主義哲學思潮影響，提出「主觀的現實主義」口號，反對過去影片中的「僵化狀態」，強調拍攝具有導演「個人風格」的影片，又被稱為「電影手冊派」或「作者電影」。他們所拍的影片刻意描繪現代都市人的處境、心理、愛情與性關係，與傳統影片不同之處在於充滿了主觀性與抒情性。這類影片較強調生

雜的文本敘事：動輒導演現身發一番辯論，動輒插一段與故事無關的畫面進行論述。另一位新浪潮電影大師阿倫‧雷奈[17]在晚期玩起的音樂歌舞片也令人難以忍受，影片中幽雅的中產階級格調和孤芳自賞的大巴黎主義趣味讓人總有處在雲霧之中的感覺。埃裏克‧羅尚、阿諾‧德斯帕欣和布魯諾‧杜蒙等幾位前衛導演他們拍攝的內容也大都比較晦澀抽象，難以理解，因此上座率也大多非常「前衛」的停留在3位數左右，每一次拷貝只能賣出幾十份，除了電影節、記者和圈裏人，觀者寥寥無幾。

另外，法國電影的劇情緩慢，節奏沉悶也是出了名的。1991年後出道的導演，除了弗郎科伊斯‧奧松[18]之外，La FEMIS[19]的畢

活氣息，採用實景拍攝，主張即興創作；影片大多沒有完整的故事情節；表現手法上也比較多變。

[17] 阿倫‧雷奈：1922年出生，法國大師級導演，導演生涯從拍短片開始。其中《梵高》獲得1949年度奧斯卡最佳短片獎。50年代法國新浪潮電影崛起時，他和志同道合的藝術家攜手，拍攝了一批令人耳目一新的影片，形成左岸派。雷奈一生執導過45部電影，1958年導演第一部劇情長片《廣島之戀》，獲得很高的評價。1961年他執導的《去年在馬里昂巴德》獲得威尼斯電影節的金獅大獎，他還於1995年獲得了威尼斯電影節終身成就獎。他是法國新浪潮的中堅分子，但跟其他新浪潮影人不同的是他關注形式主義、現代主義以及社會和政治議題，經常以時間和記憶作為主題，從嚴肅文學中汲取營養，從哲學高度看問題；在敘事結構上採用神秘而新奇的手法，攝影華麗，剪輯重抒情性，作品常惹爭議。

[18] 弗郎科伊斯‧奧松目前是歐洲最炙手可熱的導演之一，他的作品《八美圖》、《泳池謀殺案》都曾入圍國際知名電影節，並且多次有所斬獲。其實，奧松在歐洲影壇的實力從多年前的《乾柴烈火》開始就已經顯露了出來，只是對於性的大膽表現讓當時有些保守的影評人難以對他讚賞有加。

[19] La FEMIS：法國高等國家影像與聲音職業學院（Fondation européenne pour les métiers de l'image et du son），是一個法國公立高等電影教育機構，隸屬法國文化部託管，並提供技術和藝術的教育以培養專業的視聽及電影專業人才。La FEMIS的前身是法國著名電影學校IDHEC，創立於1926年，1986年改組為FEMIS的名字創始簡稱la femis，是Institut des hautes études cinématographiques的延續從1999年起建立在巴黎n° 6 de la rue Francœur坐

戈達爾：1930年出生，法國電影導演。新浪潮電影的代表人物之一。原籍瑞士。1930年12月3日生於巴黎。原是《電影手冊》和《藝術》雜誌的電影評論員，後與F.特呂弗、C.夏布羅爾等人形成「電影手冊」派。1960年完成第一部故事片《精疲力盡》，成為新浪潮的代表作。（資料來源：百度百科；圖片來源：維基百科轉自ent.sdnews.com.cn）

業生似乎都成了安德列・巴贊[20]長鏡頭美學的追隨者，他們以普通人現實生活為素材，關注現代人的生存狀態，日常的瑣碎畫面，訴諸於人物內心的象徵性畫面，真正把電影變成了一種「影像寫作」，毫不顧忌主流觀眾的感受。少數派的、極簡的和技術的個人理想和野心成為這些人電影創作的第一動力，多數觀眾對此都

落在老的pathe影視公司攝影棚內。它和路易・盧米埃爾學院為兩間法國僅有的公立電影學院（grande ecole），在封閉的電影學院圈子內同紐約大學電影學院，USC à Los Angeles, la NFTS à Londres ou la FAMU tchèque具有同等世界聲譽。FEMIS誕生後，為法國培養了許多當代電影人才，這些導演、編劇有著相似的製作方式，形成一個穩定的創作集體，影片有著近似的美學特點和追求，故被法國電影史學者Rene Pretal稱為「FEMIS一代」。

[20] 安德列・巴贊（1918-1948）：是法國戰後現代電影理論的一代宗師。1945年，他發表了電影現實主義理論體系的奠基性文章《攝影影像的本體論》。50年代，他創辦《電影手冊》雜誌、並擔任主編。巴贊英年早逝，未能親自經歷戰後西方電影的一次創新時期——法國新浪潮的崛起。但是他的《電影手冊》的同事們（即著名的《電影手冊》派）掀起的新浪潮把他的理論實踐於銀幕，為電影帶來真實美學的新氣息。因此，安德列・巴贊被稱為「電影新浪潮之父」、「精神之父」、「電影的亞里斯多德」（區別於「電影的黑格爾」——（法國）讓・米特裏）。安德列・巴贊沒有系統的理論著作，大多數理論思維通過電影評論體現出來。代表文章包括《攝影影像的本體論》、《完整的電影神話》、《電影語言的演進》等。安德列・巴贊的代表理論文集是《電影是什麼》。

昏昏欲睡。可以說在世界上如今一提到法國片，許多人本能的反射馬上就來了：題目高深，正襟危坐，藝術、哲理的帽子統統扣過來。大眾對於法國電影要麼打起十二分精神挑戰耐力和智力，要麼乾脆放棄自我折磨而棄之不理，而後者占到了絕大多數。

　　除了故事電影，法國拍攝的紀錄片也有著這樣的尷尬。雖然說法國的紀錄片發展也較為成熟，但是無論是敘事的結構還是表現的主題都依然脫不了嚴重的精英主義色彩。同BBC或者Discovery拍攝的主題多樣，題材廣泛的人文、自然紀錄片相比，法國的紀錄片依然是逃不過陽春白雪，曲高和寡的調式。

　　由於大量的觀眾對於晦澀的法國電影難以提起興趣，這使法國電影拍攝始終處在一個低成本運營的狀態，沒有政府的各個方面的補助以及政策的保護，大量的法國電影都很難生存。

二、過多的規定限制讓媒體束縛了手腳

　　本章第一節曾提到，法國為了保護自己的媒體採取了以「補貼＋配額」為中心內容的各種措施，但是過多的規定和限制卻也讓法國的大眾傳媒尤其是電視業有著諸多的無奈與尷尬。補貼制度一直以來都維繫著法國電影業的生存和進一步發展，每年百餘部的電影都是在補貼的名義下生產出來的。此外法國的電影中有許多是與電視公司合作生產的並在電視上播出的。但是即便是這個數量，也難以達到電視必須播放的法國電影規定的數量要求。法國法律要求非歐洲製作的影片播出數量不得超過總數的40%，所以這項規定常使得法國的電視臺捉襟見肘。因此，他們只好通過重播和以次充好的方式填充他們的黃金時間段。電視公司遇到的另一個障礙就是法國法律要求電視公司將營

業額的15%用於支持「法國本土作品」的製作。許多電視公司的負責人認為這個數量規定的過死，一些內容製造商拿不出好節目只好濫竽充數。[21]此外，法國是歐洲唯一要求它的電視臺購買歐盟成員國節目的國家，而其他成員國並不承擔相應的義務。

法國電視二臺前華人放置的豬頭（圖片來源：環球網）

　　根據法國文化部的資訊顯示，大部分法國電視從業人員和電影發行人都支持配額制度和節目限制，法國兩個公共頻道——法國電視二臺和三臺對此尤為擁護。但是民間包括一些專業人士卻對過度嚴格的文化保護政策持有異議。法國的電影發行商和放映商對於法國的文化保護政策就有著諸多的懷疑乃至抵制。早在「二戰」期間，維希政府根據德國的命令禁止進口好萊塢影片，然而，戰爭剛剛結束，美國軍隊的心理作戰部隊就為法國帶來了四百多部美國影片，這些影片在法國受到了極大的歡迎。為此法國政府迅速採取行動，重新實施部分進口限制的舉措。雖然這些措施起到了一定的效果，但是卻遭到法國電影放映商的抨擊，因為他們的影院正是由於美國電影大受歡迎才門庭若市。2000年12月，法國人讓·瑪麗·梅斯耶購買了美國娛樂網，合併了維旺迪—環球公司，形成了包括水資源、移動通訊、影視娛樂等多項產業在內的跨國公司，並解雇了法國電影業舉足輕重的重量級人物——法國電視四臺的老闆皮埃爾·萊斯居爾，此舉

---

[21]　明安香主編：《全球傳播格局》，北京：社會科學文獻出版社，2006年，第337頁。

在法國影視界引起了巨大的恐慌，法國媒體也是被鬧得沸沸揚揚。[22]

在法國，由於政府對於電視電影的過度限制，使電視節目反而失去了活力，這就造成了大量的觀眾為了選擇更好的節目去反而去接觸大量的美國生產的電影和電視節目。二戰後，當美國電影潮水般的湧入法國影院之後，法國50%以上的電影製片廠被迫延緩甚至停止拍片計畫，百分之七十五以上的電影專業人員失業。雖然法國通過了各種手段保護了法國本國的電影，但是法國觀眾依舊選擇走進影院好萊塢的電影。如今雖然說法國通過配額和高額的電影票稅來限制好萊塢電影的流入，但是法國電影在本國難敵好萊塢的局面還是沒有得到真正的緩解。

三、「太法國」的東西讓世界無福消受

無疑，法國的文化是燦爛的，但是文化要想在全球進行傳播除了本身的核心文化不變之外，更需要的是用一種全球共同價值觀認可下的方式進行傳播，不然這也違背了跨文化傳播的基本的方式和方法，但法國始終是在一種從內容到形式都十分「法蘭西」方式在向外進行著文化的輸出。也正是因為一切都過於「法國」，「法國」的一切也開始變得無法讓世界消受了。

法國文化的對外傳播一個最為基本的原則就是一定要盡力的保持用法語，但是作為世界上使用人口數量只排到第十二位的法語（第一位是中文，第二位是英語）來說，要想靠法語來傳播法國文化並在世界範圍內產生很大的影響顯然是不夠的。

---

[22] 單萬里：〈法國「文化例外」主張的消亡〉，《讀書》，2004年07期，第100頁。

在小說方面，如今像巴爾扎克，福樓拜，薩特這樣的曾經影響過世界的法國著名的小說家已經在法國很少出現，儘管說法國文人依然可以摘取諾貝爾文學獎的王冠，但是有諸多的法國作家更加注重於精英文化的追求以及個人意志的表達，再加上法語寫作給翻譯以及許多讀者帶來的障礙，這就使世界上很多讀者對於現代法國的小說望而卻步。一些國家的圖書商如英國，德國，

《費加羅報》（圖片來源：www.aehome.cn）

美國，由於全球化帶來的市場的變化他們都會根據市場的圖書銷量去選擇一些多元化的書籍來進行銷售，但是他們卻都不約而同的總是將法國的書籍排除在外，原因很簡單，就是因為法國的書籍從內容到形式都過於「法國」讓讀者無法理解。在法國國內，雖然說英文的書籍由於配額的限制只可以占到法國圖書市場的30%，但是由於英文小說大部分都關注於現實問題並更加注重寫實的特點適應了法國讀者的閱讀興趣，反而使它們有著極好的銷量。而法國的小說雖然數量多，但是銷售除極個別也是關注現實問題的小說外其他的銷售卻十分冷淡。

在電影方面，市場配額的限制以及法語語言的障礙，成了法國電影除了主題晦澀以外的又一個進入國際市場的瓶頸。每年大概只有五分之一的法國電影可以進入到美國市場，三分之一進入到德國市場。在音樂方面，法國的音樂曾經出過許多享譽國際的古典音樂作曲家和指揮家，但是由於政府對於文化的各種保護的限制，反而從20世紀的後半葉開始再也沒有出現過像德彪西[23]，埃里克‧薩蒂[24]，這樣的大師級

法國國際廣播電臺標誌
（圖片來源：http://www.
rfi.bg/presinfo/rfi_logo.gif）

---

[23] 德彪西（1862～1918）：全名阿希爾‧克洛德‧德彪西，法國作曲家，音樂評論家，在三十餘年的創作生涯裏，形成了一種被稱為「印象主義」的音樂風格，對歐美各國的音樂產生了深遠的影響。1873年入巴黎音樂院，在十餘年的學習中一直是才華出眾的學生，並以大合唱《浪子》獲羅馬獎。後與以馬拉美為首的詩人與畫家的小團體很接近，以他們的詩歌為歌詞寫作了不少聲樂曲，並根據馬拉美的同名詩歌創作了管弦樂序曲《牧神午後》，還根據比利時詩人梅特林克的同名戲劇創作了歌劇《佩利亞斯與梅麗桑德》。他擺脫瓦格納歌劇的影響，創造了具有獨特個性的表現手法。鋼琴創作貫穿了他的一生，早期的《阿拉伯斯克》、《貝加摩組曲》接近浪漫主義風格；《版畫》、《歡樂島》、兩集《意象集》和《二十四首前奏曲》則是印象主義的精品。管弦樂曲《夜曲》、《大海》、《伊貝利亞》中都有不少生動的篇章。第一次世界大戰期間，他寫過一些對遭受苦難的人民寄予同情的作品，創作風格也有所改變。此時他已患癌症，於1918年德國進攻巴黎時去世。

[24] 埃里克‧薩蒂（1866～1925）：法國作曲家、鋼琴家。1888年完成其鋼琴曲《Gymnopédies裸體歌舞》。1891年參加天主教的玄宗教派，並為該教派創作數首樂曲。此後不久對作曲似乎已感厭倦，隨後12年寫成的作品不到10首。約1910年起，有些青年作曲家受他作品離奇而幽默的曲名諸如《Trois - Morceaux En forme de poire 梨形曲三段》的吸引，幾乎將他作為崇拜的對象，以Le Six六人團聞名於世的一組青年作曲家即受其強烈的影響。1915年與科克托的會面，導致貫吉列夫俄羅斯芭蕾舞團《Parade遊

的人物。而在流行音樂上，如今則更是美國和英國佔據了西方流行音樂的霸主地位，儘管說在2007年時法國的音樂業創造了17億美元的銷售神話，但是由於法國文化市場的小眾性，很少有出名的歌曲或者歌手在國際流行樂壇上嶄露頭角。

對於過於「法國」的「文化對外」方式，包括法國人在內的許多人都產生了質疑。2007年9月，法國《費加羅報》對1310名美國人進行的一項調查顯示，只有20%的被調查者認為法國最為擅長的是它的文化，這一比例遠遠落後於法國烹飪對於被調查者的印象。同樣的情況也出現在法國國內的調查之中，許多人都認為即便是在政府「文化例外」政策的情況下，法國的文化還是在走向衰落。

雖然說法國有著西方世界上最多的為文化保護服務的相關工作人員（法國文化部的工作人員達11,200人）和資金，但是他們把大量的錢都花在了一些博物館，歌劇院，以及戲劇節這些「法國味」十足的只吸引少數人興趣的文化遺產保護上，而對於法國文化真正實際意義的對外大眾傳播卻顯得投入嚴重不成比例。

美國《時代週刊》在2007年在11月的一期名為《法國文化之死》的文章中寫道：「曾經盛極一時，並產生了無數傑出的作家，藝術家以及音樂家的法國如今正在全球文化市場上已經是一個慢慢萎縮的力量。法國總統雖然信誓旦旦的表示要讓法國重新恢復其昔日的輝煌，但是當他看到如今法國的文化時他也不得不重新思考一些現實的問題。」[25]

行》（1917）一劇的問世，其中採用爵士樂節奏，並在配器中運用打字機、輪船汽笛和警報器的聲響。後又與超現實主義和達達主義者交往。

[25]　來源：Donald Morrison: The Death of French Culture, Times, http://www.time.com/time/magazine/article/0,9171,1686532-1,00.html

　　那麼法國文化真的是在全球化下走到了必須做出選擇的十字路口了嗎？面對左手是世界，右手是法蘭西的抉擇，法國是向左走，還是向右走？法國又都在對外傳播法國文化時做了些什麼？我們將在下一節做一些探討。

第三節　法國文化在本土化與全球化之間的抉擇

　　2008年，諾貝爾文學獎第十三次授予了一位法國作家，法國作家勒‧克萊齊奧因為「將多元文化、人性和冒險精神融入創作」而獲得這項殊榮。在他獲獎後的新聞發佈會上，克萊齊奧稱法國擁有「豐富多元的文化」，法國文化並不存在「衰落的危險」。顯然這番言論就是針對《時代》週刊那篇名為《法國文化之死》的文章而去的。

2007年11月《時代》封面（圖片來源：www.fabfrog.com）

　　擁有豐富文化遺產的法國絕不會輕易的在全球化的社會成為歐美的「文化奴隸」，但是從世界文化發展的實踐看，僅靠「封」和「堵」絕不是長久之計。今天的法國也越來越深切的認識到：對於文化的保護不應當是壟斷性的消極的保護，而必須是積極的保護，並且這種積極的文化保護應當不僅表現為對文化強勢國家文

2008年諾貝爾文學獎得主法國作家勒‧克萊齊奧（圖片來源：新華網）

化侵略的抵抗，更要包含鼓勵、支持本國文化產業勢力範圍的向外擴展。僅僅靠將「文化例外論」作為屏障是遠遠不夠的，必須採取進攻性政策——拓展法國文化在國際範圍內的影響力。在這樣的認識的驅使下，法國在全球化的十字路口的左右之間選擇了自己的路。

一、設立各種文化交流的中心和專案，加強媒體的作用

　　法國的對外文化宣傳工作由外交部歸口管理，在國外建有龐大的宣傳手段，而且機構運轉靈活，內部協調一致，從事對外宣傳的人員和費用占到了外交部總數的三分之一以上。法國的對外文化宣傳工作由外交部國際合作與發展總司統一領導和管理。近幾年，法國用於對外文化宣傳的經費逐年增加，每年都保持在10億歐元以上。截至2005年，法國在國外開辦了132個文化中心、25個社會研究中心、11個科技資料中心、300多所中學、1,060個法文協會，在47個國家建立了207個考古工作隊。這些國家機構都在法國駐外使館的統一領導下，協調一致地開展工作。2004年10月10日，中國法國文化中心在北京市朝陽區揭幕，中心包括了多媒體圖書館，出售法國原版書刊雜誌的圖書俱樂部，以及電影院咖啡廳和一個法語培訓中心。

　　在對外傳播中，法國十分重視高科技的運用，通過衛星和視聽傳媒把自己的圖像和聲音傳播到世界各個角落，法國將有兩個國際衛星電視臺，已覆蓋歐洲、北美、拉美和非洲。法國國家廣播公司專設的法國國際臺對外廣播幾乎遍及全世界，每天用多種語言不間斷的廣播。1992年，9月正式開播的法國第五頻道文化臺，以大量提高文化和教育性質的節目為主旨，對外傳播法國文

化。與此同時，外交事務部要求第五頻道必須向世界各地播出法語節目。法國極地公司執行總經理阿雷德‧米諾在1999年召開的亞歐文化產業和文化國際會議上進一步談到了法國文化的自我保護問題，他表示考慮帶音像業的全球化問題，必須把電視也發展成為一個尊重不同民族文化傳統、民族價值觀念的文化產業。法國國家最高視聽委員會還召開了法國電視一臺、法國電視臺，有線電視臺等六家臺的總經理和文藝臺臺長的代表會議，目的是加強節目的道德觀念，改進電視節目質量。

為了抗衡英美在國際新聞上的壟斷，2006年12月7日，經過十幾年醞釀的法國國際新聞電視臺（France24）舉行了開播儀式，該臺用法語、英語和阿拉伯語的全天候新聞節目，以挑戰美國CNN和英國BBC的國際新聞「媒體霸權」並追求國際新聞的法國立場。在互聯網方面，早在2000年法國就制定了「網上文化中心」計畫，即讓法國文化中心的文化資源上網，使世界各國的民眾在家裏就可以光顧「法國文化中心」，瞭解法國文化。

法國國際新聞電視臺標識
（圖片來源：百度百科）

二、讓法語走向世界

一直以來，法國人都把自己的語言視為生命中最寶貴的東西和最珍視的歷史遺產。為了讓法語保持優勢的地位以及走向世界，法國對文化宣傳的一項重要內容就是推廣法語，維護法語的國際地位。希拉克和薩科齊總統在不同的場合都強調法語的國際

地位是直接關係到法國能否躋身世界列強之列的重大問題。為此，法國在國外的文化中心向14萬當地人提供法語教學服務，法文協會向31萬人教授法語，在國外的法國中學裏大部分是外國學生，法國每年接受1萬多名外國留學生，目前在法的留學生總數已超過20多萬人。

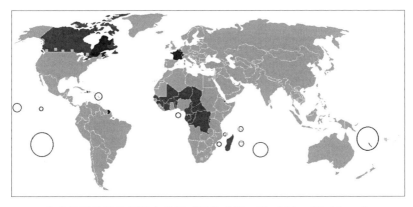

全球使用法語的國家和地區（圖片來源：BlankMap-World.png）

　　在國外開設法語學校，教授法語，是推廣的最直接的舉措，承擔該任務的是一個名為「法國法語聯盟」的組織。法語聯盟創建於1883年，為非盈利性機構，旨在傳播法語及法國文化。作為法國駐外文化網路的核心和支柱，法語聯盟始終受到政府的支持，是法國實現對外文化戰略的重要工具。目前，法語聯盟在全球130多個國家建有1130個法語培訓中心，每年有35萬各個年齡段、從事各種職業的人士入讀。其中亞洲有法語中心70餘個。法語培訓中心設立最多的國家是美國有140個，其次是西班牙語國家阿根廷有98個。中心除教授法語外，還組織文化活動，提供獎學金，資助的外國學生赴法學習法語。

　　與別國開展教育合作，是法國政府弘揚法語的另一個途徑。法國目前教育合作的方式主要有兩種方式：一是為世界各國培訓法語教師。法國政府每年都向全球許多國家提供數額不菲的獎學金，資助大、中、小學校裏的法語教師或者潛在的師資赴法國接受語言和教學培訓。二是推廣雙語教學。雙語計畫是法國對外語言政策的核心之一，該計畫既受到許多國家把英語和本國語言結合在一起進行雙語教學的啟發，同時也是對這種狀況的回應，也就是說，是為了和英語爭奪國際市場。計畫主要針對歐洲特別是中東歐地區，同時也針對埃及、黎巴嫩和東南亞的越南、柬埔寨、老撾等前法國殖民地（在這些地區，英法兩種語言爭奪的比較激烈）。計畫的內容是，在目標國同時使用該國的語言和法語進行雙語教學。為此，法國政府專門籌資，對目標國的非法語專業教師進行語言培訓，使之能夠使用法語授課，這項工作已經在一些東歐國家初見成效，如斯洛伐克和捷克的年輕人就已經在用法語學習他們自己的國家和歐洲的歷史了。

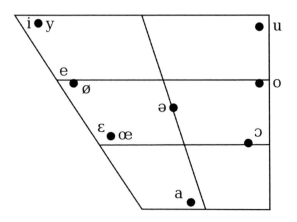

法語母音圖（圖片來源：IPA-french-vowel-chart.png）

　　除以上幾種方式外，法國政府還通過其他的一些活動來弘揚法語，如在國外舉辦文藝活動——法國電影周、法國藝術節等等，以此吸引更多的人認識法語並喜愛法語。一般而言，法國政府重普及，即希望法語接觸各個年齡段的人群和社會各個階層，因此，大多數活動是針對全體人群的。但是它更重視培養「講英語」的年輕一代對法語的興趣，為此，個別活動在設計上頗為用心，具有很強的針對性。法國希望通過這些活動吸引更多的年輕人從英語轉向法語，從而平衡英語的影響。

　　在全球普遍使用上述幾項措施之外，法國政府還按照法語在不同國家或地區的歷史與現狀、歷史上該國家或地區與法國的關係狀況以及該國家或地區的地緣政治地位等制定了三項具體針對性的語言戰略。

　　首先，在歐洲和非洲的非法語國家尤其是中東歐地區大力推廣法語，使之成為第一或第二外語。在法國看來，要想提高法國在歐盟機構尤其是擴大之後的歐盟中的地位，「在歐洲機構內保持法語的存在是挽救法語和保持法國優勢的有效途徑」。[26]為此，2004年起法國便開始對歐盟新成員國展開了積極主動的語言攻勢：一是加緊在這些國家建立更多的法語培訓中心[27]；二是在中東歐國家積極推行

布魯塞爾的雙語標識
（圖片來源：維基百科）

---

[26]　《法國向歐盟新成員推廣法語》文彙網：http://news.wenweipo.com/2004/03/10/IN0403100117.htm。

[27]　早在蘇聯解體，東歐劇變之初，法國就已經不失時機的在保加利亞、羅馬尼亞、匈牙利、捷克、斯洛伐克、波蘭等國家建立了法語培訓中心。

雙語教學；三是對在歐盟機構中任職的歐盟新成員國官員進行免費的法語培訓。

其次，在非洲的法語國家，東南亞和某些阿拉伯前法國殖民地國家，法國致力於使法語成為其教育合作和發展援助工具。法國希望以此促使法語在在這些國家或地區更加深入人心，從而帶動這些國家或地區同法國的進一步親近。

最後，在世界其他地區，重點擴大法語的影響，即增加對法語感興趣的人數，重點針對巴西、墨西哥、中國、印度和俄羅斯。一方面，這些國家基本上都是歷史悠久，民族性、文化性異常突出的非英語國家，是法國政府眼裏「潛在的講法語地區」，是在同英語文化的抗爭中可以爭取的對象；另一方面，據法國有關機構調查統計，由於歷史的、民族的或經濟的原因，這些國家對法語的需求很大。以中國的上海為例，平均每一千個上海人中只有一人會說法語，遠遠不夠市場需求。[28]

三、「文化例外」政策有限度的漸進調整

不管法國的「文化例外」政策怎樣的嚴格和苛刻，最終的目的都是為了讓法國文化可以和盎格魯・撒克遜文化（英美文化）相抗衡，並在世界擁有自己的位置。白貓，黑貓，抓住耗子就是好貓。為此，一些電影和書籍在表達主題上也開始了謀求共同價值的努力，2001年法國電影《艾蜜莉的異想世界》就獲得了巨大的成就。電影《終極殺陣4》、《放牛班的春天》、《亞瑟和他的迷你王國》都在國際影壇上有著相當不錯的票房成績。法國的

---

[28] 《上海：法語人才增長趕不上需求》，來源：南方網http://www.southcn.com/edu/blstudy/200403190134.htm。

一些小說有的也開始關注於現實的生活也更加貼近大眾，講述薩科齊總統競選的小說《道恩的黃昏與黑夜》（L'Aube le Soir ou la Nuit），描寫臭名昭著的桑加特（Sangatte）難民營移民生活的小說《毫無意義的避難所》（A l'Abri de Rien）在法國以及歐洲國家都有著不俗的銷量。此外，一些吸收了其他民族元素的文筆生動的法國小說也廣泛的出現，一些新的文學創作風格也在層出不窮。可以說，在一些法國人文化保護思想已經開始跳出了「文化例外」的保守，如今已經他們開始以更為主動的姿態，更為積極的方式調整法蘭西文化和世界之間的平衡。雖然說從政府到民間，法國社會對於全球化衝擊下站在十字路口的法國文化向左走，向右走的問題依然爭論不休，但是讓許多關心全球化世界下法國文化復興的左手握住世界，右手托著法蘭西的人們開始了新方式下的新努力。

拍攝《天使愛美麗》的咖啡館（圖片來源：Wikimedia Commons）

第五章
借助全球在地化發力的各國媒體

第一節　東方・西方・俄羅斯

　　如果提到俄羅斯，你會想到什麼樣的文化符號？托爾斯泰，普希金，索爾仁尼琴？格林卡，蕭斯塔科維奇，柴可夫斯基？還是《伏爾加河上的縴夫》，芭蕾舞，阿爾米塔什博物館？……千年俄羅斯，曾留給世界無數藝術上的享受和文化上的薰陶。對於生活在五六十年代的中國人來說，保爾・柯察金，喀秋莎，紅梅花兒開，鄉村女教師，是了他們心中永遠珍視並揮之不去的記憶。然而，當歷史的車輪開到了年輕人可以觸摸到的現代，經過上世紀九十年代初期的社會裂變，中後期的社會轉型，在全球化的今天，俄羅斯文化尤其是最易傳播和接受的大眾文化卻找不到了一個可以讓世界記住的聚像表達。儘管說今天的俄羅斯早已在強人普京的治理下開始了新的大國之路，儘管說Vitas的歌聲可以從一個窗口讓人類看到冰冷俄羅斯所發出的溫暖而震撼世界光芒，但是當世界的目光投向了早已穿上西方制度禮服俄羅斯，最扎眼的是梅普的硬漢形象，全球化世界下俄羅斯文化的「現代柔情」總是看不到它清晰的名片。對於橫亙在東方與西方，經歷了太多的大喜大悲的俄羅斯，筆者無法如前幾節中一樣找出一個聚光的點來展現當代俄羅斯文化在全球文化中的光影。鑒於此，本

節將試圖從俄羅斯的文化特徵，九十年代俄羅斯文化轉型的中的困境以及新世紀下俄羅斯大眾文化的特點入手，「大寫意」式的勾勒出全球化下俄羅斯大眾文化的路徑與未來。

伏爾加河的縴夫（圖片來源：http://lj.rossia.org/users/john_petrov/770057.html）

郵票中的肖斯塔科維奇（圖片來源：Russia-2000-stamp-Dmitri_Shostakovich.jpg）

一、俄羅斯文化的主要特徵

　　從西元988年基鋪羅斯接受東正教洗禮那一刻起，俄羅斯作為一個文明國度開始了它綿延千年的歷程，在這個歷程之中，俄羅斯在時間的沉澱之中形成了自己獨特的文化特徵：

1、橫亙在歐亞之間的俄羅斯文化具有「二元對立」性

正如俄羅斯國徽上的雙頭鷹一樣，千百年來這個橫亙在歐洲和亞洲之間的龐然大物總是有著關於東方還是西方的論辯與交鋒。就通常意義來說，西方人慣常把俄羅斯人視為「東方人」，而亞洲人則更加習慣於將俄羅斯與「西方世界」相聯繫。而對於俄羅斯本身來說，回溯歷史便會發現，俄羅斯既有著基鋪羅斯皈依東正，彼得大帝「西天取經」，以及葉卡捷琳娜二世「全面向西」等對西方文明全面接受的歷史努力，也有被東方蒙古韃靼人佔領將之與西方割裂的野蠻時代。歷史上長期的民族遷移，征伐，使拉丁人、日爾曼人、斯拉夫人、阿拉伯人、蒙古人以及猶太人和吉普賽人都可以在俄羅斯找到他們祖先留下的身影，各種語言也在這裏交織使用。民族的複雜帶來了各種文明和信仰的交錯，西方的天主教、東正教，中亞的伊斯蘭教以及東方的倫理學說都對這裏的文明產生了深遠的影響。從靜態的角度看，俄羅斯就是在「斯拉夫原始文化為主幹的基礎上，自下而上地廣為吸收歐洲文明、伊斯蘭文明、猶太文明乃至華夏文明，形成了一種既有西方式的理性主義與抽象思維，又有東方式的內省文化與神祕主義；既引進了歐式的商品形態，促進了社會分化，但又處於中央政權控制引發之下的獨特文明形態」。[1]

一直以來，在俄羅斯內部有關於俄羅斯是東方還是西方的爭論都沒有真正的停止過，19世紀爭論的雙方是「西方派」和「斯拉夫派」，而如今「歐洲派」和「歐亞主義派」的爭鬥也是難分難解。在這樣一種衝突、爭論、融合之中，俄羅斯的文化在深層

---

[1]　馮紹雷：《20世紀的俄羅斯》，北京：生活·讀書·新知三聯書店，2007年，第7頁。

結構上形成了「既非東方又非西方，既是東方又是西方的獨特二元性」。[2]俄羅斯文明在自己形成和歷史發展的每一個階段都表現出了兩種面孔：歐洲的和亞洲的，自發性的和有組織的，世俗的和宗教的，官方的和民間的，集體的和個人的……這種二元性即便是在俄羅斯民間創作乃至宗教人物形象中都有跡可尋，如伊萬和瑪麗亞，彼得與保羅，伯里斯與格列布……這種二元對立的構架貫穿於俄羅斯歷史的全過程其實並非偶然，產生這樣的結果是俄羅斯地跨歐亞，文化在東西方之間搖擺的「無根基狀態」所引起的。[3]

彼得和保羅（圖片來源：http://www.hermitagemuseum.org）

「二元對立」使俄羅斯文化呈現出一種非此即彼的極端特性。從長期的俄羅斯文化各種表像可以看出，俄羅斯的文化往往沒有任何中間的環節或者文化緩衝的區域，往往會從一個極端跳向另一個極端。在隨著俄羅斯蒸蒸日上，文化大繁榮的時

以「休克療法」解體蘇聯的總統葉利欽（圖片來源：blog.thmz.com）

刻，俄羅斯文化常常表現為忽視外來文化的吸收，並以一種鄙夷一切的高傲心態盲目的排斥外來一切；而當發展受挫之時，文化又會隨之對曾經的一切產生懷疑，然後以重新察看，否定或暫時

2　朱達秋、周力著：《俄羅斯文化論》，重慶：重慶出版社，2005年，第21頁。

3　別爾加耶夫著，雷永生等譯：《俄羅斯思想》，〈生活・讀書・新知〉，三聯書店，1995年，第38-44頁。

中止的姿態（如「休克」療法）將既有的一切表像停止，開始盲目的崇洋媚外，對於外來世界（尤其是西方世界）的一切毫無保留的接受。這種重新開始，往往又以過去「痛苦的死亡」，現實「艱難的掙扎」為代價。在東西方相互撕扯角力的二元性文化結構中，任何文化的衝突與碰撞乃至對抗都變得情有可原並在所難免。

2、傳統俄羅斯文化高度注重宗教性與精神性

其實從基鋪羅斯受洗的那一刻起，俄羅斯便選擇了自己的信仰。在長期的文明交融衝突中，東正教精神與俄羅斯民族的天性相融合，並沉澱在歷史形成的文化深層結構之中。從某種程度上說，俄羅斯

恐怖的伊凡四世
（圖片來源：Wikimedia Commons）

文化的基本命題就是宗教，俄羅斯文化的首要特質就是基督宗教性[4]。俄羅斯和其他信奉上帝的歐洲國家一樣，將尋求上帝的拯救作為歷史的主題世代苦苦追問。但是與歐洲許多國家不同（尤其是信奉羅馬天主教派和新教教派），俄羅斯文化在宗教上的指向更加注重於基督教傳統教義中的受難情節。在俄羅斯人的眼中，耶穌是受難的象徵，天堂之路是苦難之路，只有無盡的苦難才可

---

[4]　朱達秋、周力著：《俄羅斯文化論》，重慶：重慶出版社，2005年，第35頁。這裏主要是指東正教派。

以打開天堂的門。因此，自覺地忍受苦難，拉近與上帝的距離，獲得痛苦的滿足和自我的肯定的苦難意識深深的影響著俄羅斯文化的各個層面。此外，將宗教的神聖感至於任何道德至上並將道德的標準與宗教的精神追求相一致也是俄羅斯文化靈魂中所一直秉承並為之所堅持的。

在俄羅斯的文化深處，除了對於宗教性的堅持，對於超越時空的高度精神性的追求也從來沒有放棄過。遼闊的地域以及多樣的民族給了俄羅斯文化思維方式上跨越時空的可能，也使其在價值觀念和思想表達方式上與世界其他地方有著巨大的差別。超越個人角度去審視和觀察周邊一切的高度精神性追求是俄羅斯文化中最本質的表現之一。精神性作為俄羅斯文化的本質特徵在表像上表現為俄羅斯人在對於文化的思考上往往會超越自己的生存環境去形而上的思考全人類未來不可知的命運，並常常會忽視今天的生活而去考慮明天或者更遠的未來。這種對於未來的熱情往往使俄羅斯的文化不重視現實的思考卻對未來有著美好的期許或準確的預言。雖然說這種寄現實於希望之中的文化現象在當今的俄羅斯社會尤其是在俄羅斯大眾文化中被消費主義，個人現實物質利益驅使下的享樂主義所挑戰，但不可否認的是，其作為保證俄羅斯民族生存下去能力的文化策源性一直以來都是俄羅斯民族生存下去的動力。即便是在現實社會中，這種文化根基以及本質也不會因挑戰而消亡，俄羅斯在普京擔任總統期間的大規模復興正是這一文化高度追求精神性的最好寫照。

3、注重於共同性的表達

作為一個橫跨亞歐的大國，保持民族意識的統一比任何一種思潮都更為重要。不管是在沙皇治理下的俄羅斯帝國，還是在經

歷了世事變遷的蘇聯，乃至今天「強人」治理下的俄羅斯聯邦，在俄羅斯人的文化觀念中，意識共同性一直以來都是他們鍥而不捨的追求。這種世界觀的表現在俄羅斯現實的生活之中就是注重集體主義，追求婚姻和家庭的統一，追求宗教上的絕對

蘇聯時期的農民普遍加入集體農莊（圖片來源：www.chinamil.com.cn）

價值認同不搞內訌，追求命運的一致和同一。俄羅斯這種注重於共同性的追求和表達雖然說與其土地遼闊的現實下集體生存方式的客觀要求有著密切的聯繫，但是這種文化共同性表達之下難免有忽視並壓制個人或者少數族群利益的現象發生。當可以維護這種共同性表達的外在因素走向衰弱（如強人政治中的強人死亡或下臺）這種隱藏在共同性之下的各種矛盾和衝突就會產生井噴一般的爆發，這種共同的意願也會隨著個人利益追求的多樣化而土崩瓦解。值得慶倖的是，雖然說在俄羅斯歷史上這種分割時有發生並屢見不鮮（如蘇聯的解體，車臣謀求獨立），但是其總體情況下集體主義與個人權利的平衡，共同性文化取向對於個性表達的尊重還是使俄羅斯這種共同性文化特徵維持到了現在。

二、轉型社會俄羅斯文化的迷茫與重新定位

伴隨著上世紀80年代末90年代初蘇聯的分化解體以及俄羅斯經濟、政治局勢的動盪，俄羅斯不得不在即將跨入新千年的最後的一個十年又開始苦苦的重新尋求自己的定位。對於俄羅斯這十年來說，在政治上葉利欽的爾虞我詐，經濟上金融寡頭的呼風喚雨之外，昔日輝煌的俄羅斯的文化也在經歷著痛苦的轉型。

1、主體意識迷失下主流文化的斷裂

一份早年（1950年代）的《真理報》頭版，大標題意為「蘇維埃領袖的宣言」（圖片來源：English Wikipedia）

　　主流文化是指主流意識形態在文化競爭中形成的，具有高度的融合力、較強大傳播力和廣泛的認同的文化形式。[5]主流文化既反映了一定歷史時期占統治地位的生產方式，也代表了上層統治階級的意識形態上的要求。在蘇聯時期，主流文化體現在以馬克思列寧主義為指導的蘇聯中央集權下的愛國主義，集體主義和為共產主義奮鬥終身的大無畏精神，高度集中的社會主義文化，以及對於未來美好社會的無限憧憬。在這種文化的薰陶下，蘇聯成為了「世界上最愛讀書的國家」：莫斯科的地鐵上到處是埋頭勤奮學習的乘客，報刊的發行量動輒就是千萬份，《真理報》，《消息報》完全可以和西方國家的報紙想抗衡，週報《論據與事實》更是在20世紀80年代末創出了發行3500多萬份的記錄，位居世界報刊發行榜首。然而，如前面提到的俄羅斯的文化具有極端性一樣，過度強調意識形態的主流文化也壓制了許多不同意見的生成，雖然說這種方式對於維護高度集權的蘇維埃政權有著極大的作用，但是一旦上層建築垮塌之後，那些被壓制的文化的必然會有報復性的反彈並與殘存的主流文化產生強烈的衝突。

　　20世紀90年代蘇聯解體之後，原來體現共產主義意識形態的主流文化隨著蘇聯的消失而成為了批判的對象，在價值重構，文化再建的名義下，自由主義的狂熱，推崇西方尤其是美國文化的

5　百度百科：主流文化，http://baike.baidu.com/view/605976.htm。

思潮風起雲湧，並在社會占到了絕對的上風。然而由於俄羅斯民族深處的由「東正教、民族性以及追求共同性」構成的文化脊柱從根本上與這些西方自由意識的格格不入，20世紀最後10年的俄羅斯就是在無時無刻的衝突、動盪以及不同價值觀的群體之間的爭論與謾　之聲中走過的。這種文化轉型中的「百家爭鳴」沒有不僅沒有產生「理不辯不明」的博弈雙贏，相反，卻讓俄羅斯在原有的價值（蘇聯時期的意識形態）斷裂之後，陷入了「精神分裂」的恐懼以及「不知何去何從」的迷茫之中：信仰動搖，道德淪陷，猶豫與彷徨時刻伴隨民眾左右……主流文化不僅沒有在俄羅斯社會轉型中得以穩定順利的轉化，而是將俄羅斯的文化帶入到了一種新的文化失範之中。

2、精英文化的危機與大眾文化的不成熟

　　精英文化又叫做雅文化，是指在知識份子和上層統治階級當中流行的具有一定系統性自覺性的文化。一般認為，精英文化不適應嘈雜的物質社會，它是人們內心渴求卻常常被世俗生存需求驅逐時才能感悟到的，它是在人們靜心思索或遭遇物質失利而需要情感慰藉時才冉冉上升。大陸學者鄒廣文認為，精英文化是知識份子階層中的人文科技知識份子創造、傳播和分享的文化。西方社會評論家列維斯認為，精英文化以受教育程度或文化素質較高的少數知識份子或文化人為受眾，旨在表達他們的審美趣味、價值判斷和社會責任的文化。精英文化在內容上主要反映的是一個民族文化的本質和特性，一個統治階級的根本利益和長遠利益以及一個民族的文化認同和共性，它往往具有理想化的特徵，往往以哲學、宗教、文學、藝術、音樂等，精英文化的主體主要是知識份子、思想家、文學家、藝術家等精神文化的創造者，主要

靠文字、書籍、正規教育和訓練進行繼承和傳播。[6]

千年文明的俄羅斯給了這個民族深厚的歷史與文化的積澱，一直以來，俄羅斯文化都以其深邃的思想和濃重的憂思感在世界文化中獨樹一幟，果戈裏的《死魂靈》，陀思妥耶夫斯基的《父與子》，肖羅霍夫的《靜靜的頓河》，索爾仁尼琴的《伊凡.丹尼索維奇生命中的一天》等文學創作，烏蘭諾娃的芭蕾舞《天鵝湖》，格林卡的管弦樂曲《幻想圓舞曲》等文化精品都曾經讓世

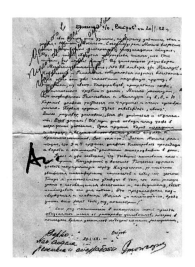

索爾仁尼琴書信手稿
（圖片來源：http://www.com-promat.ru/main/kulturka/image/solzhenitsyn2.jpg）

界所癡迷。然而，隨著蘇聯的解體，政治經濟的「冷凍」與轉軌，政府對於傳統文化藝術支持的資金銳減以及西方文化的衝擊，俄羅斯的既有精英文化受到了嚴峻的挑戰，昔日的繁榮已經成為了茶餘飯後閒談的歷史。在人文著作上，包括一些學校教科書在內的一些出版物的出版都十分困難，嚴肅的電影、音樂無人問津，文化事業團體經營慘澹，許多電影院，圖書館、博物館變成了商品的庫房、餐廳酒吧或者一些公司的辦公場所，由於政府對於文藝團體的投入不足，再加上文學創作，文藝演出等一直追求精英表達而常常遠離市場規律，除少數文藝演出團隊以外，蘇聯時期大多數的文藝演出團體都不得不自食其力，舉步維艱，陷

6　劉進田：《文化哲學導論》，北京：法律出版社，1999年，第300-301頁。

入倒閉或者半倒閉的掙扎狀態。與此同時，隨著既有精英文化的危機以及俄羅斯社會轉型期社會層次和社會結構的變化，一些舊體制下的文化精英也變得風光不再。由於地位不在被受到重視，昔日的文化精英對政治文化生活開始逐漸的冷漠與疏遠，他們失去了對理想和真理的追求動力，甚至出現了媚俗式，功利化的傾向，他們有的出國另謀生計，有的甚至就在街頭靠賣藝度日。

圖左：莫斯科阿爾巴特大街街景（圖片來源：http://www.noblechinese.com/）
圖右：俄羅斯街頭藝人（圖片來源：yueqinfang.blog.sohu.com）

　　然而，在轉型社會中既有的精英文化走向危機的同時，作為工業時代產物的大眾文化卻逐漸開始成為俄羅斯文化的重要部分，尤其是在當代俄羅斯青年的價值觀念以及文化生活與消費的影響中佔有舉足輕重的作用。然而俄羅斯的大眾文化卻呈現出不成熟的迷失性。[7]首先，俄羅斯的大眾文化產品深刻的受到了西方文化尤其是美國文化的影響：俄語中大量的出現外來的辭彙，電影院，電視臺大量的播放西方的尤其是好萊塢的電影。上演俄羅斯戲劇的劇院寥寥無幾。其次，由於對於西方文化不加辨別的全盤接受，俄羅斯的大眾文化產生了諸多消極的影響：

---

[7]　胡逢瑛，吳非：〈俄國媒體特色是什麼？〉，《大公報》2006年2月20日。

第一，低俗，色情的刊物充斥俄羅斯的期刊和報業市場，一些報刊主動媚俗市場情況的十分嚴重，青年人在一些頹廢思潮的影響下吸毒、酗酒等情況日益加劇，一些消極大眾文化還通過互聯網、手機等新媒體手段來進一步影響著俄羅斯人尤其是俄羅斯的青少年。暴力事件明顯上升，僅以1990年與1994年相比，少年犯即增加了兩倍，俄羅斯犯罪學專家指出，未成年人的最低年齡已由16歲下降到14歲。[8]

俄羅斯議員登上情色雜誌（圖片來源：www.no-blechinese.com）

第二，由於俄羅斯大眾文化的轉型與發展過度的激進，大量的傳統文化遭到摒棄。蘇維埃的歷史被更改或者是被嚴重醜化，改名之風刮遍各個城市的街道，廣場和地鐵站，蘇聯時期的雕像、紀念碑被破壞或者被拆除，人們對於物質利益的追求和拜金主義思潮日益明顯，國家的認同感日益淡化，「愛國者」，「愛國主義」「祖國」等概念淡出日常的生活[9]，在葉利欽時期的一項對於俄羅斯民眾的調查顯示，青年的求知欲望、事業心與社會責任感在削弱，取而代之的是對優厚物質

一位俄羅斯青年頭戴早期蘇聯紅軍的軍帽（圖片來源：金羊網）

---

8 海運，李靜傑主編：《葉利欽時代的俄羅斯》（政治卷），北京：人民出版社，2001年，第372頁。

9 馮紹雷，相藍欣主編：《轉型中的俄羅斯社會與文化》，上海：上海人民出版社，2005年，第437頁。

待遇、平安順遂的家庭生活及各種時髦享樂的追求。對於「願為
社會做貢獻」、「為國家分擔困難」、「希望獲得文學、藝術、
科學等文化財富」這類問題的肯定性回答的比例分別只有1.8%、
1.1%、4.6%[10]。

三、俄羅斯大眾文化的世紀選擇

　　彷彿是傳統俄羅斯觀念中彌賽亞意識與情節的顯靈，俄羅斯
總可以在每次大喜大悲之後重新站
回世界的前臺。當俄羅斯以一個混
沌的姿態準備踢開新世紀大門的時
候，迷茫與迷失的俄羅斯註定被命
運選擇要開始新的復興。1999年12
月31日，伯里斯・葉利欽將握在手
中八年之久的總統權力交給了一個
克格勃（KGB）出身，時年還不滿
50歲的年輕人，這個人就是弗拉基
米爾・弗拉基米羅維奇・普京。從
那一刻起，俄羅斯開始了在這個硬
漢領導下影響俄羅斯至今的復興之

強人普京
（圖片來源：visitbulgaria.info）

路。早在普京接替葉利欽成為「代總統」的第一天，他就發表了
今天被稱為綱領性檔的《千年之交的俄羅斯》，在這篇長文中，
普京以「俄羅斯思想」作為最為重要的部分，全面闡述了未來俄
羅斯國家的官方意識形態。普京的這一「俄羅斯思想」既涵蓋了

---

[10] 海運，李靜傑主編：《葉利欽時代的俄羅斯》（政治卷），北京：人民出
版社，2001年，第374頁。

曾影響俄羅斯人的哲學、宗教、藝術、文明起源、文化習俗，更涉及到了被沖碎的俄羅斯政治、經濟以及俄羅斯人的世界觀、價值觀和意識形態。

同學者們的理論研究不同，普京的「俄羅斯思想」更加有的放矢的針對當時俄羅斯所處的複雜國內和國際嚴峻形勢強調「愛國主義」與「強國思想」，並以達到俄羅斯國家政治、經濟、外交的全面復興為直接目的。在普京擔任總統的八年中，俄羅斯勵精圖治，國民經濟得以恢復，人民的生活水平、社會治安得以明顯改善，寡頭政治被打擊，車臣分離主義勢力也被有效遏制。普京還利用蘇聯留下的重工業和軍事實力基礎，豐富的油氣資源和多邊外交的智慧讓俄羅斯在西方和東方之間的外交上均取得有效的突破，維護和發展了俄羅斯在世界上的大國影響力和作用。為了幫助俄羅斯找回逝去的思想以及未來的夢想，普京沒有採取葉利欽一樣的激進的自由主義政策，而是在現實中結合俄羅斯的實際以漸進主義理念將俄羅斯傳統的觀念與現代意識相融合。在普京的建議下，俄羅斯的國歌沿用了前蘇聯國歌的旋律，將沙皇俄國時期傳統的雙頭鷹作為俄聯邦的國徽，將蘇聯時期的紅旗作為俄聯邦武裝力量的軍旗。事實證明，普京的高明之處就是在於他沒有極端的否定過去的歷史而全面向西方傾斜，而是將俄羅斯傳統的積極因素挖掘出來為現代政治服務。

雖然說在普京時代俄羅斯以硬朗的形象讓俄羅斯重新開始了大國夢想，但是如前文所言，工業化時代產生的大眾文化依然在全球化世界中難覓俄羅斯的現代身影。究其原因，筆者認為主要有以下三點：

1、俄羅斯本身文化的內斂性使然

　　如前文所言，一直以來俄羅斯文化不管是在哲學，文學還是在舞蹈、繪畫音樂上都以其深邃的思想和憂思感而贏得世界的關注，但是正如寒冷的西伯利亞的天氣一樣，俄羅斯的文化對於向世界的展示的熱情卻十分的冰冷。在蘇聯時期，注重的是共產主義意識形態的輸出，而在現實的俄羅斯，則更加側重於軍火武器的銷售

普京和媒體
（圖片來源：upload.wikimedia.org）

和石油天然氣等能源的出口。[11]對於俄羅斯文化來說，不管是在過去還是現在它都習慣於自我的欣賞而不習慣於過度的張揚，除非有外來的需要（比如2006年中國的俄羅斯國家年），才會按照需求國要求將他們所熟悉的俄羅斯文化拿出來進行必要的交流。即便是需要大眾媒體高度傳播的流行文化，俄羅斯選擇的也是儘量的低調，如風靡世界的俄羅斯流行歌星Vitas，他從不接受俄羅斯以外任何一家國外媒體的採訪，始終以一種神祕的內斂姿態刻意保持著與世界的距離。

---

[11]　胡逢瑛：〈全球化下的俄羅斯媒體特點〉，《元智全球在地文化研究》，臺北：秀威資訊出版社，2008年，第131頁。

2、 俄羅斯的大眾文化西方色彩依舊嚴重，本土改造大眾文化依然存有政治色彩

俄羅斯在政治經濟上自新世紀以來都有了新的活力和自己的位置，但是在大眾文化上卻依然保有濃重的西方色彩。今天俄羅斯流行文化，依然有很深的「照貓畫虎」模仿歐美的軌跡。

梅普組合的套娃（圖片來源：中國網）

在莫斯科的街頭，青年一代已經用啤酒取代伏特加作為聚會的飲料，一些八卦小報（其中不乏色情以及挑逗的內容）依舊隨處可見。但值得欣慰的是，在一些大眾文化產品中也可以找到一些俄羅斯本土特色的東西，如印有蘇聯時期特殊符號的T恤衫，具有俄式風味的速食外賣……然而許多經過本土化改造的大眾文化卻或多或少的帶有政治的色彩。由於普京在俄羅斯的崇高的威望，許多大眾文化產品上都深深的印有普京的烙印。在莫斯科的街頭，隨處可以見到以普京畫像為藍本的俄羅斯套娃，更可以花十幾個盧布買到一件印有普京頭像的汗衫，[12]2002年開始在俄羅斯流行的歌曲《嫁人就要嫁普京這樣的人》在俄羅斯青年中至今傳唱不衰，2008年2月在俄羅斯上映的電影，以普京的戀愛故事為原型的《接吻吧，不為媒體》更是在俄羅斯轟動一時，2008年10月8日，在已經變身成俄羅斯總理的普京56歲生日的當天，俄羅斯公映了電影教學片《和普京學柔

---

[12] ABC News: Lively Pop Culture Flourishing in Russia,http://abcnews.go.com/GMA/story?id=126077&page=1

道》……這些大眾文化產品本身雖然說在結合西方文化的同時加入了俄羅斯本身元素和文化的融入，但是由於政治色彩的原因，他們在全球文化市場上也很難有所作為。

3、俄政府在政治、經濟、文化的發展中，政治和經濟依舊是重點

俄羅斯在普京的勵精圖治下已經擺脫了上世紀九十年代政治和經濟上的夢魘，但是俄羅斯要想恢復到蘇聯全勝時期的實力與地位還有著很長的路要走。在經濟上，雖然據俄羅斯經濟發展和貿易部的報告顯示俄羅斯GDP到2010年將達到1萬億～

「沙皇」普京（圖片來源：venexia.blogspot.com）

1.2萬億美元，2015年可以達到1.5萬億到2萬億美元，進而成為經濟大國和經濟強國。[13]但是俄羅斯的經濟存在著過度依賴於資源型工業，出口單一的問題，加工業特別是機器設備製造業依然存在著萎縮的趨勢，俄羅斯一直以來的備受困擾的通貨膨脹也是要著力控制和注意的問題。此外，日益變化的國際以及周邊局勢：北約的東擴，顏色革命以來美國對於中亞地區的滲透給俄羅斯地緣政治帶來的挑戰與威脅，以及南奧塞梯等國際和地區性問題也是俄羅斯一直以來最為關心並需要妥善處理的。在這一系列關乎到俄羅斯未來發展命運的「硬實力」都需要加以重點關注的時候，作為「軟實力」的文化的輸出自然要被放在一個次要的位置上來等待處理。

---

[13] 許志新：挑戰大於機遇：未來十年俄羅斯強國戰略之前景，http://euroasia.cass.cn/2006Russia/Economy_ru/ecoru000001.htm。

可是不管未來世界會怎樣的發展，俄羅斯遲早都要在大國復興的過程中為自己的文化重構和輸出付出自己更多的努力以適應全球化的進程。就在2007年12月1日，《紐約時報》登載了一篇名為《俄國文化：普京最後一個需要征服的領域》的文章[14]，也許就在可預見的未來，俄羅斯文化會以一種俄羅斯獨有的姿態讓世界看到「鐵漢俄羅斯背後的文化柔情」。

第二節　半島電視臺的全球傳播路徑圖

2001年10月，一個位於卡塔爾這個阿拉伯半島小國，成立僅5年的半島電視臺（Al Jazeera）憑藉幾盤從本‧拉登領導的阿爾蓋達組織得到的對於美國9‧11事件評述的錄影帶成為了世界的各國政要、媒體以及民眾的新寵。此後，從阿富汗戰爭到美軍第二次入侵伊拉克，這個在阿拉伯世界以及西方媒體眼中「異類」憑藉著獨特的新聞魅

半島電視臺臺標（圖片來源：sanooaung.wordpress.com）

力既成了各國政要國際公關的重要輿論出口，也成了各國政府的「眼中釘」急欲除之而後快。在經過了初創的艱辛，反恐戰爭的成名，對伊戰爭掙扎之後，如今的半島電視臺，又在努力以一種更為國際化的視野與CNN，BBC一爭高下。

---

[14] 朱達秋、周力著：《俄羅斯文化論》，重慶：重慶出版社，2005年，第21頁。

一、前世——從初創到世界聞名

1996年2月，半島電視臺成立於卡塔爾首都多哈，同年11月，半島電視臺新聞頻道正式開播。1996年，英國廣播公司（BBC）旗下的「BBC中東頻道」[15]由於播出了一宗對於沙特反對派人士穆罕默德‧沙利文的訪談，以及隨後又播出了尖銳批評了沙特的人權紀錄的紀錄片《原則之死》而被迫終止了與沙特「軌道」傳播公司的合作無奈關閉。許多BBC的職員因此加入了半島電視臺，這為半島電視臺以後的發展提供了很大的幫

半島電視臺網站截圖
（圖片來源：http://www.aljazeera.net/portal）

---

[15] 20世紀90年代初，沙特國王法赫德的姪子曾建立了一家叫做軌道的衛星電視臺，為了得到歐洲的技術人員和人才，避免沙特政府的干涉，親王決定將電視臺的業務基地設在羅馬。1994年3月24日，BBC和軌道電視臺簽署了一個十年的合約，BBC通過軌道電視臺信號向沙特以及中東地區播出BBC中東頻道的節目。

助，半島電視臺最初的250名編輯，記者和技術人員相當部分來自於關閉了的「BBC中東頻道」[16]。模仿BBC的運營模式，半島電視臺建立了7人組成的執行董事會，監督半島電視臺的整體運作，卡塔爾前新聞部次大臣謝赫·塔爾擔任總裁。

　　最初，半島電視臺每天只傳送6個小時的電視節目，1997年1月增加至每天8個小時，後來則每天12個小時播出節目。從1999年2月1日開始，半島電視臺的衛星開始了覆蓋全球的24小時新聞滾動播出。2001年底，半島電視臺通過默多克控股的英國天空廣播公司（SKY）向英國和歐洲地區播放節目。目前半島電視臺在全球範圍內已擁有超過6,500萬觀眾，分佈在中東（占54%），北美和歐洲（約39%）以及世界其他地區。在北美地區，每天固定有13萬人通過衛星收看半島電視臺以阿拉伯語播送的新聞節目（但每月要支付22.99美元到29.99美元不等的收視費用）。在阿拉伯世界，由於報紙的發行量低，印刷媒

約旦河西岸地圖（圖片來源：https://www.cia.gov/library/publications/the-world-factbook/geos/we.html）

體只是人們獲取資訊的一個補充來源，又因為阿拉伯世界對於互聯網等新媒體的嚴格控制，半島電視更成為了他們獲得資訊的最重要渠道。半島電視臺阿拉伯語頻道對20多個阿拉伯國家免費播

---

[16] 這些來自於BBC中東頻道的記者多數是在BBC經過培訓的阿拉伯記者、播音員以及媒體記者。

出，從開羅的貧民窟到多哈的摩天大樓，只要裝有價格不到100美元的衛星天線，就可以收看到半島電視臺的節目。在中東，半島電視臺有著特殊的魔力，根據巴勒斯坦中央統計局統計，在約旦河西岸以及加沙地帶的巴勒斯坦人，儘管每個電視機頂盒需要280美元，但是仍然有78.2%的巴勒斯坦居民通過各種渠道追逐著「半島」的電視節目。

截至2007年，半島新聞頻道多哈總部的員工超過了750人，其中30%是女性，電視臺的記者、編輯、技術人員大部分都來自於阿拉伯世界——卡塔爾人、沙特人、敘利亞人、突尼斯人、埃及人、科威特人、伊拉克人和

半島電視臺的工作人員來自於世界各地（圖片來源：press.gapp.gov.cn）

巴勒斯坦人等都可以在半島電視臺找到身影。此外，半島電視臺還有一個近180人的記者隊伍分佈在37個國外分社之中。許多工作人員都擁有海外留學的背景。除新聞頻道外，半島電視臺還開設有幾個專門的頻道，包括體育頻道，生活頻道和兒童頻道。另外，半島電視臺另有一個英阿雙語的網站（http://www.aljazeera.net）。根據資料顯示，半島電視臺還在擬建一個針對南亞地區的烏爾都語頻道（以播放紀錄片為主），音樂頻道，一份國際報紙也在籌建之中[17]。

---

[17] 資料更新於2008年10月15日維基百科，http://zh.wikipedia.org/wiki/%E5%8D%8A%E5%B2%9B%E7%94%B5%E8%A7%86%E5%8F%B0#.E5.8D.8A.E5.B2.9B.E8.8B.B1.E6.96.87.E5.8F.B0，另外，截至筆者撰寫此文時，半島雜誌的英文網站已經可以登錄，http://www.aljazeera.com/index.html

　　半島電視臺從最初的只播出阿拉伯新聞的普通電視臺到如今覆蓋多個領域，受眾遍及全球的國際知名媒體的因素有很多，一般來看主要有以下幾個方面的原因：

1、卡塔爾國內環境的寬鬆和國王的開放

　　卡塔爾是由埃米爾哈馬德·本·阿勒薩尼和他的部落統治的。卡塔爾前任的埃米爾哈利法在卡塔爾1971年擺脫英國統治獨立後通過軍事政變掌管了權利。在他統治的23年裏，卡塔爾完成了一些重要的基礎設施建設，制定了內政外交政策，迅速建立起了一個穆斯林式的現代化國家。隨著時間的流逝，日益年邁的老埃米爾喜歡上了在國外一擲千金的揮霍生活。1995年哈利法的長子，畢業於英國著名的桑德赫斯特軍事學院的王儲哈馬德趁父親瑞士渡假時機奪去了王位，並在經過一年的權利鬥爭後鞏固了權力，開啟了卡塔爾一個新時代。

卡塔爾首都多哈皇宮（圖片來源：Wikimedia Commons）

　　哈馬德坐上埃米爾的王位時還不足44歲，和他的年齡一樣，這個海灣各國中最年輕的君主在即位之初就給這個國家帶了嶄新的氣息。年輕的埃米爾領導著一支年輕的政治隊伍，他們普遍和埃米爾本人一樣受過西方教育和西方民主的思想薰陶，對於西方的政治和社會理念更加容易接受。哈馬德摒棄了宮廷繁複的禮俗，並很快將一些急需改革的機構推向私人領域，對包括郵政業在內的一些部門迅速進行了私有化改造。與許多阿拉伯國家的統治者習慣於高高在上遠離國民不同，哈馬德更加習慣於親自向自己的臣民解釋自己的意見和政策，他常常通過媒體將自己的看法直接向國民宣告。

　　在海灣國家中，哈馬德率先在一系列的機構中和部門中引進了民主選舉，制定了新法規，建立了一個經選舉產生的國家機關——市議會。此外，卡塔爾的婦女的地位和受教育程度在阿拉伯世界中也是相對較高的，在哈馬德的第二位妻子莫莎的積極推動下，雖然卡塔爾的婦女依然受到歧視，但是她們可以擁有選舉權，可以駕車，可以享受高等教育。在卡塔爾大學9,000名學生中，女生占到了2/3。此外，在這位新埃米爾的管理下，卡塔爾還積極參與國際事務，先後舉辦了世界伊斯蘭大會和世界貿易組織大會（中國就是在多哈簽訂了加入WTO最終協定的）和2006年亞洲運動會。

　　卡塔爾的這一系列改革被西方所稱道，卡塔爾的社會環境也相對輕鬆。在這樣相對輕鬆的環境下，1996年2月，在哈馬德的直接授意

2006年多哈亞運會開幕式
（圖片來源：news.shangdu.com）

一個三人委員會，包括一個卡塔爾電視臺記者，一個與哈馬德關係密切的財政顧問以及文化部副部長負責籌畫建立自己的衛星電視臺也就是後來的半島電視臺。哈馬德埃米爾從國庫中拿出1.5億美元幫助半島電視臺的籌辦，並至今不斷地制定政策以保持半島電視臺的發展。1998年3月，埃米爾解散了文化部，結束了對報紙、電臺和電視的審查制度。一夜之間，政府以前擁有的廣播電視公司，新聞社以及出版印刷機構成為了獨立的機構，包括半島在內的新聞媒體可以自己招募工作人員和自主的製作播放電視節目。

雖然說至今也無法說清哈馬德當初是出於何種原因建立半島電視臺的衛星新聞頻道，是出於經濟上的考慮？是出於政治資本的撈取以戰勝自己的老對手沙特？還是發自內心的對於西方式民主的渴望？但是不管怎樣，正是相對開放的卡塔爾的國王和國內環境成就了半島電視臺今天的成績。此外，可能也正是受卡塔爾喜歡自行其是的傳統影響，才有了半島電視臺至今與眾不同的作風。

2、「離經叛道」的節目設置，獨家的資訊來源以及獨到的立場見解

早在阿富汗戰爭以及伊拉克戰爭之前，半島電視臺就已經在中東地區頗有收視賣點。其實在20世紀90年代，在大量衛星頻道在中東地區的出現中，半島電視臺只是其中的一家，但是和其他的衛星電視相比，半島電視臺是少有的全資阿拉伯電視臺，他的經營、投資包括員工都是阿拉伯人，包括衛星信號的傳輸也是經過阿拉伯國家進行對外傳輸。此外，更長的播出時間和更為豐富的節目也使得半島電視臺擁有更多的電視觀眾。更為重要的是，

半島電視臺「顛覆式」的節目設置讓阿拉伯世界有了既愛又恨的理由。早在西方世界熟識半島電視臺以前，半島電視臺的談話類就已經在阿拉伯世界聲名遠揚。

半島電視臺的談話類節目主要涉及的都是和政治、經濟、社會、宗教有關的話題。同歐美的談話類節目相仿，半島電視臺的談話節目通常都設置有互動的環節，觀眾可以通過電話、傳真或電子郵件表達他們的觀點。辯論式節目《眾說紛壇》（More than opinion），《開放性對話》（Open Dialogue），調查性節目《最高機密》（Top Secret），女性節目《女性專題》（Only for Women）都是半島電視臺的頗受歡迎的談話節目。

半島電視臺最著名也最具爭議性的節目是至今依然備受追捧的《針鋒相對》（The Opposite Direction）和《宗教與生活》（Religion and life）。

《針鋒相對》是模仿CNN《交鋒》（Cross-fire）設置的一檔政治類節目，逢週二播出，每集90分鐘。節目由費薩爾·凱西姆博士主持，這檔政論性的節目在這位曾留學英國的敘利亞伊斯蘭教德魯

《針鋒相對》節目錄製現場

茲派信徒的調控下以百無禁忌的挑戰性話題，煽動性的激烈的言論深受阿拉伯電視觀眾的歡迎。在《針鋒相對》的現場，嘉賓的尖叫、呼喊、恐嚇、拂袖而去都時常出現。一些言辭和舉動更是引發了很多國際爭端，甚至導致鄰國之間的外交關係走向崩盤。

　　《宗教與生活》是和《針鋒相對》其名的半島電視臺「招牌」節目，每週日麥加時間晚上9：05分播出。年逾古稀之年的伊斯蘭高級神職人員謝赫·卡拉達維[18]幾乎每次都會參與到節目之中。90分鐘的節目從伊斯蘭節目的角度解析現代生活的各種複雜問題，話題從政治到性，無所不包。謝赫也因為其坦率的風格、淵博的知識而聲名遠揚。在節目中謝赫用《古蘭經》的教義解答從婚外情到自殺的各種問題。《宗教與生活》每週都會收到來自世界各地成千上萬封信函，播出過的節目還被大量盜版商翻譯後出現在各個穆斯林國家的露天市場上，甚至是距離中東千里之外的印尼和馬拉西亞也可以找到它的盜版身影。[19]

　　對於半島電視臺的這些節目，阿拉伯世界領導人們可謂是既愛又恨。約旦、沙特都曾經對於半島電視臺的所作所為忍無可忍，約旦因為半島節目中有關反約旦的言論強行關閉了半島電視臺在阿曼的辦事處。沙特更是利用自己在中東地

半島電視臺播放本·拉登畫面截圖（圖片來源：半島電視）

區的影響力將半島電視臺排擠在了阿拉伯廣播聯盟（ASBU）之外。而與此同時，一些阿拉伯的領導人則在充分利用著半島電視臺的影響力擴大著自己的國際公關造勢和宣傳。善變的利比亞領

18　謝赫·卡拉達維：早年加入埃及反政府宗教組織「穆斯林兄弟會」，後被埃及政府驅逐，曾參與密謀暗殺埃及總統納賽爾。多次入獄，後流亡海外，最終定居卡塔爾，是20世紀伊斯蘭為維護獨立權利時而產生的一批伊斯蘭思想家之一，主張用靈活變通的解讀和運用高科技手段傳播《古蘭經》教義，撰寫了多部伊斯蘭進步思想書籍，並時常為埃米爾提供宗教合法性諮詢。

19　休·邁爾斯著，黎瑞剛等譯：《意見與異見——半島電視臺的崛起》，學林出版社，2006年，第18、20頁。

導人阿邁爾・卡扎菲，哈馬斯精神領袖謝赫・邁哈邁德・亞辛，伊拉克前總統薩達姆・侯賽因乃至阿拉伯世界的宿敵以色列前總理沙龍都曾經借助半島電視臺成功的施展其國際形象的宣傳。

　　2001年9月11日，恐怖分子劫持的民航客機撞擊了美國紐約世界貿易中心和華盛頓五角大樓，對於美國和許多國家來說，世界進入了「反恐時代」，而對於半島電視臺來說，則揭開了它聲名鵲起的時代。從2001年10月開始，半島電視臺開始陸續的播出位於阿富汗基地組織頭目謝赫・烏薩瑪・賓・拉登有關恐怖襲擊以及攻擊美國的言論的錄影帶，一時間，半島電視臺成為了西方以及全世界關注的焦點。全世界媒體競相從半島電視臺購買節目信號時刻關注著拉登的言論。俄羅斯《真理報》的消息稱半島電視臺播出的賓・拉登錄像聲明每分鐘售價就可以高達20,000美元[20]。由於半島電視臺原先設置在阿富汗的衛星電視設備是最為先進的，當美軍進攻阿富汗時，半島電視臺更是成功的壟斷了阿富汗美軍之外的所有畫面，新聞和採訪。半島每天保持著與塔利班官員的接觸和採訪，從美軍的無人駕駛飛機被塔利班機關槍擊落，到阿富汗示威者攻擊美國駐喀布爾使館，幾乎與阿富汗相關的聯軍以外的媒體報導都被半島全權操辦。2003年美軍攻打伊拉克，半島電視臺更是利用其地處中東的優勢以及廣泛的人脈報導了伊拉克戰爭中美軍之外的真實的情況。在報導中半島以堅自己的立場，受到阿拉伯人的歡迎，也在全球的觀眾在CNN之外看到了一個截然不同的巴格達。

　　由於有關半島在阿富汗以及伊拉克戰爭中的表現的書籍和論文很多，這裏由於篇幅就不再進行贅述，但是可以想見的是，正

---

[20]　http://english.pravda.ru/search/?string=Al+Jazeera&submit=Search

是借助於和伊斯蘭世界有關的戰爭，讓半島有了走入世界觀中眼簾的機會也使得半島電視臺有了更好的生存和發展的機會。

3、西方新聞理念的秉持

　　過去曾經有一段時間，大陸從媒體到學界都認為半島電視臺是對美國抱有敵意的，反美的阿拉伯電視臺，更有甚者把半島電視臺視為第三世界傳媒代表。隨著時間的推移以及對於半島電視臺運作理念認識的深入，半島電視臺遠非最初的那種「主觀印象」，越來越真實的半島電視臺開始被人們所熟識。半島電視臺的英文全稱「Al Jazeera satellite TV Channel」中「Al Jazeera」在阿拉伯語中實際的意思是「島嶼」，它的引申義其實是「大海中的自由之島」，因此，半島電視臺完整的翻譯應當是「自由之島」電視臺。[21]建臺之初半島電視臺的理念也恰恰說明了半島電視臺的與其實際名稱的貼切。半島電視臺沿襲了原先BBC中東頻道的傳統——要讓阿拉伯人觀看阿拉伯記者製作的與西方新聞頻道同等標準的新聞和節目。其製作新聞的標準尤其是國際新聞的標準也堅持著西方所謂的「真實性和客觀性」。這樣的標準自然會導致阿拉伯世界的不滿，但是半島這種堅持「西天真經」的新聞理念卻為半島走向國際創造了條件。

二、今生——創建英文頻道開始突擊

　　如今，世界的主題依舊是和平，局部的戰爭仍是以一種非常態的身份偶爾出現在世界的某個角落。靠戰爭報導聞名世界的半

---

[21] 陳力丹：〈我們為什麼誤讀半島電視臺〉，《傳媒觀察》，2005年3月。
　　另：半島電視臺的名字至今依然沿用是因為中文翻譯後的約定俗成。

島電視臺自然也很清楚戰爭可以讓其出名一時，卻不會讓其「一世英名」的道理，為了延續半島在世界傳媒的地位，更為了半島電視臺未來在國際空間的生存，半島開始了「羽化後的重生」。2006年半島電視英文臺成立，開始了半島電視臺國際市場新的突擊。

2006年11月15日，半島電視臺英文頻道（Al Jazerra English）正式開播，雖然說因為高清電視技術層面的原因比原計劃6月開播晚了幾個月，但是英文頻道的開播還是讓世界媒體眼前一亮。頻道原來計畫的呼號為半島國際頻道（Al Jazerra International）但是由於電視網管理的限制等原因，最終定名為半島電視臺英文頻道（以下簡稱英文頻道）。在開播之前，半島英文頻道的原先計畫是在全球4千萬個家庭落戶，但是實際的播出情況遠遠超出了開播時的預期，目前半島英文頻道信號已經在全球八千萬個家庭落地。2008年的一項統計顯示，半島英文頻道的訂戶更是突破了一億大關。如今，半島英文頻道已經成為和BBC World，CNN International其名的全球三大24小時英語新聞頻道之一。

BBC和CNN國際頻道標識（圖片來源：維基百科）

2008年6月，半島電視英文臺節目《新聞時間》（News Hour）榮獲了第48屆蒙特卡羅電視展最佳24小時新聞節目大獎。半島新聞頻道能夠在短時間內迅速的搶佔國際新聞市場，除了以前半島阿拉伯新聞頻道積累的豐富的經驗，品牌的優勢以及來自於卡塔爾埃米爾巨額的資金支持外，更有著自身獨特的訣竅：

1、「借刀殺人」的策略讓其迅速崛起

半島英文頻道的創始主力不像半島阿拉伯語新聞頻道（上文稱到的半島電視臺）是在經過西方媒體培訓過的阿拉伯人，而是清一色的來自於BBC，CNN等著名傳媒的舊部。英文頻道著名的主持人大衛・弗羅斯特爵士原是英國天空電視臺的著名主播，半島英文頻道的王牌主播，半島英文頻道創始人之一的大衛・馬拉什（Dave Marash）是曾在ABC《夜線》（Night Line）欄目工作了16年的資深記者。此外，曾經憑藉伊戰採訪成名的前BBC時事節目主持人奧馬爾，前英國獨立電視臺（ITV）記者朱莉・麥克唐納等等都是在離開了以前的東家之後加盟到了半島英文頻道之中的。從下圖所示便可以看出，正是由於半島英文頻道有了挖來的這麼一批在西方媒體「千錘百煉」的記者的加入半島新聞頻道才有了可以今天和BBC World與CNN International上演「三國演義」的人力和技術上的資本。

半島電視臺創始人之一大衛・馬拉什（Dave Marash）
（圖片來源：中國新聞網）

半島英文頻道成立時加盟半島的西方媒體記者名錄
（括弧內為該記者以前供職的新聞機構）[22]

Felicity Barr (ITN), Nick Clark (BBC World, ITV, various), Brendan Connor (CBC) Jane Dutton (BBC World & CNN International), Lauren Taylor (ITN), Dr. Shereen El Feki (The Economist), Elizabeth Filippouli (ERT), Alan Fisher (GMTV), David Foster (Sky News), Everton Fox (BBC World) Sir David Frost (BBC World, ITV), Steve Gaisford (Sky News, ITV, Five), Imran Garda (Supersport), Joanna Gasiorowska (ITN, Sky Sports), Steff Gaulter (Sky News, Met Office), Shiulie Ghosh (ITN), Richard Gizbert (ABC), Divya Gopalan (BBC World, NBC, CNBC), Kimberley Halkett (Global TV (Canada), David Hawkins (CBS, CNN), Mark Seddon (BBC World, Sky News, Channel 4, various), Barbara Serra (Sky News),	Hassan Ibrahim (Al Jazeera, various), Darren Jordon (BBC World), Riz Khan (BBC World & CNN International), Avi Lewis (CBC), Hamish MacDonald (Channel 4, ITV), Julie MacDonald (British Journalist) ITV, BBC World, GMTV), Dave Marash (ABC), Teymoor Nabili (BBC World & CNBC), Maryam Nemazee (Russia Today), Rageh Omaar (BBC World), Marga Ortigas (GMA News and Public Affairs and CN) Shahnaz Pakravan (BBC World, ITN), Amanda Palmer (CN］, APTV, Seven Network), Verónica Pedrosa (ABS-CBN, BBC World & CNN International), Sohail Rahman (Granada TV, ITV, BBC World, Channel 4 & CNN), Shihab Rattansi (Channel NewsAsia & CNN International) Josh Rushing (US Marine Corps), Kamahl Santamaria (Sky News Australia, TV3 News),

---

[22] 資料來源：http://en.wikipedia.org/wiki/Al_Jazeera_English。

2、成熟獨特的新聞理念以及節目製作方式

和CNN International與BBC World不同，半島英文頻道將報導的重點放在了發展中國家中，以推動「南北資訊流動」和「制定新的新聞議程」（SettiingThe News Agenda）其中，制定新的新聞議程更是他們自己的宣傳口號。在許多西方媒體（包括觀眾、學者）的眼中，半島英文頻道被視為全球新聞的另類的選擇，而半島英文頻道卻不以為然，依然按照自己新聞理念進行著全球的報導，他們還制定了自己的國際新聞報導的準則，具體是：[23]

(1) 遵循記者誠實、勇敢、公平、平衡、獨立，可靠，多樣的新聞報導原則，不屈從於商業的誘惑和政治上的脅迫；

(2) 盡一切可能弄清事情的真相，並及時，全面有計劃的進行準確的報導；

(3) 尊重我們的觀眾以及他們的言論和每一條提供的資訊，對於他們提出的有關於戰爭、犯罪、迫害、災難等暴力畫面的意見給予充分的考慮並給予相應的報償。充分保障他們的隱私權以及公共權益；

(4) 歡迎不違反我們報導原則的媒體同行公平誠實的競爭，不以搶得獨家新聞為主要目的；

(5) 毫無偏見和偏袒性的呈現多樣化的觀點；

(6) 充分尊重人類社會種族，文化以及信仰價值觀念的多樣化，對於他們的看法要做到毫無偏見的表達；

(7) 勇於承擔報導中出現的錯誤，並及時糾正防止其再次發生；

---

[23] 資料譯自：Code of Ethics, http://english.aljazeera.net/aboutus/2006/11/2008525185733692771.html。

(8) 遵循處理新聞和新聞來源的透明性原則，並堅持保護新聞來源
　　各種權利的國際慣例；

(9) 認真甄別新聞新聞材料和觀點避免公眾錯誤的判斷和被利用為
　　宣傳的工具；

(10) 積極而又適時的為同行提供力所能及的幫助，尤其是對於違
　　　反法律侵犯和干擾記者的正常權益的行為要給予抵制。積極
　　　的和阿拉伯以及國際記者聯盟合作反對干擾新聞自由。

半島電視臺英文頻道工作間

　　此外，半島英文頻道還堅持「隨時，隨報」（All Times，All
News），「無畏的新聞主義」（Fearless Journalism），以及「是
新聞就應播出，不管是布希還是拉登」的原則，以「全角度，全
方位」的新聞理想追求實現著「保護阿拉伯遺產和實現全球話語
和受眾多樣性」的目標。[24]

　　在電視節目的製作上，半島英文頻道也摒棄了以往國際上許
多新聞頻道採用的「中心指揮」的方式，取而代之的是由其設在
多哈、吉隆玻、倫敦、華盛頓的製作中心「接力式」的新聞製作
方式。這種被戲稱為「跟著太陽跑」的新聞製作方式大大提高了

[24] 這是半島英文頻道創意總監摩根‧艾爾梅達（Morgan Almeida）在接受卡
　　塔爾一家電視臺採訪時所表示的。

新聞製作的及時性和整體的質量以及在地觀眾的收視率。目前，半島英文頻道已經瞄準了全球除英美以外的10億英語受眾，尤其是印度、巴基斯坦等英語人口大國，他們正在期望以「地區性的聲音和全球性的觀點」吸引全球更多的受眾。[25]

三、障礙——不得不面對的現實

面對著半島英文頻道的迅速擴張，一直以來都對半島投以怪異目光並將其視為潛在對手的英美媒體不可能對於半島的所作所為無動於衷。而對於半島英文頻道來說自身的發展也有著不得不面對的尷尬的現實。

一方面，半島英文頻道雖然在世界的許多國家和地區有了成熟的市場，但是進軍歐美還是長路漫漫。在美國，至今只有兩家有線電視供應商暫時同意將半島英文頻道提供給它們的訂戶，並且這兩家電視供應商的用戶加起來還不到15萬戶。[26]

---

[25] 以下是半島電視臺英文頻道的一些重點欄目：（資料綜合於維基百科中英文「半島英文臺」）。

　　A、Frost Over the World - 由大衛‧福斯特先生（Sir David Frost）主持的周播節目，以主持人姓氏命名，該節目在倫敦製作；「Frost Over the World將多種領域嘉賓齊聚一堂，討論一周時事。」（Frost Over the World brings together a diverse range of guests to discuss the week 's current affairs.）。

　　B、Riz Khan-由Riz Khan主持的日播（週一至週四）觀眾參與的直播談話節目。該節目以主持人Riz Khan命名，歡迎全球觀眾透過電話、電子郵件、短信及傳真的方式直接向世界領袖、新聞人物、及各界名流提問。主持人Riz Khan是享譽國際的知名記者，曾在CNN主持同類談話節目《有話直說》（CNN:Q&A with Riz Khan）。該節目在國際標準時間（GMT）每週一至週四19：00於美國首都華盛頓開始直播。

[26] 高文歡：《誰解半島英文臺——訪資深電視記者大衛‧馬拉什》，《南風

　　與此同時，半島特立獨行的報導風格也遭到一些國家的指責和防範，在沙特，半島電視臺依舊是在被禁播的黑名單之中，在戰後的伊拉克、伊朗、阿爾及利亞等國半島電視臺記者的採訪依然是在被禁止的範圍之內。2007年11月底，馬來西亞向半島發出警告，認為其報導吉隆玻的選舉過於負面，混淆視聽，同月，埃及也關閉了半島的辦事處以示對於半島對於埃及報導的懲戒。[27]

馬來西亞檳城清真寺（圖片來源：www.islamhk.com）

　　其次，半島的生存還面臨著資金的困難。雖然說背靠富有的卡塔爾，每年可以得到數億美元的資金支持，但是半島在經營上卻無法自食其力。目前在半島的英文頻道上很難看到廣告的出現，雖然說半島英文頻道有著「世界三大英文國際新聞頻道」的冠冕，但是國際新聞的廣告蛋糕依然還是被BBC和CNN所壟斷，半島英文臺只有傻傻的看著自己的競爭對手蠶食著源源不斷的廣告財富。

　　一個公正媒體的形成首先一條就是在於經濟上的獨立，面對著完全靠卡塔爾王室輸血才可以生存的半島英文頻道，難免在新

　　窗》2008年第一期。

[27]　同上。

聞的報導上有「瓜田李下」的偏袒之嫌，而半島英文頻道要走出
輸血生存的尷尬，還需要在經營以及新聞的報導上尋求和突破的
更多。

<h2 style="text-align:center">第三節　韓風變暖流</h2>

　　有關於韓國流行文化的爭議總是與其韓國人所表現出的那種
文化的偏激性緊密相連，在東亞的儒文化圈中，韓國作為一個先
是中國的「朝貢國」後又淪為日本殖民地的地區長期以來都渴望
著自身價值的真正的獨立，伴隨著「亞洲四小龍」經濟奇蹟的創
造，以及全球化給韓國帶來的機遇，韓國慢慢的擺脫了經濟上的
依附與落後，並開始需求在地文化的繁榮。然而，韓國在地文化
在全球表現過程中卻由於歷史中的過去壓抑呈現出一種民族自卑
性引發出的文化偏激。那麼韓國在地文化的特點究竟如何呢？

　　從2004年起，在韓國熱播的電視劇《大長今》陸續開始在亞
洲和世界電視市場鋪開，一時間，一場「大長今旋風」席捲了全
球。2005年4月，《大長今》在香港無線電視臺播出，大結局時平
均收視47%，最高收視50%，收看觀眾人數多達321萬，差不多占
全香港人數的一半，為無線自1991年設立個人收視紀錄儀以來最
高收視節目，同時也躋身於香港25年電視劇收視紀錄排行榜三甲
之首。2004年5月起，《大長今》在臺灣熱映3個月，不僅創下歷
年來韓劇最高，躍居全臺灣第一，甚至連本土劇《臺灣龍捲風》
也甘拜下風。2004年10月8日開始，日本NHK開始播放《大長
今》，僅前半部分的收視率就已經達到了《冬季戀歌》的2.5倍，
打破了韓劇在日本的收視紀錄。在中國大陸，《大長今》的收視

也十分火熱，據央視索福瑞在全國31個城市的收視資料顯示，2005年9月1日《大長今》在湖南衛視開播當日的收視率達到了2.13%，此後收視率便一直呈上升之勢，最高時達到4.9%。在大長今首播的時期，同時段平均收視率一直穩定在4%上下，超過第二名124%。[28]

《大長今》主演李英愛（圖片來源：http://www.showimg.com/htm/81848.htm）

《大長今》不僅在亞洲地區取得了收視奇蹟，這股勁風還刮到了大洋彼岸的美國，2004年美國芝加哥的WOCH-Ch電視臺播放了該劇，引得很多芝加哥的中產階級每週六晚準時聚集在咖啡館，集體觀看討論。據說除了芝加哥之外，紐約、西雅圖、夏威夷、加利福尼亞等地也有很多《大長今》迷。

然而，當我們把對於《大長今》觀察的視野放大，我們就會發現，其實韓國的大眾文化早已經在上世紀90年代初便在世界鋪開，從帶有濃濃韓國風情的《大長今》、《明成皇后》還是到代表現代韓國的電影、電視劇以及流行音樂，「韓流」早就以「絕地反擊」的兇猛之勢，刮遍了東南亞以及世界的其他角落，韓劇的敘事成了許多國家電視劇學習和研究的物件，韓國電影的主題也成了好萊塢借鑒的「座上賓」。韓風，如今已經成為不折不扣的暖流吸引著世界的眼球。

---

[28] 資料綜合互聯網顯示以及丁樹熊：〈大長今販賣『軟力量』〉，《城市畫報》，2006年1月6日，第22版。

一、追求「世界化」的韓國大眾文化

1945年8月15日，日本帝國主義宣佈無條件投降，朝鮮半島被窒息了長達35年的民族文化運動又獲得了無限的生機，各種文化藝術團體如雨後春筍一般湧現，使用民族語言的自由創作的熱情空前的高漲，然而冷戰的陰影以及半島的分裂使韓國的文化界不得不忍受著由歷史責任的煎熬與思想上的分裂帶來的折磨。在此後的幾十年，又由於現代

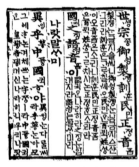

最早的韓語正音表（圖片來源：Hunmin Jeongeum Eonhae）

民族文化生長發育的社會政治環境的惡化以及全鬥煥，樸正熙等威權統治，韓國的民族文化運動或是被嚴重的干擾，或是被嚴重的扭曲，韓國的大眾文化一直都處在窒息之中，很難有像樣的發展。直到上世紀80年代末90年代初，隨著韓國中央集權主義、權威主義和官僚主義的沒落，韓國的在地文化才逐漸有了自由發展的空間。90年代，隨著現代媒體的廣泛影響以及政府對於媒體管制的日益放鬆，韓國的大眾文化開始成為主宰韓國社會的文化現象。尤其是在影視以及流行音樂方面，韓國更是在站穩本土市場的同時搶佔了國際市場的份額，在全球媒體競爭中分得了世界一杯羹。在韓國大眾文化走向世界的過程中，韓國政府以及民間的不懈努力起到了關鍵的作用。

早在1990年1月，韓國政府將主管文化和教育的文教部門分成了文化部和教育部，至此，文化部門的特殊性和重要性得到了政府的認同。文化部在創建伊始就打出了「三不」，「三做」

的口號，即「不要門檻，不講面子，不存私心」，要「做禿岩上生命的苔蘚，做文化井邊的吊桶，做點燃文化之光的火杖」。[29]同年6月，韓國文化部制定了《文化發展十年計畫》，計畫準備用十年的時間建立起國家文化發展的福祉文化基礎，緩和社會矛盾的和解文化基礎，適應後工業時代發展的開放文化基礎以及為南北合作時代做準備的統一文化基礎。[30]這一計畫使政府和文化部門在提高文化創造力，發揮媒體文化機能，擴大國民文化享受機會，促進大眾文化和創作文化發展方面都起到了關鍵的作用。

圖左：首爾大學校園（圖片來源：維基百科）
圖右：首爾大學校徽（圖片來源：Seoul National University.）

　　《文化發展十年計畫》最大貢獻就是在於青年文化的興起，在位於首爾大學舊址的大學路上，隨處可以看到具有獨立精神、具有韓國特色的劇場演出，藝術雕塑、無名畫家、歌手，甚至許多後現代以及後現代的商業化演出、行為藝術表演。這種青年大眾文化的自由發展很大程度上受益於《文化發展十年計畫》對於大眾文化的解放。

---

[29]　郭鎮之主編：《跨文化交流與研究韓國的文化和傳播》，北京：北京廣播學院出版社，2004年，第17頁。

[30]　同上，第52頁。

　　在一些宏觀的措施之外，政府對於某些大眾文化產業還有針對性的措施以扶植其發展。以發展和進步最快的韓國電影業為例，韓國政府為保護本國電影所進行的政府行為，推行電影配額制（screen quota），強制規定韓國電影院每年每個廳都必須上演146天的本土電影；全國電視臺也必須播放一定時數比例的本土電影。雖然韓國政府內部對此制度的存廢一直存有爭議，文化部堅持其配額比例，而經濟部要求取消或者降低比例。當時韓國總統金大中當年在他競選綱領中仍明確的表示電影配額制將持續到韓國電影在市場上的佔有率達到40%。為止。1996年，金大中競選韓國總統的施政綱領中提出「支持發展韓國電影的宣言」，並將之列入競選白皮書中，其中第五條是「籌備釜山等各式國際影展，爭取國際認同、促進交流。」如今，釜山電影節雖然名義上是「國際」電影節，實際上是為本國電影的向外擴張搭建的良好平臺。1998年，金大中又廢除了電影審查制度設立電影分級制度以推動韓國電影振興。

圖左：韓國「一號國寶」崇禮門（圖片來源：www.readfree.net）
圖右：2008年2月10日晚8點50分左右，1號國寶崇禮門發生火災。大火持續燃燒5個小時，2月11日凌晨2點左右，崇禮門一層和二層的樓閣倒塌，化為灰燼。上圖為被燒毀的崇禮門（圖片來源：www.yb-news.cn）

　　除了來自於政府的扶植，民間力量以及非政府組織的努力也為韓國大眾文化市場的國際拓展起到了關鍵的作用。仍然是以電影為例，1999年，為了抗議韓國加入WTO世貿組織，實施外國電影配額，韓國電影人發起大規模示威遊行，不少男性電影人甚至剃光頭在首爾國廳、光華門等地靜坐抗議。因為剃光頭在韓國是極強烈的抗議形式，而此活動又為全韓國電影人集體參加，所以被世界輿論高度關注，此次被稱為「光頭運動」的遊行成為了韓國電影發展的一個契機和轉捩點。

　　韓國還在官方之外有一個非官方性質的最高電影主管機構——電影振興委員會，該委員會每年約有4,200萬美元的預算，資金主要來自於政府的預算以及電影票稅，振興委員會下設祕書處、首爾綜合影城和韓國電影學院3個主要單位，其下再分成9個委員會，主要執掌有政策擬訂、振興產業、輔助金審核執行、人才培育、教育研究和國內外行銷推廣等業務。此外，委員會每年還擁有一筆政府交給其分配的輔助電影的資金。其輔助金主要發放對象是電影學院學生和進行獨立電影製作的導演，用以進行實驗短片、紀錄片和藝術獨立電影的製作，最高可申請4億韓元（折合人民幣約270萬元）或製作費30%的輔助金，以增加年輕的電影人成長學習的機會。這樣的針對某一大眾文化領域的專門性的政府以及非政府措施在電視、流行音樂發展上韓國也有許多卓有成效的努力。

二、走向世界的影視表達

　　讓世界認識一個現代的韓國，瞭解韓國過去的文化傳統以及歷史脈絡，韓國在早已經風靡世界的韓劇和韓國電影中已經實

現。雖然說如今的韓國影視經過努力已經日益多元化，表現的主
題也日益多樣，但是根據筆者觀察，韓國的影視依然保留著它來
自於民族深處一些揮之不去的烙印和類型化的主題。

1、揮之不去的「半島情節」

　　如果說世界上現在有哪一個地區最渴望獨立和民族完整，
朝鮮半島──這個被一道線劃開的地區當屬其中之一。不管是二
戰前淪為日本的殖民地，還是二戰後成為冷戰的博弈場，生活在
朝鮮半島這個高麗民族一直以來都被民族統一、獨立的心結所死
死的糾纏。和許多民族將「心底的痛苦」深埋於心，不願示人不
同，韓國人似乎更願意將這種民族深處的傷痕揭開，然後讓全世
界為之落淚。在韓國大眾文化產品尤其是電影作品的表達中，
「半島主題」更是成為了韓國電影走向世界的一把鑰匙，通過這
把鑰匙，韓國把揮之不去的「半島情節」和百餘年來半島的恩恩
怨怨以及半島民眾對於民族獨立、統一、振興的宏願都得以深刻
的表達。

圖左：北緯38°軍事分界線，右側為朝鮮領土，左側為韓國領土
圖右：三八線上的朝鮮士兵（圖片來源：www.bjhc.cn）

　　被稱為「帶動了韓國百年影業邁向新里程」的《生死諜變》就是半島主題的典型代表。這部由韓國導演姜帝奎1999年根據南北分裂真實事件改編的電影，上映22天打破了韓國本土電影的歷史票房紀錄，上映57天打破了《鐵達尼號》在韓國的電影票房紀錄。《魚》以南北韓間諜戰為背景，講的是南北韓兩個間諜之間的愛情，故事由男主角柳仲源和拍檔李常吉追緝朝鮮女間諜李幫熙展開，一步步的深入，最後發現一直作案的李幫熙就是在他們身邊的女人也就是柳仲源的未婚妻李美玉——李常吉發現了辦公室魚內藏竊聽器的祕密，在他質問李幫熙是否愛柳仲源的時候，被潛藏的另一北韓間諜朴武英殺死……《魚》不僅創造了韓國商業片的神話（本土票房360億韓元），海外版稅收入也達到了500萬美元，可見這部電影不僅吸引了韓國人，更能引起了世界人民的好奇心。該片的導演姜帝奎在接受媒體採訪時說：「在《魚》裏，我們不僅能夠看到好萊塢式的趣味、場面、情節，而且能夠看到人性、情感，觀眾們從電影中能夠感受到我們民族曾經的傷痛。」

電影《魚》劇照（圖片來源：www.gg22.net/media/anhuimedia/200701/1326.html）

　　「半島主題」電影除了《魚》這樣戀人之間「想愛卻不敢愛」的悽楚痛苦的傾訴，還有像《太極旗——生死兄弟》那樣因為戰爭南北仇視，爾存我亡的迷茫，困惑與哀愁的隱喻。此外，諸如反映了對南北分裂的痛苦與政治的厭惡的電影《實尾島風雲》，反映三八線兩端士兵相互珍惜卻又不得不痛苦的相互猜忌的電影《共同防備區》等也都深刻反映了韓國對於「半島分裂」

這個糾纏不清主題的痛苦
與思考。

除了南北問題，對於
歷史的現實反思，尤其是
對於曾經將半島「視為己
出」日本和韓國關係的反
思主題也是韓國影視劇表
達的另一個重點。從這些
影視作品中，可以看到韓
國渴望獨立，自主，不受

朝鮮的舊貴族（圖片來源：http://
photo.chosun.com/site/data/html_
dir/2008/02/22/2008022200729.html）

任何政治勢力控制和干擾的渴望，以及韓國國民在歷史和現實之
間的矛盾掙扎。電影《韓半島》深刻的反映了韓國歷史和現實衝
突這一主題，故事講述在韓國通向朝鮮的京義線鐵路即將開通之
際，日本人拋出一份李氏王朝時期的舊檔，聲稱此鐵路的開通許
可權歸屬日本。韓國欲拒絕這份殖民時代的不平等文書，但日本
則以收回貸款以及日本企業的核心技術產品相威脅，韓國政府陷
入兩難境地。這時，一位落魄的歷史學者向總統提出他的研究成
果，認為高宗時期對日簽訂的合同中使用的玉璽是假的，如果能
夠找到真正國寶的下落，則所有已簽訂之不平等條約都可以廢
除。於是，一場熱熱鬧鬧的挖寶事件隨之上演。故事最後，韓國
人找到了傳國玉璽，有力的回擊了日本人的野心，維護了國家
的利益。在這個過程中，故事表現的總統和總理兩種態度的對
立——是要民族自尊自信，還是實用主義的向日本屈服——恰如
其分的折射了當下韓國人在歷史仇恨和現實利益之間的矛盾
糾葛。

2、「愛」就一個字

　　無論是在韓國的電視劇中還是在韓國的電影和流行音樂之中，都可以明顯的體會韓國大眾文化中所傳達的「愛」的訊息。的確，在韓國的大眾文化主題表達中，「愛」主題佔據了絕大部分。在這些「愛」的主題的表達中，既有對於青春純愛最後終成眷屬的嚮往，又有對於苦戀一生而終不可得的扼腕歎息，更有著在情欲之間對倫理的思考和人性的反思。總之，在「愛」這一個字上，

電影《初吻》海報
（圖片來源：www.
haokanla.com/.../in-
dex.html）

韓國人找到了市場，他們為「愛」做了標籤化的分門別類的詮釋，編織出一個個感動和吸引世界的故事。

　　電影《初吻》是韓國純愛電影的典型代表，電影講述了一個有情人終成眷屬的愛情童話。漢城某雜誌社的女記者宋蓮花，平時不愛修飾，性格內向，但是工作勤勤懇懇，但是已經27歲她卻從未接過吻，好幾次初戀情人京東試圖吻她，卻都被她毫無理由的拒絕。而當蓮花做好要第一次接吻的準備，見到自己的男友京東時，京東的第一句話竟是「我們分手吧」。突如其來的分手讓蓮花傷心欲絕，隨後蓮花與新來的攝影記者韓景虎排到一個小組，可蓮花一直討厭這個花花公子似的韓景虎，反感他的嘮叨和追根究底。沉浸在分手傷痛中的蓮花準備辭職，卻遭上司的拒絕。開朗的景虎設法為不開心的蓮花舉辦生日會，冤家路窄的兩人在不斷鬥嘴的生活中漸漸熟悉，一次充當臨時演員演戲時，兩人按劇情避雨躲進狹窄的電話亭，摘下眼鏡的蓮花散發出一種難以想像的美吸引了景虎，此後兩人的感情進入欲說還休的狀態。

經歷了一些誤會和等待，兩個月後，兩人在上映曾做過臨時演員的那部電影的劇場偶然相遇，在狹窄的電話亭裏，景虎和蓮花獻出了自己的初吻，兩個人終於走到了一起。

但是如前文所言的一樣，韓國不是所有的愛情電影都是以純純的愛和圓滿的結局來收場的，一些愛情的電影如《色即是空》和《我的野蠻女友》是在一種另類或者是荒誕的情節中讓人看到愛情的甜蜜，還有一些電影則是在觀眾對於愛情的遺憾和眼淚之中結尾。以電影《八月照相館》為例，電影中一位樂觀幽默的攝影師，愛上了一個在照相館附近糾正違規停車的女孩。一次次的交流，兩顆年輕的心越來越近。然而，快樂卻是如此短暫。當攝影師得知自己身患絕症的消息時，為了不讓女孩將來因他的死而傷心，他選擇了逃避，躲在照相館裏不再出來，任憑女孩在照相館門外等待，徘徊，從希望到失望，從焦急到怨恨。攝影師最終笑著離去，他終於把埋在心底的愛從八月照相館帶到了天堂。《觸不到的戀人》（韓國版），《春逝》，《戀愛素描》等都是在愛情的光環下隱匿著一層淡淡的憂傷而走向故事的結尾。

和純愛和苦戀的愛情電影主題相比，韓國情慾電影更加有著其獨有的特色。幾乎在每個韓國情慾電影的背後都有著對於人性的慾望、罪惡、道德、倫理的深刻思索、鞭笞或者懺悔。每個欲望人物的背後都或多或少的有幾分抑鬱，無奈與無助。電影《情事》講述了愛與道德，忠誠與背叛的一場愛情遊戲，電影中素賢是年屆40的家庭主婦，有個10歲大的兒子及事業成功的建築師丈夫。對素賢而言，經濟上雖不虞匱乏，日子卻了無新意。而宇因的出現使她呆板規律的生活起了重大變化。宇因是素賢妹妹的未婚夫，小素賢整整十歲。他們相遇在宇因和妹妹的婚禮前，宇因瀟灑帥氣的外表深深地吸引著素賢，她平靜無波的內心開始蠢蠢

欲動。而宇因對素賢也深具好感。接下來的相處讓他們有機會瞭解對方，進而愛上對方，產生了一段不倫之戀。他們知道這段戀情將使素賢的婚姻生活陷入萬劫不復之地，但他們已無法控制對彼此的愛戀。在里約熱內盧，兩個相愛的人衝破了世俗的眼光，緊緊的擁抱在了一起。影片的敘事雖然平淡，但是卻深刻反思了「第三者」愛情究竟是對婚姻責任的一種罪惡還是對於沒有愛情的婚姻的一種解脫的命題。

這類對於愛情存在過程中各種癥結的探討，在因偷窺而愛的《愛的色放》中，在因懲罰而愛的《情欲報復》中都有著一定的體現。可以說，在每一個情欲電影的背後都背負著一個深刻的現實話題的思索，而這些由「愛」而生的話題，則又像是被這些電影啟動一樣，一點點震撼著人類對愛或已麻木或被凍僵的心。

3、用偶像吸引世界

韓國在將其文化傳播世界的過程中，「人」的表達是最為重要的環節，這種人的表達在大眾文化產品的出口中融為一點就是「偶像」的魅力。韓國偶像的標準在裴勇俊、安在旭、金喜善、崔真實、宋承憲、元彬、李英愛等眾多韓國影星中似乎可以找到答案。從表像來看，韓國的偶像注重的是唯美的表達，在男星方面，與美國電影中時常出現的如施瓦辛格，史泰龍或者是湯姆·克魯斯，布拉德·皮特這些或者硬漢或者容貌與力量兼而

韓國影星宋承憲
（圖片來源：搜狐）

有之的偶像不同，韓國的偶像在形象上更加具有「奶油小生」的味道：白淨的肌膚，簡約的著裝，給人的印象多是「居家好男人」或者「成功商務人士」的感覺；而在女星方面，雖然說韓國偶像與歐美影星一樣注意高挑的身材，但是更加注重的是面容白皙，長相甜美，文靜以及端莊的亞洲女性的打造。這種偶像類型的產生一方面與亞洲人本身的體格，文化背景著深刻的聯繫，另一方面也與和平時代大眾消費群體的審美情趣的變化——更加重助於「美色」欣賞的心理有著一定的關聯。但是，不管怎麼說，韓國這種以「柔」克「剛」的偶像準則著實讓韓國的影星惹來了世界粉絲的尖叫。

4、守住歷史的底線

不管韓國的電影或者電視怎樣表達著韓國的現代風情，也不管韓國的偶像多麼的時尚入時，韓國在電視和電影中總是可以在主題的表達上體現韓國自身的精神，守住歷史的底線。作為宣揚韓國文化的重要工具，韓國影視中大量的以歷史為題材，尤其是以真實事件或人物改編的電影電視製作一直以來都是大規模投資的對象。如《明成皇后》，《武士》，以及講述朝鮮王朝的最後一個天才畫家——張承業顛沛流離一生的《醉畫仙》都是大手筆大投入的製作。當然，在全球文化傳播不均衡的現實之中，韓國的影視主題自然少不了對於外來文化主題的借鑒，但是最後生產出的「成品」則是一定是要烙上韓國的痕跡才可以面世。如被稱為韓國版《搶救雷恩大兵》的《太極旗——生死兄弟》表達的就是最韓國主題——南北分裂。在韓國現代的影視中，隨時可以看到最韓國的元素：韓國文字、烹飪，以及偶爾在現代裝修裝飾上出現的高麗鼓，太極虎，八卦圖等民族符號。雖然說在現代的

韓國影視中，這些碎片化的表達不會對於整個現代的節奏產生影響，但卻保留了民族文化的保存保留了燎原之火。

圖左：《明成皇后》劇照（圖片來源：視頻截圖）
圖右：真實的明成皇后閔茲映之歷史照（圖片來源：en.wikipedia）

除了「半島主題」，「以愛動人」「偶像路線」和「守住歷史文化傳統」的主題表達以外，韓國影視的敘事方式也是韓國吸引世界的一項法寶。與歐美影視劇普遍的緊湊劇情安排不同，韓國的影視，尤其是韓國的電視更加注重的是細節的刻畫和慢節奏的敘事。這種緩慢的節奏雖然說讓韓國的電視劇動輒百集，但是這種「以慢制動」的表達方式則調動著家庭主婦以及中老年人的收視熱情。如今，在這個人群的收視市場中，韓劇可謂是佔盡了優勢和先機。

三、民族與世界之間的選擇

1988年首爾奧運會以及2002年韓日世界盃，韓國在經濟實現新的跨越的同時，也向世界展現了韓國文化的自尊與自信。首爾奧運會主題歌「手拉手」在高潮部分一句「阿里郎」讓這個傳遍

世界的歌曲永遠的保留了韓國的印記。然而，過度的自信與極度的自尊可以成就一個民族文化的世界夢想，但是也會讓他走向榮譽心裏的極端——以保守的心態排斥新生和外來的文化。韓國的影視也走向了「為了民族，捨棄世界」的極端和無奈。

2003年10月，韓國前總統盧武鉉提出了「韓國力爭發展為世界第五大電影強國」[31]的五年振興計畫，雖然說計畫提出後電影的製作在政策的支持下顯得更加活躍，但是韓國的電影在面臨著國內票房萎縮的同時，海外市場的拓展也遭遇了尷尬的瓶頸。2007年，雖然韓國電影的出口部數達到了321部，但是收益卻只有1,228萬美元，僅為2005年的16.16%[32]。出現這一問題原因和韓國電影出口過多的依賴於亞洲市場以及將大量的產品單

2008年釜山電影節海報（圖片來源：www.chinavid.com）

一化的投放到日本市場有著直接的關係，由於日本對於進口韓國電影的政策性壓縮，韓國的電影出口自然會受到影響。2008年第13屆釜山國際電影節的慘澹更是讓韓國的電影到了需要振作和重新反思的時候。和好萊塢電影的無孔不入，日本卡通的獨闢蹊徑相比，韓國無論是電影還是韓國電視劇，都到了需要在民族和世界之間做出選擇思考平衡的時候。

---

[31] 出自韓國電影振興委員會向盧武鉉提交的《為實現韓國向世界五大電影強國跳躍和東北亞影像橋樑——盧武鉉政府韓國電影振興基本計畫》（2003～2007），2003年10月。

[32] 張燕：韓國電影的危機呈現，《當代電影》，2008年06期。

第四節　印度的寶萊塢世界

　　在印度，每晚九點的夜場電影都會有八成五以上的上座率，在像孟買，新德里這樣的大城市，一些電影院的包廂更是一票難求，有些場次幾天前票就早已售罄，這就是征服世界的印度電影在本土的「熱度」。每年，位於孟買的寶萊塢就會有超過一千部的電影被生產出來，這個數字是美國的三倍。與美國的電影類型多樣化不同，這近千部電影中的絕大部分都是以印地語為主的歌舞類型的電影。幾十年來，印度電影一直以不變的歌舞適應著萬變的世界。如今，印度的電影已經成為印度的一張名片，不停地向世界講述著南亞次大陸的風土民俗，愛恨情仇，世事變幻。

　　作為印度電影製作中心的寶萊塢經過百年來的發展，伴隨著印度這個南亞次大陸文明古國的崛起，已經成為了世界上生產電影最多的地方。由於印度電影業的蓬勃發展以及行業整合優勢的凸顯，電影道具，電影銷售和發行，電影融資等方面都得到了很大的進步。隨著海外印度人的日益增多以及印度文化的傳播，印度的電影得以快速的進入國際市場之中。加上印度文化本身的多樣性以及「與生俱來」的融合性，印度的電影很快

一所位於德里的電影院（來源：維基百科共用）

便在世界範圍內得以擴展。事實上，如今許多印度電影的海外銷售要遠遠高於在印度本土的收入。同印度的其他媒體的發展狀況來比，印度的電影毫無疑問是印度最大的大眾文化傳播媒體。如今，寶萊塢正在用盡一切的努力，爭奪著世界的市場，力圖和好萊塢分食世界電影這塊大餅。

一、從無到有
——印度電影業發展簡要回顧

從1896年魯米埃爾（Lumière）兄弟在孟買播放了6部無聲電影短片開始，印度便揭開了電影業發展偉大而漫長的歷程。印度第一部公映的電影長片是在1913年完成的電影《Harishchandra》，不過這還是一部無聲的電影，直到1931年電影《Alam Ara》的出現，才標誌著印度有聲電影時代的開始。

Auguste Lumière（左）
and Louis Lumière（右）
（圖片來源：維基百科）

圖左：世界上第一部電影L'Arroseur Arrosé海報（圖片來源：http://www.moah.org/exhibits/archives/movies/movie_theatres_p.html）

圖右：印度的第一部電影《Harishchandra》（圖片來源：http://www.nashik.com/halloffame/tribute/phalke.html）

印度電影發展大事記[33]

1896	7月7日，魯米埃爾兄弟在沃森賓館播放了印度的首部電影
1898	Belgatchia（印度城市）的Gramorhone Typewriter公司播放了第一張唱片
1898	Hiralal Sen開始在加爾各答製作電影
1898	瓦立克貿易公司（The Warwick Trading Co.）拍攝了新聞短片《加爾各答的風景》，此外安德森攝影場（Andersonscopograph）拍攝了《普納賽馬會》和《火車到達Churchgate站》的短片
1911	在德里上映的電影《拜見喬治五世》（Durbar of George V）成為印度第一部公開放映的電影
1912	導演Tipnis執導的電影Pundalik是目前已知的印度拍攝最早的一部電影唱片
1914	R‧Venkaiah和R.S.Prakash在馬德拉斯建立了第一個永久性電影院
1916	美國環球電影公司建立了好萊塢在印度的第一個分支機構
1918	印度第一個電影放映法案生效
1924	馬德拉斯廣播俱樂部用一個40瓦功率的發射器祕密的發射廣播信號輸出廣播節目
1925	與德國合作拍攝的《亞洲之光》 成為印度第一部合作拍攝的電影
1933	Sairandhri是目前已知的印度最早的彩色電影
1935	第一個電影協議簽訂
1940	印度建立第一個官方色彩的電影諮詢委員會
1952	印度在孟買舉辦第一屆印度電影節
1952	修改了1918年的電影放映法案
1956	德里試播電視節目
1958	印度通過版權法案
1959	孟買開始舉辦紀錄片電影節
1959	印度播放第一部身歷聲寬銀幕電影Kagaz ke Phool

---

[33] 資料來源：Rajesh K. Pillania: The Globalization of India Hindi Movie Industry, Management Development Institute, India.

1960	印度在Pune成立電影學院
1960	印度拍攝了歷史上最昂貴的一部電影K.Asfi's Mughal-e-Azam
1965	德里開始日常性播出電視節目
1967	第一個70毫米電影膠片電影在印度上映
1971	印度成為當年世界上最大的電影生產國產量433部
1974	印度電影學院更名為印度電影電視學院
1974	印度電影節開始每年舉辦一次
1982	Doordarshan電視臺開始播放彩色電視節目
1985	Doordarshan電視臺成為一個全面發展的商業電視網，播出了第一部電視劇Humlog
1991	海灣戰爭後，有線和衛星電視進入印度
1992	政府對於電影市場許可制度的放開是大量外國電影湧入印度市場
1995	印度最大的電信公司VSNL開始經營互聯網業務

　　上表顯示了印度電影從無到有的簡要發展，也顯示了和印度電影有關的電影衍生業的人發展（如技術的演進，電影的海外交流，電影組織的變化，電影節的發展，電影政策的鬆綁以及電視市場的概要等）情況。從表中可以看出印度百年來電影市場從國內邁入國際的一個清晰的路徑。

　　根據印度工商業聯合會（FICCI）2006年的資料報告顯示，印度電影市場價值有565億盧比，如果每年以18%的速度增長，到2010年，印度電影業市場價值將達到1,530億盧比。（1美元約合40盧比），如果根據實際消費的水平以及人均在媒體和娛樂上的消費增長占GDP的比重來看，預計達到2011年，印度的電影業的市場潛力大概在44億美元到51億美元之間（1760億盧比～2040盧比）[34]

---

[34] CII-A. T. Kearney. 2007. CII-A. T. Kearney study on transforming for growth: Future of the India media & entertainment landscape. http://cii.in/documents/executivesunnarycii_ATkearneyup.pdf

　　印度電影業的發展是一個立體式全方位的整體性發展，一些電影生產發行放映公司還發行了股票，許多電影院的發展也面向了多元化，並且還積極引進了數位影院技術，這不僅提高了電影的欣賞質量，也大大遏制了盜版和侵犯版權問題的出現。[35]

　　如今的印度媒體以及娛樂市場有了許多來自海外的投資，這在推動印度本土電影業經濟，技術上的發展以及對於消費者審美情趣以及生活方式的改變上都產生了積極的影響。

二、走向世界──印度電影的三大祕訣

　　上世紀20年代，儘管說印度有一些本土製作的電影，但是80%的電影是由美國引進而來，直到寶萊塢的崛起，這一情況才慢慢的開始變化。雖然至今依然有人指責說寶萊塢的很多電影是抄襲了美國好萊塢的電影模式，但不可否認的是，寶萊塢的電影早已經成了印度成功走向世界的一個重要的途徑。從近鄰斯里蘭卡到澳大利亞，從加勒比海到加拿大，都可以找到人們對於印度的印象和理解，而他們的主要的來源就是印度的電影。

　　印度的電影產業之所以能在世界上產生如此大的影響力，其原因是多方面的，總結下來，主要是有三大祕訣：

1、注重對外交流

　　回顧印度的電影發展就會發現，印度電影與國際市場的交流有著相當長的歷史。自印度電影在上世紀初葉開始規模化生產

---

[35] FICCI-PricewaterhouseCoopers. 2006. The India entertainment and media industry: Unravelling the potential. http://www.pwc.com/extweb/pwcpublications.nsf/docid/be7e56c3ff8e90a6ca25 7185006a3275/$file/Frames.pdf.

以來，印度的電影就一直受到印度以外國家和地區的關注。由於
印度曾是英國的殖民地，早在上世紀三十年代，印度的電影或者
講述「印度故事」的電影便開始在歐洲的一些國家上映。一些電
影還在歐洲的一些國家進行巡演，如1931年拍攝的電影《Aran》
在倫敦舉行了首映式後便又轉戰法國進行展演。二戰結束以後，
印度獲得了獨立，世界的格局也發生了深刻的變化，印度的電影
在這樣的背景之下進一步擴展了其國際交往的空間。上世紀50年
代，電影《Awara》被送到蘇聯以及其他一些社會主義同盟國家進
行展映交流，一時間，這些國家掀起了對於印度電影的狂熱
追捧。

印度1929年電影《擲骰子》（Prapancha Pasha）
（圖片來源：http://www.nytimes.com/2008/07/15/movies/homevideo/15dvds.
html?_r=1&oref=slogin）

　　除了展映以外，印度電影對外交流的另一個重要的途徑就
是對外的電影出口。在印度本土，雖然說有著10億的潛在電影受
眾，每天也有1,000萬人買電影票去看寶萊塢的電影[36]，但是，面
對著印度人均GDP剛過一千美元以及印度人往往更加習慣於「舊

---

[36] Faiza Hirji：When Local Meets Lucre: Commerce, Culture and Imperialism in
　　Bollywood Cinema

劇重溫」的現實，印度每年的電影都是靠其海外市場的發行經營
獲得收支的平衡的。根據一項報告顯示，2006年，印度電影的
60%都投放到了國際市場，其中美國和加拿大是印度電影出口的
重要目的地，占到了每年電影出口量的30%，其次是印度的「老
東家」英國，每年引進的印度電影占到印度電影出口的25%，
毛里求斯，阿聯酋引進印度電影的數量分別占到印度出口量的
10%。南非、俄羅斯、斐濟、新西蘭以及澳大利亞等國也是印度
電影出口的主要國家。此外印度還向一些散居著猶太人的國家和
地區出口電影。[37]

印度電影的海外收入[38]

電影名稱	成本（百萬美元）	票房總收入（百萬美元）			
		英國	美國	其他	總計
Monsoon Wedding	1.50	3.20	13.90	12.90	30.00
Bend it Like Beckham	5.60	3.20	—	23.80	27.00
East is East	4.50	—	4.10	21.70	25.80
The Guru	6.00	9.80	—	1.40	11.20
Anita and Me	4.00	2.80	—	—	2.80
American Desi	0.75	0.46	0.90	0.01	0.90
My Son The Fanatic	3.00	0.21	0.41	0.02	0.60
Mystic Massseur	2.50	0.06	0.40	—	0.46
The Warrior	3.20	0.21	—	—	0.20
Bandit Queen	0.75	0.44	0.29	0.15	0.88
總　　計	31.80	20.38	20.00	59.58	99.84

[37]　Desai, M.2007.Bollywood needs to change it sact. The Hindu, November 25. http://www.hinduonnet.com/thehindu/mag/2007/11/25/stories/2 007112550030100.htm.

[38]　資料來源：Indiantelevision.com Team 2003。

　　隨著印度電影在海外市場的不斷擴展以及受眾的國際化程度進一步提高，印度主題電影的生產也日趨的國際化，一些電影的製作也由一些國際性的大公司參與制作。在這樣的背景影響下，印度的一些電影在國際上的票房可以與諸多好萊塢大片相媲美。產生這一良好業績的關鍵，一方面是在於印度電影始終如一的對於印度主題表達的堅持，另一方面得益於電影的發行製作和電影發行的國際巨頭進行合作。一部電影在海外的各項收入往往最後是其在國內電影製作成本的2～3倍甚至更多。

　　目前，印度已經雄心勃勃的計畫在幾年之內將電影的海外收入再擴大一倍。印度能夠有如此的「胃口」是有著充分的原因的：

(1) 印度的電影業的發展得到了海外資金的支持。例如，印度的Eros，Adlabs，印度電影公司（India Film Company）以及UTV通過各自在倫敦證券交易所上市的股票募集了數億美元的資金，西方的許多電影業巨頭也擁有著印度諸多電影公司的股份。2005年1月24日，印度感覺電影公司（Percept Picture Company）聯手美國邁克爾‧道格拉斯電影製作公司（Michael Douglas, production company）共同斥資五千萬美元拍攝電影《追逐季候風》（Racing the Monsoon），同年9月1日，感覺電影公司又宣佈與好萊塢的另一家公司唐納‧羅森菲爾德公司共同拍攝電影《生命之樹》（Tree of Life），並由好萊塢影星科林‧法瑞爾（Colin Farrell）擔當主演。

(2) 為了彌補印度電影業發展過程中技術上的不足，印度電影界一直以來都比較重視攝影技術設備的更新。在過去的幾年之中，印度電影界花大力氣專門派出人員到海外去引進和學習先進的攝影技術和攝影理念，尤其是到美國的好萊塢去學習最為先進的攝影拍攝技巧。

(3) 印度在盡自己的全力打造印度的國際影星。如今，越來越多的印度的影星活躍在國際電影界中，此外，讓世界的影星尤其是好萊塢的影星加盟到印度的電影之中也是印度將電影推向世界的一種新的做法。邁克爾‧道格拉斯，凱薩琳‧麗塔瓊斯（Catherine Zeta-Jones），基努‧李維斯等諸多世界影星都在印度的電影中出現過。

2、無處不在的歌舞和音樂

　　音樂和舞蹈一直都是印度電影的靈魂，但是和好萊塢電影中那些類型化歌舞電影不同，印度電影中的音樂歌舞是和各種類型電影共生的。在任何一個寶萊塢的電影中都可以看到音樂元素的存在，可以說，正是這些印度特色的音樂元素的存在才使得印度電影在世界上有了如此多的受眾並獲得了豐厚的市場回報。[39]印度的電影音樂中充分體現的了印度的民族音樂以及宗教音樂的元素，其中經典的印度音樂元素「拉格」和「塔拉」是印度電影歌舞中獨一無二的。「拉格」一詞源於梵語根raga，意為色彩或帶有感情色彩，在音樂中拉格的意思是主旋律，也有的人把它叫做「調式」。[40]在十三世紀成書的《樂舞淵海》中，拉格的總數達到了264種，常用的也有50種，每一種拉格都表達特定的情緒、音階、旋律，這決定了印度音樂的複雜性和多變性。塔拉（Tala）是印度對於節拍、節奏的總稱。它的節拍較為複雜，常常使用的是不均衡的節拍，如14拍可以是3+4+3+4，也可以是5+2+3+4，最多時長達100多拍。[41]

---

[39] Bhimani, Harish. In search of Lata Mangeshkar. New Delhi: Indus.1995.

[40] A.H.福克斯‧斯特蘭維斯：〈音樂〉，《印度的遺產》，上海：上海人民出版社，2005年，第355頁。

[41] 鮑曉懿：〈簡析印度音樂之特點〉，《安徽文學》，2008年7月。

兩個印度民間藝人（圖片來源：Singers of the villages）

印度MTV（soniya）截圖

　　電影《阿育王》中的主題曲《盡情哭泣》沒有任何演唱形式，但是嗚咽哭泣的笛聲與婉轉曲折的琴聲卻將印度最為原生態的音樂調式做了完美的表達。隨著印度電影的國際合作日益擴大以及印度電影在全球範圍內推廣中的融合，印度電影的歌舞也有了一些變化，在音樂元素中加入了諸如電子音樂等流行音樂的元素，在音樂的表達上也由以往的單純的歌舞變換成更加注重特效的處理意境和營造。此外，印度電影中的歌舞還出現日益MTV化的趨勢，如果單獨的把電影中的歌舞拿出來，都是一個製作精良的獨立MTV。這裏要說明的是，雖然說印度的電影音樂有了一些

變化，尤其是受到了好萊塢電影的影響日益的「歐美化」，但是印度電影歌舞還是在融合之下保持了自己獨有的傳統，音樂和舞蹈在電影的出現依然是「生活以及情感的真情流露，水到渠成的表達」。[42]

3、 注重自身文化傳統以及文化遺產的表達並積極和西方文化融合

南亞次大陸是一塊神奇的土地，古代印度更是和古代埃及，古代巴比倫以及古代中國其名的世界文明的「四大搖籃」之一。作為從上古至近代都不曾中斷的傳統文化載體，歷史上的印度留給世界的文化遺產是豐富多彩的，在今天印度各地還處處可見古老雕塑和寺廟，宏大的建築和陵墓；時時縈繞於耳畔的纏綿悱惻的樂曲，節慶中街頭巷尾和廣場上人們的熱情舞姿、婦女穿戴的絢麗奪目的服裝和首飾，集市上街道邊偶爾出現的舞蛇人……凡此種種，構成了印度文化最外在也是最吸引人的景觀。印度的語言文字，文學傳統至今陶醉著世界的人們。在印度的電影中，十分注重將這種「最印度」的「軟力量」展現給世界。但是印度的電影絕不是簡單狹隘的將自己的民族文化以一種「民粹」的方式進行發揮，相反，印度的電影中除了吸收印度各個民族的元素特點之外，還積極的加入一些流行性的元素以適應國際市場。如今印度的電影已經越來越西方化了，這一趨勢在寶萊塢的表現更加明顯。新面世的寶萊塢電影如前面所言開始更多的加盟了歐美影星以適應其國際市場的開發，電影的情節也加入了一些如飆車、槍戰、爆炸、激情戲以及高科技電腦製作等商業化電影元素。

---

[42] Gokulsing, K. M., & Dissanayake, W.: Indian popular cinema: A narrative of cultural change. New Delhi: Orient Longman Limited.1998.

圖左：阿育王想像畫像（圖片來源：http://members.porchlight.ca/blackdog/
　　　ashoka.htm）
圖右：印度國旗上的正義之輪（圖片來源：flag of india）

　　進入2000年後，不甘心僅限於發展中國家市場的寶萊塢，打破印度電影傳統局限，更新製作理念，推出了一系列全新的印度電影，也就是我們所說的「新概念」印度電影。今天當我們置身於印度電影的新浪潮之中，隨處可見活潑性感、思想開放的女性與她們的愛人或情人捲入了壓抑的夫妻生活，引發出迤邐而令人煩惱的婚外情。這種電影美學和內容的改變與印度受眾群體的觀影需求有很大關係。在印度有相當一部分前衛的受眾，「喜歡在電影中看到新鮮獨特的故事，而不是總繞著幾對苦命鴛鴦說事」。為迎合這個觀影潮所拍攝的電影中，最成功的要屬2007年頗受評論界好評的《Jism》，導演Amit Saxena在影片中塑造了一個全新的女性形象，這個女性形象對性解放毫不躲閃，利用自己的肉體得到了想要的東西。

　　除了美學和內容上與傳統印度電影的巨大背離，「新概念」印度電影也採納了好萊塢電影的製作模式，摒棄了大段的歌舞代之以精心安排的故事情節。與此同時，「新概念」電影也延承了傳統印度電影的一些特點：出色的歌舞、細膩的表演、曲折的劇情等，同時又添加了很多新的元素，如時尚的氣息、緊湊的節奏、輕鬆的幽默等，加上採用英語或印式英語——一種揉和了印

第語和英語兩種官方語言在在一起語言，使電影深受城市中產階級年輕人的歡迎。

圖左：《Jism》海報（圖片來源：維基百科）
圖右：印度的毛利戰舞（圖片來源：Kathakali）

　　「新概念」的趨勢雖然遭到了一些傳統印度電影從業者的批評，但是這樣的方式確實為印度電影市場的開拓尤其是北美市場的開拓打下了良好的基礎。此外，雖然印度電影目前的表達方式上和以往有一些差別，但是其印度風情風俗以及印度的核心價值觀始終沒有改變。《紐約時報》曾經在一片文章中說道：印度是「世界上全球化過程中全球在地化最好的國家，他最好的在全球化的語境下進行創新，將各種風格和規則與自己的文化相融合，而這種融合一點也不會感到不自然」[43]。印度的電影風格的似乎恰如其分的印證了這一點。

　　三大祕訣的成功使用，讓印度電影在世界的影壇贏得了一個個大獎，得到了世界的肯定和認同。1955年拍攝的《道路之歌》獲得了第九屆戛納國際電影節的人權證書獎和其他六項國際

---

[43]　Thomas L. Friedman：The Great Indian Dream, New York Times, Mar. 11. 2004.

電影獎，女導演米拉‧奈爾執導的試驗影片《你好，孟買》獲得
了1988年嘎納電影節金攝影機獎和奧斯卡最佳外語片獎。電影
《1947 earth》曾獲1999年奧斯卡最佳外語電影提名；2000年被
稱為「夢幻女性」的印度女導演米拉‧奈爾，憑著她用手提攝影
機拍攝的《季風婚宴》獲得威尼斯國際電影節金獅獎。這是印度
電影首次獲得威尼斯電影節的最高榮譽。在2004年的奧斯卡金像
獎評選中，來自「寶萊塢」的大片《印度往事》（又名《榮耀之
役》）被提名為最佳外語片；同年8月在瑞士舉行的洛迦諾電影
節上，由印度女導演魯帕麗‧梅塔拍攝的《伊耶夫婦》被提名為
「最佳亞洲影片」，並在10月的夏威夷國際電影節上一舉贏得
「最佳故事片」大獎。[44]

圖左：印度的神廟與白牛（圖片來源：http://www.flickr.com/photos/tim-
　　　tom/3159483237/sizes/l/）

圖右：印度詩人泰戈爾（圖片來源：Wikimedia Commons）

---

[44] 倪駿：《印度：第一電影大國》，《世界知識》，2007年04期。

三、前路漫漫——印度電影發展的兩大瓶頸

上面提到印度電影業在世界的擴展，無論是在方式上，主題上著實有著其獨到的祕訣，但是遙望前路，印度電影未來的全球發展也有著自己的瓶頸，而這也是擁有豐厚歷史文化資源的發展中國家的大眾文化產品走向世界所普遍遇到的難題。

歌舞的濕婆
（圖片來源：維基百科）

1、資金和市場的問題

寶萊塢要想在全球市場競爭中將電影生產、發行和銷售所有自身潛在的能力都發揮出來就需要這幾個環節統一起來協同運作，而目前寶萊塢電影業個個環節的「非規模化」已經嚴重制約了印度電影市場的再擴展。與同是發展中國家的中國相比，印度在吸引外資投入電影市場方面的表現也不盡人意，印度的電影業由於外資投資限額的原因，海外公司對於印度電影的投資目前只有印度全國電影投資總額的1/15，好萊塢更願意將資金投入到相對更加開放的中國，雖然說中國的電影市場有著一些自身的問題，但是和印度相比，中國的電影市場更容易整合和形成規模化。此外，政府對於電影業投入的不足也是一個不可忽視的問題，印度的電影業事實上是在靠著印度本土公司的巨大的努力去吸引海外的投資以維持著目前電影業的發展。

另外，印度電影將大量的投入放到了迎合西方審美情趣和歐美受眾的電影當中，電影的出口也重點針對這些市場，而對具有更多受眾的第三世界電影市場印度電影業卻沒有給予充分的重視。目前好萊塢事實上佔據著全球80%～90%的電影市場份額，如果寶萊塢可以將自己的電影市場適當的向第三世界國家傾斜，那麼這種電影格局就會有多改變，寶萊塢在世界的市場中收益前景也會更為可觀。

2、單一化的問題

這裏所指的單一化有兩個方面，第一個單一化是電影語言問題，由於印度在歷史上屢遭異族入侵和佔領，因而人種繁多，血統複雜，素有「人種博物館」之稱。許多世紀以來，各色人種、宗教和文化一直不斷地流入印度，因此印度文化吸收了多種民族不同傳統，從而變得多姿多彩。印度到底有幾種人說法不一，一般來看，人類學家將印度人種分為七大種：達羅毗荼人、印度雅利安人、雅利安－達羅毗荼人、蒙古人、蒙古－達羅毗荼人、土耳其－伊朗人、色底安－達羅毗荼人等。而印度的語言則更為複雜，主要的語言就達到十五種之多，在一張10盧比的紙幣上就可以看到十四五種語言並列在一起，蔚為壯觀，它們是阿薩姆語、奧裏薩語、烏爾都語、監那勒語、古吉拉蒂語、泰米爾語、泰魯固語、旁遮普語、孟加拉語、馬拉蒂語、瑪拉雅蘭語、梵語、信德語、印地語、喀什米爾語等。全印度各民族、部落的語言再加上方言超過150種以上，如果再進一步區分，則多達1,600種。[45]而在印度的電影中，1/4電影都是以印地語或者英語為主，即便是

---

[45] 王樹英：《印度文化與民俗》，北京：中國社會科學出版社，2007年，第6頁，第8頁。

表達印度風情與民俗文化的印度歌舞也極少見到用印地語以外的語言進行表達。當然，作為官方語言的印地語在電影中大量的使用本無可厚非，但是作為多語言，多民族，多宗教信仰的印度來說，適當的將本國所有的文化都展現在電影中對於向世界全面的展現印度則更為有利。

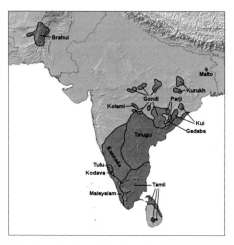

達羅毗荼人在南亞次大陸上的分佈（陰影處）

（圖片來源：Kartenvorlage:，demis.nl）

第二個單一化是電影模式的單一化，雖然如前文所言，印度電影在全球市場的擴展中已經做了一些改變，歌舞的類型以及元素在不斷的增加，MTV化的歌伴舞也在印度電影中大量使用，槍擊、特技、電腦合成乃至激情戲等商業性元素也大量出現，「新概念」電影也風起雲湧贏得一片叫好，但是印度的電影的題材依然沒有更為開闊的展開，題材依然是家族情仇、男女愛戀、歌舞昇平，遠沒有好萊塢電影題材和類型的多樣化。因此，印度電影對於世界的觀眾來說始終還是單一印象化的，在敘事模式上，印

度電影也沒有很有成效的突破，而印度的電影要想在未來的世界市場上走得更遠，這些問題都需要得到一個穩妥的解決。此外，寶萊塢電影的片長過長也是一個問題，絕大部分的寶萊塢電影的長度都要超過110～120分鐘。而這種時長顯然對於觀眾的耐心來說是一種考驗，因此，適當給電影「瘦身」也是寶萊塢電影走向未來世界一個必要的選擇。

第六章
在地文化的「時空穿越」

第一節　古典音樂的流行性表達

2007年9月6日，帕瓦羅蒂辭世。上帝以最為通俗易懂的但是最不喜聞樂見的形式——癌症，收回了「我的太陽」在人世間的最後一抹光輝，那一夜，停止了詠歎調的世界註定難以入眠。「High C之王」，「世界歌王」，世界的歌迷毫不吝嗇的將各種言語可及的讚譽都贈給了這位快樂、幽默、熱情孩子般質樸、率性自然的摩德納[1]「大鬍子」。如果帕瓦羅蒂僅僅將自己的演出局限在歌劇的舞臺之上，那麼世界今天就不會對帕瓦羅蒂記住的那樣深刻。走出劇場，讓古典樂與流行聯姻才是讓世界記住這位揮動手帕的義大利人的真正祕訣。為世界盃獻歌，與他的朋友在自己的家鄉為慈善、和平獻唱，看不到盡頭的世界告別巡演……這一切與他著名的「High C」一起，構成了他無窮的魅力，讓他成為超越古典和流行的超級巨星。在世界上，帕瓦羅蒂的粉絲群相當的龐大，上到主教、王子和總統，下到職員、主婦和難民，各個國家、各個年齡層、各種文化背景的人們都為上帝賜予他的歌喉所癡迷。

---

[1] 帕瓦羅蒂的出生地。

圖左：萬名歌迷為帕瓦羅蒂「送行」（圖片來源：新華網）
圖右：永不滿足的帕瓦羅蒂（圖片來源：www.dailymail.co.uk）

　　古典和流行聯姻，帕瓦羅蒂並不是唯一的一個，利用現代的傳播手段和形式，讓古典走出劇院，在喧囂的社會和多元的世界給大眾一點心靈的感動早已是世界的一股風潮。在這股風潮之中，歌劇院的古典巨星也可以在廣場音樂會上享受到尖叫和掌聲，也可以像流行音樂的偶像一般被追逐熱捧。

一、古典與流行的聯姻是自我的救贖

　　後工業時代，全球化世界，以現代傳媒為介質大批量生產的現當代文化形態借助於全球傳播的路徑將大眾傳媒導出的文化資訊無孔不入的傳播到世界各個階層和角落。大眾文化的崛起對於小眾的精英文化提出了挑戰。古典音樂在流行音樂的衝擊下，即便再美也只可以在歌劇院找到「陽春白雪」所應有的地位。然而，任何一種「畫地為牢」帶來的必然是自我的逐漸枯萎，古典音樂要想在後工業時代，大眾文化大放異彩的背景下得以延展和生存就必須利用現代的傳播方式和普適手段。

在利用現代的傳播手段和流行的方式拉近古典與大眾的距離的實踐中，帕瓦羅蒂雖不是始作俑者，但也是積極的推動和踐行人。從1990年開始，帕瓦羅蒂聯手多明戈和卡雷拉斯組成了史上最強的演唱組合「世界三大男高音」和演出品牌「三大男高音演唱會」，從羅馬古代浴場、洛杉磯道奇體育場、巴黎埃菲爾鐵塔……直

羽管鋼琴（圖片來源：維基百科）

到北京紫禁城的午門廣場，「三大男高音」的歌聲借助世界盃等國際重大國際賽事和活動響遍全球。此外，自1992年開始，「帕瓦羅蒂和他的朋友們」系列超級音樂會在帕瓦羅蒂家鄉——義大利摩德納舉行慈善義演，音樂會用最實際的行動，跨越音樂、膚色、種族、語言，援助了世界上各地最需要扶助的兒童。斯汀、U2樂隊，男孩地帶（Boyzone），瑪麗亞·凱莉，辣妹合唱團，布萊恩·亞當斯等眾多流行音樂巨星都是他的座上賓。音樂會所產生的高票房與高口碑不僅直接惠及了在世界各地需要幫助的兒童，最重要的是，音樂會呈現出音樂本身的真善美傳達了普世的人道關懷精神。2005年，也就是在帕瓦羅蒂迎來他70歲生日的那一年，他又以自己獨特的方式開始了他快樂而又似乎不知何時是終點的告別歌壇世界巡演。帕瓦羅蒂以多種輕鬆、娛樂的方式，將幾百年一直局限於古典音樂殿堂的美聲歌唱，帶到了普羅大眾中間，並受到了最廣泛的關注和歡迎，這不僅促進了古典音樂市

場的繁榮,同時也帶動了一股新的音樂風尚,更為古典音樂注入
了新的生命。

圖左:「三大男高音」為世界盃獻歌(圖片來源:www.dailymail.co.uk)
圖右:帕瓦羅蒂和他的朋友們(來源:EPA)

　　和帕瓦羅蒂一樣將古典與流行結合的還有在北京奧運會上和
劉歡一起演唱主題曲的「月光女神」莎拉・布萊曼(Sarah Bright-
man)。這位通過安德魯・韋伯的音樂劇而蜚聲世界樂壇的歌手
創造了女人從未曾創造過的成績──她是第一位同時登上跨國流
行、古典和跨界音樂最高地位的女性。在她的天籟之音中,你
很難將她歸入到某一種唱法之中──她既能唱美聲也能唱流行歌
曲,而且這兩種唱法聽來都很有魅力。可以說,莎拉・布萊曼跨
越了流行與古典為雅俗所共賞。沒有一個女藝人能像莎拉・布萊
曼那樣成功地跨越流行與古典的音樂類型,人們毫不吝惜地贈予
她全球最強古典／流行跨類天后的稱號。憑藉著她古典加流行
的獨特唱法,莎拉・布萊曼的專輯《月光女神》、《一千零一
夜》、《重回失樂園》在全球唱片發行中都達到了白金銷量,由
她主演的音樂劇《歌劇魅影》,《貓》,以及演唱的歌曲《回
憶》(memory),《告別此刻》(time to say goodbye)、《永遠

的朋友》（friends for life，與卡雷拉斯合唱）更是成為了時代的經典。

2007年莎拉·布萊曼在感恩節大遊行上（圖片來源：Wikimedia Commons）

　　在帕瓦羅蒂和莎拉布萊曼的演繹和努力中，古典音樂在與流行的結合上找到了重生的機會。與帕瓦羅蒂和薩拉布萊曼同行的還有義大利的男高音安德列·波切利（Andrea Bocelli），美籍華裔音樂家馬友友，法國鋼琴演奏家理查·克萊德曼（Richard Clayderman）……這些用古典音樂流行方式打造的巨星的精湛表演，為古典音樂的全球大眾化的表達挽回了顏面。

二、古典與流行的聯姻沒有新瓶裝舊酒

　　古典音樂如果僅是借助現代的傳播方式，那還不過是穿新鞋走老路式的新瓶裝舊酒，古典音樂內容和形式上的改變才是古典音樂在大眾傳媒中重現生機的「靈丹妙草」。

　　首先，在音樂元素的取材上，古典音樂更加的開放和包容，大量的吸收世界各民族的元素並用古典音樂方式進行轉化是一種被廣泛採用的方式。在莎拉·布萊曼的專輯中就有大量的阿拉伯音樂元素以及拉丁音樂元素的取材，配樂的樂器也不僅僅只限於傳統音樂會那樣的管弦樂器，一些民族的特有樂器以及電子音樂和電腦合成音也大量的被應用在這種類型的古典音樂之中。

　　其次，古典音樂的演唱形式和傳統相比也有很大的變化。以往的古典樂的演唱要不就是單打獨鬥的詠歎調獨唱，要不就是男女或者男男搭配的合唱或者對唱，在現代的古典音樂的中，出現了一些和流行音樂相同的偶像組合式的古典音樂合唱組。2005年組建的Il Divo就是這樣一支音樂合唱組合，他們一個美國人，一個是法國人，一個是西班牙人，還有一個是瑞士人。他們的音樂擁有著多種曲風的融合，無論是感人落淚的詠歎調，或是扣人心弦的美聲情歌，Il Divo的歌聲中所蘊藏的催情魔力絕對讓人神魂顛倒。

圖左：Il Divo古典合唱組合（圖片來源：Opera propria）
圖右：陳美（圖片來源：騰訊娛樂）

　　最後，古典和流行的結合往往強調的是在音樂的對撞衝突之中體現音樂融合帶來的美感。其實在音樂界，古典和流行音樂的融合的唱法有著自己的稱謂「popera」，從英文的構詞法中就可以看出，這種音樂方式是建立在古典和流行的結合之上的。這種突出和結合產生的效果往往是兩個層次，第一個層次就是自身的古典和外來流行的結合，如帕瓦羅蒂和他的朋友的演唱，帕

瓦羅蒂始終都是用一種正統古典音樂唱法的「不變」來應和他的各位流行歌手朋友們各種流行曲風的「萬變」，在不變和萬變的曲風衝撞中達到讓受眾賞心悅耳的效果。第二個層次就是古典音樂人自身的一種「顛覆」與「衝撞」，即用古典的唱法翻唱或演唱流行的歌曲，用古典的樂器演奏流行音樂或是在演奏古典音樂的同時融入流行的電子音樂伴奏合成（如理查·克萊德曼，陳美等）。

三、古典與流行的聯姻有所為有所不為

　　偶像化的樂手，多元素的表達，現代式的傳播，讓走出劇院的古典音樂在全球化下依舊保持了旺盛的生命力與活力，而古典樂之所以可以依舊精力旺盛，甚至依舊可以和流行樂一爭高下，關鍵並不在於這些與時代齊頭並進的改良，而是在於古典音樂本身固有的魅力。在古典與流行的聯姻中，古典音樂有所為有所不為的原則是古典音樂依然站在音樂的制高點真正原因。

　　首先，古典音樂只與發展成熟的流行音樂元素結合。在所有被稱為新古典的音樂中，古典音樂雖然有著各個民族，各種曲風的加入，但是這種結合都是「強強聯手」式的，古典樂在與流行融合中從不與後現代的、頹廢的，小眾化的流行元素相交集。其次，古典音樂與流行，民族的融合堅持的依舊是「古典為綱」。古典音樂與流行音樂元素的結合形式就像是被古典音樂放飛的一隻風箏，無論這種形式的風箏飛的多遠，都飛不離「古典」這跟線.無論是朗朗、李雲迪的飄逸，還是莎拉·布萊曼的迷幻或者是Il Divo曲風的無所不為，都是以古典音樂形式的表達為根基的。

一旦古典這跟線斷了，那麼古典流行的風箏也就脫了線，不知會飄到何方。

　　古典與流行的聯姻，讓古典音樂在現實中找到了一個救贖的出口，那麼流行於古典的結合又會怎樣？筆者將在第二節中做一些探討。

第二節　流行音樂的「古典風」借鑒

　　如果說帕瓦羅蒂、莎拉‧布萊曼的古典與流行的聯姻是為古典音樂找到了一個現代的出口的話，那麼流行與古典的結識就是多元化文化下為流行的畫布新添的一種色彩。從上世紀70年代開始，流行音樂主動和古典元素相結合成為了一種新的流行趨勢。如今不管是在東方還是在西方，都有著各種各樣將古典符號與流行風潮想結合的範例，他們在世界演出的盛況不亞於任何一個最當紅的國際巨星的出現。在他們的音樂中每一個聽眾都可以穿越時空的隧道，忘記古典和流行乃至民族的界限和由此產生的隔閡，只留下音樂的美妙讓人陶醉。在全球傳播的盛宴中，音樂的傳遞早已經遠遠超過了媒體邊界，在全球化推進中，流行結識古典的趨勢一直都在堅持「古典的型，流行的神」中，守護著在地化「民族的魂」，並通過個體的表現力在世界掛起一股與眾不同的風。「新古典主義流行樂」、「新民樂」、「新世紀音樂」[2]經常是這種類型音樂的代名詞。

---

[2]　新世紀音樂也被稱為New Age音樂，是種寧靜、安逸、閑息的音樂，純音樂作品占的比重較多，有歌唱的占較少。新世紀音樂可以是純聲效的（即

一、流行與古典或民族的結合以流行音樂的運營形式進行市場運作

應該說，除去「新古典主義流行樂」或者「新民樂」冠冕名稱和所表現的音樂內容，從表演者的形象包裝到演出的運作這種新的音樂形式都和傳統意義的流行音樂沒有任何的區別：偶像化的明星打造，全球範圍的露天巡演，唱片和專輯的商業化推廣……都是按照現代的理念進行的。在這些歌手或者樂團中，你見不到身著燕尾服的歌者，更見不到正襟危坐，衣冠楚楚的歌迷，取而代之的是和流行樂一樣衣著時尚的表演者，以及揮舞著海報、螢光棒，在尖叫聲中等待自己的偶像出現的樂迷。偶爾這些歌手或者演奏者還會成為各種娛樂小報的頭條，以「眼球」的方式保持著自己的公眾曝光率。

二、流行與古典或民族的結合打破了音樂的界限

和電視電影一樣，音樂也習慣於為自己劃定「勢力範圍」。每年格萊美根據不同的曲風，獎項就有百種之多，但是這種流行與古典相結合的「新古典主義流行樂」則打破了這種門戶的界別，在古典、民族以及現代的流行之間廣泛的吸納多種元素並且為自己所用，在擴展了自己曲風的深度和寬度的同時，形成了自己與眾不同的音樂風格。

以傳統自發聲樂器演奏）的，也可以是很電子化的，重點是營造出大自然平靜的氣氛或宇宙浩瀚的感覺，洗滌聽者的心靈，令人心平氣和。

棒辣妹四重奏（Bond）組合（圖片來源：www.verycd.com）

　　風靡全球的英國著名棒辣妹四重奏（Bond）組合就是這樣一支另類女子樂隊，這支古典弦樂演奏組合——兩把小提琴、一把中提琴和一把大提琴，由四個光彩照人又才華橫溢的女孩子組成，包括：海莉（Haylie Ecker）、伊奧（Eos Chater）、塔利亞（Tania Davis）和有一半廣東人血統的葉嘉（Gay-Yee Wester-hoff），她們將古典音樂與電子音樂相結合，演奏古典與現代的天籟之音。雖然她們強調自己是古典演奏家，但是在形象的包裝上卻和流行歌曲的天王天后沒有任何的區別，被稱為「拉提琴的霹靂嬌娃」。她們演奏的宗旨是為了打破音樂界限，將古典音樂的精粹與世界各地的聲音和節奏互相結合，實現音樂的大同，把不被大多數人涉足的古典音樂展現出全新的概念。2001年，Bond發行了首張專輯《Born》，這張專輯以強烈的節奏感取勝，洋溢節慶般的歡愉氣氛，令人怦然心動。曲風結合了Trance、House、Latin、Salsa以及古典音樂，作曲者與編曲者的大膽創意令人欽服，其中「Victory」一曲融入了羅西尼（Rossini）的歌劇《塞維里亞的理髮師》的序曲「Oceanic」取材自聖·桑《動物狂歡節》

的「水族館」，「The 1812」改編
自柴可夫斯基的同名作品《1812序
曲》。另外，「Korobushko」也選
材於俄國民歌……．第二張專輯
《Shine》在音樂取材上則更豐富
更多元化，除了加入巴羅克時期作
曲家阿爾賓諾尼，及俄國古老浪漫
大師鮑羅丁的音樂元素外，還拉奏
了阿根廷探戈大師皮亞左拉的經典
Libertango，此外，作為Bond女郎，
007的音樂元素自然也成了她們表現
的主題。從這些歌曲中可以發現，
Bond完全顛覆了人們的刻板印象，

羅西尼的漫畫（圖片來源：
Bibliothèque nationale de
France）

重新為古典音樂定義，進而填平古典與流行音樂之間的鴻溝。

　　無邊界的音樂換來的是無國界的歌迷，奉行無邊界音樂並以
狂野性感形象及其獨特音樂風格俘虜萬千樂迷的Bond樂團，首張
大碟《Born》取得了超過兩百萬張的銷售佳績。2002年，古典辣
妹在中國的巡演在北京、上海、廣州、香港場場爆滿，魅力四射
的bond女郎的「旋風之旅」用音樂和視覺征服了中國的樂迷。

三、流行與古典或民族的結合都是有本土理念的根植的

　　只有民族的才是世界的，這已經是不言自明並被反復論證過
的一種理論。里姆斯基‧科薩科夫[3]曾說過：「沒有民族性的音樂

---

[3]　里姆斯基‧科薩科夫（1844-1908）：俄國作曲家。是俄國國民樂派的創始
　　人之一，也是著名的「俄國五人組」中重要的成員之一。雖然他出身於貴

是不存在的，實際上，一般認為是全人類的音樂都是具有民族性的」。由此可見，流行音樂不管是與古典音樂結合還是和民族音樂牽手都是有理念的根植或者來源的。之所以這種與眾不同的流行音樂可以被世界所接受，就是在於他們入時的表達和有既有形成的在地原生資源在文化上的不斷輸血。

　　成立於2001年的女子十二樂坊，使用古箏，揚琴，琵琶，二胡，竹笛，簫，葫蘆絲，獨弦琴等中國傳統民族樂器進行「新民樂」的演出。她們完美的將中國傳統的民族器樂與時尚的現代音樂元素有機結合，使其作品既保留了濃郁的中國民族音樂色彩又兼具時尚與流行的世界音樂風格，從而創造性的創作出大量屬於自己的、獨特的音樂風格的作品，更採用現代高科技的聲、光、舞美等手段，使之達到完美的視覺與聽覺的雙重效果，給人以雙重享受。她們風靡亞洲、北美等國家和地區，《奇蹟》、《敦煌》等專輯引領著中國民樂的世界流行風潮。

女子十二樂坊（圖片來源：www.xiami.com）

族的家庭，但血緣中卻含有強烈的農人成份農人他的祖母是農人。也許是這個原因，使他繼承了喜愛民間音樂的遺傳，農夫們所唱的民謠及斯拉夫的民間故事對里姆斯基‧科沙柯夫有很大的影響。

　　在流行音樂的民族和古典結合中，愛爾蘭可謂是為世界樂壇樹立了「在地與全球，歷史與現實」的標竿。諸多世界的級的愛爾蘭歌手和樂隊用自己的歌喉和獨有的意境讓人類認識了這個作為大不列顛島鄰居的島國風情。著名的愛爾蘭歌手恩雅（Enya）以純淨的嗓音，至性至靈的曲調享有「天籟之音」的美譽。恩雅的名字是與現代新世紀音樂聯繫在一起的，從八十年代出道至今，恩雅以其獨特的風格將愛爾蘭音樂的精髓融入到新世紀音樂當中。在她的音樂中將愛爾蘭民謠進行重新的編曲，在她的歌曲中充分體現著凱爾特人那種對於人世、自然獨特的理解並營造著純淨，空曠如遊走在星空映照下愛爾蘭高地一般的靜謐意境。

　　與恩雅相似的還有以演唱復古音樂為主的愛爾蘭當代合唱音樂團體Anuna和新興的愛爾蘭三姐妹合唱組和Triniti，此外，蜚聲世界的可兒家族合唱團（The Corrs）雖然說在國際流行樂壇上有著很高的地位，但是他們的歌曲曲風都深深的根植於愛爾蘭的文化土壤之上。

恩雅（Enya）（圖片來源：en.wikipedia）

四、流行與古典或民族的結合謀取的是非主流流行地位

　　流行與古典和民族等在地元素的融合的音樂由於新穎的形式，獨特的曲風以及深邃的意境、特色在世界流行樂壇的唱片銷量上一直都有著不俗的戰績：女子十二樂坊在日本上市的第一張音樂專輯《奇蹟》剛剛面世，便一躍登上日本的銷售冠軍榜，首

日賣出一萬張，兩個月內突破100萬張大關。至今，該音樂專輯已在日本銷售了200多萬張。創造了中國音樂唱片海外發行的奇蹟，也創造了日本器樂專輯單碟發行的奇蹟。可兒家族樂團的多張唱片在歐美國家都擁有著白金的銷量……

可兒家族（The Corrs）
（圖片來源：www.MBI.com）

　　恩雅是現在全球唱片銷量最高的女歌手，唱片銷量第二高的歌手（第一的是邁克爾·傑克遜），據不完全統計，列如恩雅1988年的《浮水印》（Water Mark）在全球銷量達1,000萬張，1991的《牧羊人之月》（Shepherd Moons）賣到1,200萬張，1995的《樹的回憶》（The Memory Trees）賣到1,000萬張，2000的《雨過天晴》（A Day Without Rain）賣到1,300萬張，2005的《永恆之約》（Amarantine）賣到1,600萬張，其餘唱片的銷量雖然資料暫未準確得知但平均銷量都達到1,000萬張，這還不包括聖誕專輯和CD合輯及白金唱片、特輯、單曲片，也就是說恩雅的專輯唱片銷量總數有7,000多萬張。2002年，恩雅憑藉為《魔戒I——護戒使者》演唱的主題曲《May It Be》榮獲了第74屆奧斯卡金像獎最佳原創歌曲獎，2007年2月，專輯《永恆之約》一舉拿下了第49屆格萊美最佳新世紀音樂專輯獎……

　　放眼當今的國際流行樂壇，雖然說流行與古典或民族的結合的音樂有著上佳的銷量表現，但是和大行其道的Hip-hop, R&B曲風相比，無論是在作品的數量上還是在歌唱著或者演奏者的數量上都有著巨大的差距，和碧昂絲（Beyonce Knowles），艾米納姆

（Eminem）相比，這種音樂形式的粉絲還是相對的小眾，所以，一直以來這種流行與古典或民族的結合的曲風謀取的都是流行音樂非主流的市場地位。畢竟在這個全球化文化需求在地多元化表達的世界，「一曲壟斷」顯然是不可能實現，在更新速度飛快的流行音樂市場更是如此。因此，堅持著自己的曲風，把持著自己既有的受眾，同時海納百川的接受各種文化元素的表達變成了這種曲風的一種特例獨行的追求。但行文到此，一個悖論出現了，那就是面對著千變萬化的流行市場以及容易審美疲勞的受眾，流行和古典或者民族的結合如果一成不變的堅持著自己的核心取向會不會最終由輝煌走向沒落，而如果改變，那麼是不是就意味著這種曲風要被必然放棄，固有的受眾或者待挖掘的受眾也要被捨棄。

　　生存，還是毀滅，這是一個問題。

第三節　《杜蘭朵》穿越時空界限的全球傳播

　　1998年9月，普契尼（Puccini）的收山歌劇《杜蘭朵》如願以償的回到了故事發生的地方——中國。在紫禁城太和殿廣場前，《茉莉花》的曲調和《今夜無人入睡》的歌聲和著《杜蘭朵》愛的主題化成了當晚紫禁城最美的光。儘管《杜蘭朵》的「魂歸之行」一張票價最高達到了1,500美元，但依然擋不住樂迷對於這場演出的期待和追逐。在華麗的服飾和太廟的映襯下，《杜蘭朵》用迷人的樂章將東方的傳說與西方的詠歎相連，穿越時間和空間的界限，彌合橫亙在東西方之間的文明鴻溝，用千年的故事換來現代人對於真愛的感動。其實在紫禁城贏得世界掌聲的還不止

《杜蘭朵》，在《杜蘭朵》亮相紫禁城的前一年（1997年），用音樂講述生活的雅尼（Yanni）便帶著他的樂隊將「世界的音樂」帶到了紫禁城內。醉人的音樂沒有因為東西文明的衝撞而顯得尷尬，相反，雅尼的音樂還因為紅牆金瓦漢白玉的實景讓人有了仰望星空，坐在時空隧道中漫遊的暢快與清爽。

在紫禁城上演的《杜蘭朵》（圖片來源：百度百科）

從古典與流行的聯姻，到流行與古典的結合，再到《杜蘭朵》、雅尼可以在紫禁城閃耀世界的光芒，我們可以看到，音樂可以衝破文明的阻隔，可以拉近時間和空間的偏倚，可以在全球化的世界用在地的音樂感動人類。而和在歷史和現實之間自由行走的無國界的音樂相比，傳播世界，傳承文明的大眾傳媒卻顯得有一些畏首畏尾。

圖左：賈科莫‧普契尼（Giacomo Puccini；1858年12月22日-1924年11月
　　　29日）：是一位義大利的歌劇作曲家，著名的作品有《波希米亞
　　　人》、《托斯卡》與《蝴蝶夫人》等歌劇，也是世界上最常演出的歌
　　　劇之一。這些歌劇當中的一些歌曲已經成為了現代文化的一部份，
　　　其中包括了《賈尼‧斯基基》的《親愛的爸爸》與《杜蘭朵公主》
　　　中的《公主徹夜未眠》在內。（資料來源：維基百科；圖片來源：
　　　en.wikipedia）
圖右：杜蘭朵之公主詠歎調：祖先的屈辱（In questa Reggia）的選段曲譜
　　　（圖片來源：維基百科）

　　然而，在時間和空間之間，傳統
的大眾媒體並不是不可突破的「防火
牆」。早在上個世紀50年代，加拿大
傳播學大師哈樂德‧英尼斯提出了媒
體偏倚性的觀點，他認為，傳播和傳
播媒體都具有偏向，既有口頭傳播和
書面傳播的偏向，更有時間和空間上
的偏向，他認為「一個成功的帝國必
須充分認識到到空間的問題，空間問
題既是軍事問題，也是政治問題；同
時還要認識到時間的問題，時間問題
既是朝代的問題和人生壽限的問題，

1926年《杜蘭朵》海報（圖
片來源：www.geocities.
com）

也是宗教的問題」[4]在他的論述中，他還認為傳播媒體的性質往往

4　〔加〕哈樂德·伊尼斯著，何道寬譯：《帝國與傳播》，中國人民大學出

在文明中也會產生一種偏向，這種偏向或者有利於時間觀念，或者有利於空間觀念。

當代媒體的發展及其社會影響力已經足以說明，媒體的發展在很大程度上可以決定現代社會的發展程度。英尼斯的時空偏倚觀念給媒體的傳播開啟了三維的空間，在全球化世界，英尼斯的時空三維思考的維度對於國際傳播更具有現實的考量。跨文化的表達，歷時性的描述以及衝破技術和思維的禁錮，實現媒體傳播的傳承文明，娛樂大眾的真正意義，不僅是全球傳播所必須要做到的目標，更是媒體在不均等的傳播秩序中不將在地化文明矮化的唯一指望。然而放眼望去世界的傳媒，總是因為這樣或者那樣的原因（具體原因詳見第七章第一節）或將自己畫地為牢或將自己徹底改頭換面——徹底摒棄自身的價值投入「看起來」很美但未必適合自己的方式的懷抱。

《杜蘭朵》1926年演出時的佈景復原圖（圖片來源：Wikimedia Commons.）

版社，2003年，第25頁。

在音樂的穿越時空獲得世界喝彩的掌聲中，傳統的大眾媒體似乎忘記了英尼斯幾十年前的預言，而在預言開始兌現的現實中，全球大眾傳媒卻又不知該怎樣覺醒用三維的在地視角審視全球化世界帶來的文明傳播機遇。歷史可以給現實答案，更可以給現實以力量，在音樂抖落歷史的包袱開始以流態的方式游走於文明之間，時空之間的時候，傳統的大眾傳媒也應該解開束縛自己的繩索，去找到各自復生的火種。

《杜蘭朵》的詠歎可以閃耀紫禁城的光芒，傳統的大眾媒體也應該揉亮自己的眼睛，用包容的心態，三維的思考讓自己慢慢的甦醒，用「全球思維，在地行動」的方式給各自文化的全球展示一個期待！

第七章
全球在地化下華文傳媒的機遇與挑戰

第一節　京奧開幕式的在地文化啟示

　　國際奧會主席雅克‧羅格（Jacques Rogge）在北京奧運會即將閉幕的時候，用「無與倫比」（truly exceptional）形容了北京奧運會的成功。北京奧運會的「無與倫比」，其實從2008年8月8日晚上焰火星空下的鳥巢便已開始。一場準備了三年有餘的開幕式，用科技與人文，中國與世界的完美融合換來了世界的感動和全球媒體的讚譽。

　　英國《金融時報》認為，開幕式將中國傳統與華麗的表演完美地結合。沒有任何其他主辦奧運會的城市能夠與北京在獨創性和整齊劃一的表演上相媲美。開幕式已使中國在奧運會開幕式競爭中贏得了一枚金牌。法國《費加羅報》用「仲夏夜之夢」來形容這一盛典。報導說：「這是一個屬於中國的夜晚，溫柔如夢境一般。一個富有中國特色的、盛大的開幕式，整場表演游走於藝術與科技、歷史與未來之間，時間在此刻凝固，這是歡慶的時刻，這是奧運會的時刻！」曾主持過巴賽隆納、亞特蘭大、悉尼和雅典奧運會開幕式轉播的鮑勃‧科斯塔斯在美國全國廣播公司的節目中說，北京奧運會開幕式「超越了所有最高級形容詞」，取得了令人震撼的成就。美國《華爾街日報》說，北京奧運會開

幕式融合了傳統表演和科技魅力，掌聲和歡呼聲貫穿整個表演過程，北京奧運會開幕式將是電視轉播史上觀眾人數最多的盛會。《華盛頓郵報》說，中國人在展示五千年歷史的同時，也為重新成為世界強國而欣喜。《芝加哥論壇報》援引2016年奧運會申辦城市芝加哥市市長戴利的話說，「沒有人見過這樣的開幕式，中國人發出了聲明，這是一個新的開始、新的世紀，他們將繼續前進」。德國《世界報》也認為，奧運會從未有過如此輝煌的開幕式。

捷克《權利報》說，開幕式上的每一個畫面都令人驚歎不已。《今日報》說，這是具有象徵性的時刻。開幕式表演中運用的高科技證明，這屆奧運會的開幕式已經超過了以往任何一屆奧運會。捷通社報導說，成千上萬的中國人手持中國國旗，聚集在北京大街小巷，慶祝奧運會開幕。許多人身穿寫著「請傾聽中國聲音」、「我現在比以往任何時候都熱愛中國」的紅色文化衫。阿拉伯聯合酋長國《聯合

喜迎奧運的老頭鞋（圖片來源：blog.cleveland.com/andone/2008/08/）

報》報導說，北京奧運會開幕式的色彩讓世人眼花繚亂，這是一個神話般的開幕式，中國人用智慧向世界展示了中國五千年的歷史。新加坡《聯合早報》的社論說，開幕式上的文藝表演把博大精深和光彩照人的古今中華文明，創造性地展現在世人面前。其氣派和精彩程度不僅令人歎為觀止，而且也超乎人們的想像。……[1]

這場中國味道十足的北京奧運「頭牌菜」讓許多曾經「傲慢與偏見」的洋人驚歎同時，更讓全球華人為開幕式迸發出中華燦

---

[1] 綜合新華社2008年8月9日，8月10日電。

爛文化和精神而落淚。的確，在全球化世界西方文化風勁吹，無數的中國人醉心於「西天取經」的時候，中國文化借助北京奧運用最美麗的方式讓中國人看到了中國文化在現代社會依然飽有的巨大魅力和強大生命力。如果說京奧開幕式感動洋人是因為陌生而產生的突然驚喜，那麼開幕式感動華人就是因為中華文化巨大的感召力而萌發的文化自信。

一、開幕式文化視覺盛宴的「武器」

從上世紀五十年代之後，隨著奧運會逐漸走向豪華，奧運會開幕式也越來越被重視。文藝表演更是成為奧運會籌備中工作量最大、準備時間最長、花費最多的部分。有人甚至將

北京奧運會門票（圖片來源：維基百科）

奧運開幕式冠之為「奧運會之花」。對於開幕式這樣煞費苦心的原因是由於各國都意識到，在今天這個媒體高度發達的社會，媒體無論怎樣煞費心機的製造媒體事件也無法抵得過由奧運會吸引而來的世界受眾關注的目光。因此，各個奧運主辦國都把奧運會的開幕式作為讓世界認識本國文化的一張名片，用盡最大的努力將其打造的絢麗迷人。

1988年首爾奧運會，韓國人制定了「以我們自己的文化為中心，廣泛吸收其他外國文化的長處」的指導思想。該屆奧運會開

幕式，序幕和最後的文藝表演共72分鐘。運動員退場後，文藝表演以「美好的日子」開頭，將特技跳傘表演和朝鮮傳統舞蹈「降福舞」、「花舞」巧妙地融於一體。1992年巴賽隆納奧運會開幕式，組織者向全世界推出了一臺融西班牙民俗、歷史和歐洲文化於一爐的精彩表演。開幕式開始階段，360名鼓手敲起西班牙人慶賀豐收的阿拉貢鼓，穿透力極強的鼓聲在體育場內回蕩，節奏分明、激盪人心。著名女舞蹈家在場中央的平臺上表演最具西班牙特色的弗拉門戈舞。世界十大男高音歌唱家之一的多明戈引吭為之伴唱。他們酣暢淋漓的表演，讓人們感受到了西班牙人民火一般的激情。文藝表演的最後一部分，是西班牙著名的疊羅漢。2,174名身著紅、綠色上衣和白色長褲的表演者，在場內跑道上搭起了12座6層「人塔」，象徵著歐盟最初的12個國家。接著，多明戈、卡雷拉斯等6名世界級歌唱家一展歌喉，聯唱歐洲著名歌劇中的精彩片斷，使全場數萬觀眾為之傾倒。2000年悉尼奧運會開幕式，土著文明以及多樣的移民文化成為了澳大利亞展現給世界的主題。2004年雅典奧運會開幕式，主辦方用象徵愛琴海的一池碧水和由愛神厄洛斯串聯的歷史車隊神話般的演繹了希臘千年的文明。

1992年巴賽隆納奧運會的點火儀式上，身著古希臘傳統服裝的殘疾人運動員里貝羅70米射箭點火，這個點火儀式被譽為是奧運會開幕式上永遠的經典（圖片來源：東方IC網）

和前面的幾屆奧運會一樣，2008年北京奧運會也把開幕式裝扮成了最美麗的文化盛宴，用最精華的現實與寫意的筆法，用「形，色，意」為世界勾勒出了正在重新崛起的千年中國的前世今生。

1、形

　　符號是文化的橋樑，在地文化的傳播只有以本土的符號為仲介才可以得到最全面，最有效的傳播。北京奧運會開幕式之所以可以在世界產生對中國文化的共振和共鳴，關鍵就在中國文化的符號的作用。當然，對於源遠流長的中國文明來說，文明的符號自然是燦若繁星，對於採用哪些符號作為代表中國的名片，京奧開幕式採取的是「弱水三千隻取一瓢飲」，將最中國的符號最大的放大，不讓浩如煙海繁雜的中華元素「亂花漸入迷人眼」。總體來看，京奧開幕式在「形」的展現上有著十大「符號」。

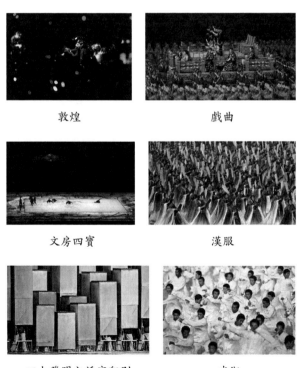

敦煌　　　　　　　　　　戲曲

文房四寶　　　　　　　　漢服

四大發明之活字印刷　　　　武術

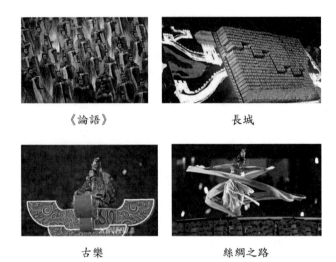

《論語》　　　　　　　　長城

古樂　　　　　　　　絲綢之路
（圖片來源：百度百科）

　　符號1：敦煌。敦煌是絲綢之路上的一顆璀璨明珠，也是古代中華文化與外來文化交彙點。在開幕式中敦煌的藝術元素多次出現在開幕式中，在第一段表演星光五環中漫天飛舞的天女，就是取材自敦煌藝術作品中最為著名的「飛天」。

　　符號2：戲曲。京劇被稱作我國的國粹，其中許多著名的唱段甚至為許多外國朋友所津津樂道。在開幕式上，京味十足的音樂中，四位人偶師傅操縱手中的京劇布偶以獨特的方式向世界再度展現了這一藝術，此外，世界非物質文化遺產昆曲也在《春江花月夜》的曲詞中一展魅力。.

　　符號3：文房四寶。自古以來，中國都是十分推崇讀書的，更是我國文化的精粹。開幕式一開始的研磨、作畫、裝裱，到後來展開卷軸，讓觀眾仿佛置身於中國古代書香門第之中，嗅著怡人墨香，感受濃厚的中國古代書畫藝術氣息。

　　符號4：漢服。漢服是漢民族傳承了數千年的傳統民族服裝，是最能體現漢族特色的服裝，每個民族都有屬於特色的民族服裝，漢服體現了漢族的民族特色。博大精深、體系完備、悠久美麗的漢服，是中國不可多得的一大財富，是非常值得每一個炎黃子孫引以為自豪的。漢服文化出現在奧運會開幕式上，並且幾乎貫穿始終，讓全世界的人都領略了漢服的美麗，漢服的迷人風采！

　　符號5：四大發明。世界的現代文明正是在中華民族這偉大的四大發明的基礎上發展起來的。造紙使得資訊傳遞變得便捷；印刷術擴大了資訊傳遞的範圍，使得資訊更加便於保存；火藥為人類文明帶來了能源，當然還有昨夜鳥巢上空絢爛的煙火；如果沒有指南針，航海將是一件令人望而生俱的事情，更別提去探索、交流、拓展。開幕式上，演員用道具和影像結合，完美展現了這記載中華民族非凡智慧的「四大發明」。

　　符號6：武術。太極拳，劍是中國武術中流傳最廣的，除了武術強身健體的職能之外，這還是與自然融合地最為完美的一種武術，太極拳劍參悟自《易經》中的「太極」，太極生兩儀，兩儀生四相，四相生八卦……中國古代的哲人認為，萬物都是由太極之圓生髮開來的，因此，開幕式中太極的表演被放在「自然」之中，春夏秋冬，皆歸太極之圓。

　　符號7：《論語》。百家衰落，秦漢交替，從漢景帝棄法家尊儒家，儒家學說就開始根植於中國歷朝歷代的文化之中。孔子作為儒家始祖，在世界範圍內都擁有很高的知名度。開幕式的演員多次吟誦《論語》中經典名句，有孔門三千弟子的盛況，以宏大的場面，表達了對兩千年儒家文化的敬意。

符號8：長城。在世界對於中國的印象中，長城是最容易被提起的象徵。開幕式中雖然只是在影像中出現了一小會，但是很招眼。

符號9：五音古樂（器）。中國古代的音樂家們很偉大，只用五個音就能夠做出眾多悠揚動聽的音樂，用於各類用途。開幕式上莊嚴的禮樂，昆曲，詩詞吟誦表演中的名曲《春江花月夜》，還有絲綢之路主題中的《陽關三疊》。樂器方面，一開始的缶、千年古琴，後來的琵琶、箏、塤等等，都是中國所特有的古樂器。

符號10：海陸絲綢之路。絲綢之路是歷史上橫貫歐亞大陸的貿易交通線，促進了歐亞非各國和中國的友好往來。海上絲綢之路則是中國與世界進行溝通的另一條交通線。兩條交通線一北一南，一陸一水，一個輸送絲綢，一個運載瓷器。在世界版圖中，畫出了兩條長長的文明曲線。在開幕式上，兩條絲綢之路藝術的表達，讓觀眾看到了中國文化對於世界的文明融合的貢獻與成就。

2、色

視覺符號在表現意義上具有跨文化性。在視覺的表達認同中，色彩的表現往往會從人的視覺衝擊到內在感觀都產生影響。色彩表現的形式只要是和諧的、協調的、節奏的，哪怕抽象同樣可以表現出具體的主觀情感，不分種族、文字、文化的差別。與以往的任何一屆開幕式不同，北京奧運會開幕式的開幕在色彩這一非語言符號的精准應用是中國在地文化完美表達的另一個重要的原因。

　　色彩1：紅。如果沒有紅色，就沒有中國的顏色。「中國紅」無論是從哪一個方面來說從都對於中國的表達具有典型的意義。在北京點亮奧運的夜晚，沒有紅色的點綴就不代表著奧林匹克來到熱情的中國。紅色的戲臺，紅色的盤龍柱，擊缶時揮舞的紅色的鼓棒，還有在紅色背景燈下升的五星紅旗都充分讓奧運會開幕式染上了中國的情調。

　　色彩2：藍。星空的顏色，大海的顏色，象徵博大的顏色。在這場開幕式中，藍色似乎是用的最多的顏色了，大部分節目中，使用的背景顏色就是藍色。主題歌唱響之際，藍色的地球，我們的家園，在藍色星空中運行。開幕式星光五環中的天空就是那炫目的藍色，給人們營造出一片祥和的氣氛：即將升起的奧運五環，發出晶瑩的白色光芒，而這個時候，藍色的「背景光＋看臺」上觀眾們手裏的螢光棒形成了一個璀璨的星空，五環成為了星空裏最絢爛的恒星。

　　色彩3：灰（黑）。就像老電影一樣，灰（黑）色的出現讓開幕式展現的中華文化有了穿越時空的距離以及時間堆積的厚重。活動的活字印刷版，誦讀《論語》的三千弟子的著裝，以及流動的青銅器還有寫意的山水畫都讓開幕式展現的中國文化有了深厚的歷史沉澱。

　　色彩4：白。中國的古代繪畫有「留白」這一說法，以這種方式表達空靈的意境和給欣賞者想像的空間更是中國畫常常使用的手段。用一幅畫為主線展現中國文化的開幕式充分將多樣的色彩用白色來中和，讓觀眾的心情揉入畫卷，獨自悠游於中國文化所賦予的空靈氛圍中，讓塵事漸行漸遠，心靈隨時間流走間縱橫馳騁。

　　色彩5：黃。2008只金黃的大缶，京劇出場以後映襯中央戲臺紅色座椅的身著金黃色服飾的演員，以及黃色紙卷背景下的絲綢之路，帶給觀眾強烈的視覺衝擊，相信沒有人會忘記中華民族的智慧與勤勞。

3、意

　　一切的語言和非語言的符號以及內容的表達都是為主題做支撐的。開幕式無論是形的表達還是色彩的傳播都是為了意境的表達。在中國各種文化意境和價值理念的表達中，京奧開幕式讓中國的理念在世界有了共同價值，更讓世界的主題有中國式的表達。活字印刷的展示拼出的三個不同的「和」字，以及太極圓形方陣中行雲流水的表演表達中國人對於和諧，自然的崇尚；主題曲《You and Me》的演唱以及伴隨其演唱時出現的藍色的星球以及展開的從全球徵集的2008張笑臉，更是表達了中國人對於世界和平，未來的期許。

主題曲《You and Me》的演唱以及伴隨其演唱時出現的藍色的星球以及展開的從全球徵集的2008張笑臉（圖片來源：Agência Brasil）

除了這些大主題展現，更多具體環節的中華意念釋放也讓世界瞭解了中華民族的性格與精神。開場的擊缶而歌，吟唱「有朋自遠方來，不亦樂乎」，敦煌飛天五環的下「朋友千里來相聚，心開顏」表達了中國人的熱情與好客；其次，活字印刷展示後的「桃花遍地開」表達了中華民族壁立千仞，洗盡鉛華之後與世無爭的渴求；即便在奧林匹克不可缺少的點火儀式的環節上，也用李寧「夸父追日」式的點火表達了對於理想的鍥而不捨。

二、京奧之後，中華文化傳播該怎樣面朝世界，勇往直前

北京奧運會已經成為歷史，中國文化在北京奧運期間的綻放也已經成為了一段美麗的記憶。然而，全球化下中國的在地文化卻不應當如櫻花一樣在瞬間美麗之後又讓西方的文化獨佔世界的花期，面朝世界，中華在地文化該怎樣的勇往直前？華文媒體又該怎樣作為？

1、要讓華人找回自己的文化自信

從1840年鴉片戰爭西方踢開中國的大門開始，中國便呈加速度式開始了和世界的交流。然而，越隨著時間的推移，越隨著西方化對於中國影響的加深，中國的文化就越在西方現代文明面前顯得「自卑」，從衣食住行到思想觀念，似乎中國過去的一切都代表著落後，西方的一切都是和「現代」齊名。全球化的衝擊，西方流行文化的傳播更是讓年輕的華人覺著傳統中國文化與現實的距離。然而，北京奧運會的開幕式，用最中國的文化讓中國人感動的事實表明，中國文化永遠都不會缺乏美，關鍵是缺乏發現美的勇氣以及信心。因此，只有對於自己文化的不否認和自

信心，一切全球文化對於自身文明的衝擊都是風吹皺的一片漣
漪。讓華人找回對於自身文化的自信，華文傳媒責無旁貸，任
重道遠。

2、華文傳媒需要借多個窗口展現中國文化

2001年的上海APEC會議，領導人身著的唐裝就在世界掀起了一股「唐裝熱」（圖片來源：http://www.kremlin.ru/events/photos/2001/10/39973.shtml）

這是一個全球化的「平坦」世界，但是由於現實國際傳播中資訊流的不對等，許多國家或地區在地文化的全球傳播都面臨著「酒香也怕巷子深」的尷尬。中國文化借助於奧運這個平臺的傳播最大的啟示之一就是對於在地文化的傳播完全可以借助非傳統媒體進行表達。一些國際性的交流（不僅是文化或者傳媒，也包括經濟，政治）都可以作為媒體將文化傳遞出去。雖然說這些非傳統的媒體平臺相較於奧運會來說是渺小甚至是微不足道的，但是只要有這樣的傳媒表達的機會，媒體就應當不遺餘力，讓世界「碎片化」的記住在地文化。當積少成多的在地文化都通過不同的窗口展現的時候，自身的文化自然會世界被記住更多。如2001年的上海APEC會議，領導人身著的唐裝就在世界掀起了一股「唐裝熱」。

3、中華的文化傳播需要技術的支撐更需要思維的升級

在京奧開幕式上，星光五環，歷史長卷，借助科技的力量全世界看到了一個流動的，立體的中國文化。但是，技術都是要通

過思維來表達的，京奧開幕式對於華文傳媒最大的啟示就是，只有好的思維，技術才有完美詮釋的機會。大陸主流媒體以前的中華文化全球表達多是一定要分辨是非，講明道理。其實一百個人的眼中一百個哈姆雷特，一個出色的文化傳播其實就是感覺和態度的傳播，只要文化傳播的感覺到了，看了讓人怦然心動，每個人都會對於朝著自己的方向去良性的解讀。此外，優秀的傳媒呈現視

NBC奧運報導特別節目標識（圖片來源：www.usashooting.com）

角以及文本的傳達也是至關重要，而這也正是本土媒體需要革新的問題。北京奧運會的轉播，NBC並沒有搶到最好的機位，但是NBC的轉播無論是解說還是在機位切換上都是最為成功的，相比於CCTV在導播和解說，大陸媒體多少顯得有一些「技不如人」和「雷人」。

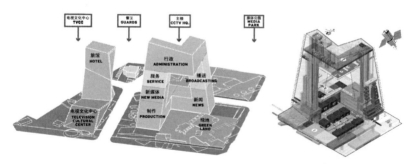

央視新大樓的內部使用分佈（圖片來源：jandan.net）

中華文明是講究意境的，而心領神會，不言自明更是中華文化的精髓。奧運會用中華的符號讓華人和洋人都看到了一個在現代社會依舊魅力無窮的中華文明。作為傳承中華文化的華文傳

媒，如何讓中華的意境在全球化「西風來」的衝擊下實現在地化的「東風破」，站在京奧開幕式向遠望，任重而道遠。

第二節　《功夫熊貓》對華文傳媒的挑戰

2008年6月1日，夢工廠（Dreamwork）製作的「最中國」的卡通《功夫熊貓》（Kung Fu Panda），開始了它全球上映的票房征途。6月20日，這個名叫阿波（Paul）的「碧眼」熊貓憨態可掬地攀上中國的大銀幕，只用了三天時間，這個慵懶貪吃的俠客就征服了130萬觀眾。隨後，這隻熊貓在自己家鄉的熱度不減，只用了三周的時間，國內的票房收入就突破了一億大關，這也是它成為了大陸地區第一部票房過億的卡通影片。《功夫熊貓》的導演約翰・史蒂芬森（John Stevenson）說這是夢工廠在北京奧運前獻給「中國的情書」。如夢如幻的中國山水風情，古老的武俠傳奇故事套路，再加上國寶級的超可愛胖熊貓出任男一號，的確是讓中國人看到了夢工廠這封情書的「誠意」。然而面對著夢工廠

攜著《功夫熊貓》在全球電影市場的名利雙收，面對著《功夫熊貓》在嘎納電影節放映時的交口稱讚，面對著各界影評對於《功夫熊貓》「比中國還中國」的評價，

《功夫熊貓》海報（圖片來源：www.verycd.com）

面對著舶來的《功夫熊貓》對於中國觀眾尤其是青少年受眾的文化「反哺」，中國的動畫再一次陷入了無奈的尷尬和苦澀的笑。而這一次，則是卡通製作的海外軍團用中國的「國寶」擊敗了中國的卡通。

一、中國動畫──四面楚歌

其實好萊塢的卡通用中國的元素演繹卡通盛宴《功夫熊貓》並不是第一次。早在1999年，迪士尼的第36部經典動畫電影《花木蘭》就以中國傳說故事花木蘭為藍本進行拍攝製作的了，在2004年還拍攝了續集《花木蘭II》。而和中國大陸一衣帶水的日本，更是用大量的中國元素為他們發達的動漫進行了「國際代言」：《三國志》，《水滸傳》，《中華小當家》……不僅讓日本的卡通在日本本土賺的是盆滿缽滿，更是吸引了大量的中國的觀眾花自己的錢從外國買進自己的文化進行消費。最為本應對於

《花木蘭》海報（圖片來源：時光網）

本國青少年發揮巨大作用的中國動畫，如今不僅無法在內容上，畫工表現力上讓受眾提起興趣，就連一直所標榜的「文化傳承」也被「海外兵團」取而代之。環顧如今的中國動漫市場，作品雖然汗牛充棟，但是真正讓人記住的卻是乏善可陳。毫不客氣的說，中國的動畫雖然偶有星星之火的叫好佳作，但早已經全球化市場中四面楚歌。

　　長期以來，美國、韓國、日本等發達國家的動漫產品佔有國內大量市場份額，其中日本佔據中國的動漫市場80%，歐美佔據10%，國產僅占10%左右。有調查顯示，在中國青少年最喜愛的動漫作品中，日本的占60%，歐美的占29%，而中國原創動漫包括港臺地區僅占11%。另有調查顯示，中國青少年最喜愛的20個動畫形象中，19個來自外國，只有一個「孫悟空」是中國的。受眾收視比例的縮小必然會帶來市場收益的縮水。在電影方面，自從1999年美影廠推出《寶蓮燈》之後，國產影院動畫沉寂了整整四年。2004年2月，上海美術電影製片廠與臺灣耗資1000多萬人民幣合拍《梁山伯與祝英台》票房慘敗：大陸票房收入不到100萬人民幣，還不及2003年《海底總動員》在國內票房的3%。與之相對的是，當時上映的《超人特攻隊》、《史瑞克2》等好萊塢動畫大片再次橫掃票房，其中《超人特攻隊》在北美席捲了2.5億美元票房，全球賺進約5億美元，光中國大陸就貢獻了2,800萬人民幣。

部分好萊塢動畫片在中國內地的票房收入

電影名稱	上映時間	中國內地票房（人民幣）
海底總動員	2003	3,300萬
史瑞克II	2004	1,200萬
超人特攻隊	2005	2,800萬
加菲貓II	2006	5,700萬
功夫熊貓	2008	1.35億

　　在作為目前動畫播出主力的電視方面，自從中央電視臺引進《科學小飛俠》，《米老鼠與唐老鴨》等卡通之後，大量的日

本、歐美動畫片開始登陸中國市場。在外國動畫片進入中國的很長一段時間內，由於中國對於當時還被界定為文化邊緣產品的卡通的認識和影響的忽視，歐美卡通在中國市場上一直佔據著絕對的播出壟斷地位。外國卡通在擠佔著本來就十分脆弱的中國本土動畫市場的現實竟在十幾年的時間裏都沒有得到應有的重視和保護，這些國外進口動畫片曾經完全無人把關，當時廣電總局的審查制度只是在內容上進行審查，對於其是否外國動畫片則沒有任何限制。2000年，廣電總局正式發佈了《關於加強動畫片引進和播放管理的通知》，規定電視臺播放國產動畫片的比例不得低於60%，同時實施進口動畫片的許可審批，以限制境外動畫片的引進和播放，但2001年的統計資料表明，國產動畫片的年缺口率仍高達95.1%。根據2003年的一份調查資料表明，中國的電視臺90%的動畫片仍然是國外動畫片，國產動畫片只占10%，而且其中大部分為電視臺自產自銷的節目。[2]

2004年，在政府行政命令的支持之下，中央電視臺少兒頻道在一年之內實現了對全國300個直轄市、省市臺的覆蓋。與此同時，北京、湖南、上海動畫上星頻道相繼開播；全國另有15個少兒頻道宣佈「開機」，289家省級、地市級電視臺先後開辦了少兒欄目。照上述播出需求數量粗略計算，我國年動畫片播出量不會低於15萬分鐘。如果參照當時國家廣電總局所規定的國產與進口動畫片6比4的播出比例計算[3]，國產片需求量約為9萬分鐘。[4]按照

---

[2]　陳賽：《從文化產業視角看中國動畫產業化的困境與出路》，北京大學碩士研究生論文，2005年。

[3]　2004年4月20日，國家廣電總局發出《關於發展我國影視動畫產業的若干意見》，要求各級電視臺播出進口動畫片、不得超過40%。

[4]　趙文江：《今年國產動畫：實火盛還是虛火旺》，人民日報，2004年12月31日。

1萬元／分鐘的生產投入價格，播出市場一年的投資量至少應該在3億人民幣左右。然而，目前動畫生產在播出市場的淨回報率竟然不足15%，[5]這就是說一年之中有2億多的投資是打水漂的。

此外，雖然中國內地有上千個播出機構，但真正買得起動畫片和肯花錢買動畫片卻的僅有30多家，大部分電視臺的動畫欄目（包括央視在內）都不到半個小時，而且動畫節目的播出時間除專業的動畫頻道外基本都不在黃

湖南金鷹卡通頻道標識（圖片來源：www.nipic.com）

金時間內，廣告投放偏少。央視索福瑞的一項調查顯示，動畫片的廣告投放量的比例比其他節目的條數比例低，國際知名大品牌公司的廣告幾乎為零。2004年底北京，湖南、上海三個卡通衛星頻道陸續開通的時候，國產製片業曾經寄希望於它們能夠合理提高動畫片收購單價，解決製片業與播出平臺之間多年來的矛盾。但現實情況是，這三個卡通頻道目前仍處於培育期，在頻道落地的問題上更是困難重重，頻道收益仍以廣告為主，且暫時難有大的進展，與製片公司的預期相差甚遠。事實上，由於缺乏有效的監控手段，國產動畫片與國外動畫片的播出比例仍沒有得到很好的執行，國產動畫片仍然難於在電視臺播出，而許多國外動畫片經過改頭換面，公然假冒「國產」在電視臺播出，進一步擠壓了國產動畫片的生存空間。

5　趙文江：《今年國產動畫：實火盛還是虛火旺》，人民日報，2004年12月31日。

　　針對這一問題，2005年9月13日，廣電總局再次發出通知：禁止以欄目形式、以所謂介紹境外動畫片為由，播出未經審查的境外動畫片。並在隨後的通知中要求2006年9月1日起，全國各級電視臺所有頻道在每天的黃金時間（17:00-20:00）之間，均不得播出境外動畫片和介紹境外動畫片的資訊節目或展示境外動畫片的欄目，2008年2月，廣電總局又規定從當年的5月1日起，這一時間用延長至晚上九點。

　　然而，禁令和管制產生的切實效果卻值得去進一步思考。2005年6月《法制晚報》針對卡通播放禁令的一項問卷調查顯示，禁令可以封殺海外動畫在電視上的播放，但是卻封殺不了青少年對於歐美，日本卡通的喜愛。調查顯示，有八成的孩子喜歡看國外的動畫片，近七成孩子喜歡看日本動畫片。對於將來在電視上如果看不到引進動畫片，多數孩子表示還是會看國產片，但回答中多少有些無奈，因為很多孩子說也會通過其他途徑來看國外動畫片，如買光碟、網路下載等。[6]

二、為何局難破？

　　面對著本土動畫來自於外部的巨大的壓力，從廣電總局的禁令到各種優惠和鼓勵政策，從挖掘中國傳統文化到引進西方的畫法及創意表達，國產動畫為了獲得發展著實是想盡了辦法，但是為何至今局難破？總體來看，主要有以下幾個方面的原因。

---

[6]　廣電總局扶持國產動畫黃金時段播進口片重罰，來源：http://news. xinhuanet. com/newmedia/2005-06/09/content_4954677.htm.

1、本土卡通「定位少年化，理念老人化」

由於定位的問題，「大朋友不捧場，小朋友沒興趣」已經成了本土動畫最大瓶頸。在靠動畫起家的超級媒體帝國迪士尼公司，他的動畫作品不是僅定位於小孩，而是一家人，是給一家人看的。創辦人沃爾特・迪士尼曾這樣表白說：「我不是主要為孩子們製作電影。而是為了我們所有人中的童真（不管他是6歲還是60歲）製作電影。……最糟糕的不是我們沒有天真，而是它們可能被深深地掩埋了。在我的工作中，努力去實現和表現這種天真，讓它顯示出生活的趣味和歡樂，顯示笑聲的健康，顯示出人性儘管有時荒謬可笑，但仍要竭力追求的境界。」[7]而在「動漫巨無霸」日本，無論是幼兒、成年人、老人，也無論是青春少女、家庭主婦、抑或白領男子，均能在市場上找到他們喜愛的卡通漫畫書，在電影、電視上看到他們喜歡的動畫節目。和日本以及美國將卡通定位為文化商品表現的另一種形式，不受性別、年齡、職業的限制不同，本土的卡通更像是「兒童的玩具」。相關資料顯示，動漫的主要核心受眾大致上可以劃分為6-14歲，15-18歲，19-35歲等年齡段，而3-5歲，36-45歲，46-60歲是動畫的次要受眾。對於成年人動漫來說，主要以16-35歲為核心受眾。[8]從中國目前人口結構來看，總人口中15歲以下青少年占22.89%，約3億左右，35歲以上人口大約5.3億左右，65歲以上人口占6.96%，9,000多萬人。我們可以估算出16-35歲之間的成年人大約在4億以上。

7　彭玲：關於中國動畫文化發展的思考》，《上海交通大學學報（哲學社會科學版）》，2005年第1期。

8　張亮：《日本動漫產業啟示錄》，《南風窗》，2003年第4期。

由此可以看出，成年人是一個巨大且尚未
得到開發的市場，具有極大的市場潛力。
但是本土的動畫無論是在主題的表現上，
還是在畫法技術的展現以及腳本對白上都
讓成人無法產生繼續收看的興趣，而過度
的「定位少年化」因為違背了「青少年」

中國傳統皮影戲（圖片
來源：維基百科）

渴望被認同的「小大人」心理，使受眾年齡段又不得不面臨著進
一步尷尬的下移，出現了受眾「嬰兒化」的趨勢。如動畫片《大
頭兒子和小頭爸爸》，過於幼稚的劇情，加上小頭爸爸那種傻乎
乎的樣子，對於已經懂事的青少年來說，很難引起他們的情緒和
感情的觸動。

　　此外，「理念老人化」也是本土卡通的一個頑疾。美國學者
C.R賴特早在1959年發表的《大眾傳播：功能的探討》中就提出
了大眾傳播的社會功能除了「環境監視」「解釋與規定」和「教
育」功能之外還具有「娛樂」的功能。然而本土的動畫大多在各
種「通知」、「文件」、「政策」、「規定」的循規蹈矩下顯得
「教育有餘而娛樂不足」：凡是動畫一定要反映某個主題，雖然
說現在的動畫早已經沒有了「分清敵我，立場堅定，認清階級矛
盾憶苦思甜」如《半夜雞叫》這樣的主題，但是「講道理勝於講
故事」的套路依然在本土卡通片中根深蒂固，刻板的說教，如老
師上課一般的劇情想要受到青少年以及成年人的喜愛顯然是不可
能的。此外，低於受眾接受年齡的劇情設置和遠高於受眾接受年
齡的知識灌輸也使本土動畫難逃尷尬。以《藍貓三千問》為例，
它所吸引的是3-12歲的兒童的觀看，但是裏面所涉及的知識很多
是到了大學一些專業才會涉及到，這樣的節目讓懵懂的少年兒童
收看必然是讓他們不知所以然，同樣的問題在卡通《海爾兄弟》

等作品上也表現的十分明顯。卡通變成了「大人帶著小孩玩的遊戲」，本土的卡通自然難以打開市場。

《藍貓淘氣三千問》主題歌（圖片來源：中國樂手網）

2、資金的投入邊緣化

美國和日本能夠在動漫市場上佔有絕對的壟斷地位，除了精良的製作，優秀的創意，充足的資金投入或者保障也是最為重要的原因。一部優秀動畫片的投入不亞於一部優秀的商業大片，美國好萊塢每一部卡通電影的投入動輒就是上千萬美元，從影片的投資來看，美國從來沒有因為是卡通的緣故而「厚此薄彼」。

從下表可以看到，美國對於卡通的製作可謂是「一擲千金」。如果加上用於影片宣傳的費用，美國對於卡通片的投入真可以用「揮金如土」來形容。還是以《功夫熊貓》為例，其在製作時的投入如表中所示已經達到了1.5億美元，而派拉蒙公司用在《功夫熊貓》的宣傳費用也達到了1.3億到1.5億美元，就在2008

年6月1日《功夫熊貓》好萊塢首映時，夢工廠還專門為突出該片中國文化主題，除了紅地毯上隨處可見的《熊貓》形象外，還點綴有竹子、亭子、燈籠等中式風格裝飾，讓整個好萊塢刮起中國風。這樣用心良苦的創意投資，美國的影片想要讓觀眾不買帳也絕非易事。

部分美國卡通電影的投資成本[9]

影片名稱	發行日期	製作成本（美元）
獅子王	1994	$79,300,000
玩具總動員	1995	$30,000,000
埃及王子	1998	$60,000,000
花木蘭	1998	$70,000,000
小雞快跑	2000	$42,000,000
史瑞克	2001	$60,000,000
汽車總動員	2006	$120,000,000
料理鼠王	2007	$150,000,000
功夫熊貓	2008	$150,000,000

《功夫熊貓》好萊塢首映式（圖片來源：維基百科）

9　資料來源：時光網，http://www.mtime.com/

相較於美國對於動畫拍攝的巨大投入，本土製作的動畫投入同那些國產商業大片相比明顯是在被邊緣化。雖然偶爾有像《魔比斯環》（投資1.3億人民幣）[10]這樣的大手筆，但是低成本重複生產，為了完成政府要求的應景製作仍然是本土動畫製作的主流。一部優秀動畫片的製作週期一般需要4～5年時間，美國的夢工廠在建立的頭10年中都是虧損的。這樣一種投入大，產出慢的產業，對於注重於「立竿見影」「立等可取」的中國投資商

票房慘敗的《魔比斯環》（圖片來源：www.vagaacn.com）

來說顯然不是發財的「王道」，再加上種種行業的限制以及有限的受眾，就更讓投資商「顧左右而言它」去選擇一些如《滿城盡帶黃金甲》，《畫皮》這樣安全係數較高的商業大片作為文化投資的意向。

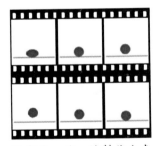

動畫是一幀一幀製作出來的（圖片來源：en: mage: Animexample3edit.png）

3、專業性人才思維受到限制

上面提到了由於資金配套的不足以及政策的緊逼使本土動畫難出佳品，如果說這是外因，那麼本土專業性人才的缺乏以及思維的限制就是本土動畫困局難破的內因。雖然和以前相比，本土的動畫生產單位以及由單一的國有化已

---

[10] 2006年上映的《魔比斯環》因為說教氣氛過濃，最終以票房慘敗草草收場。

經發展成為了多元化的動畫製作生產體系，形成了「國家團隊」（上海美術電影製片廠，央視動畫部，以及一些地方電視臺的少兒部、動漫頻道，國營製片廠動畫部），「民間團隊」（一些民營資本運營的動畫企業，如北京三辰動畫公司，深圳華強數字動漫公司，杭州動漫基地的一些民營動畫企業）以及對外加工動畫工廠和外資企業的「四方格局」，但是，由於政策的限制和背向傾斜，大量的專業設計人才的思維受到了嚴重的制約，什麼能做，什麼不可以做已經不是簡單的創意可以直接作用的，任何一個舉動都要得到政策的允許，領導的批准。這種給專業人才的創意帶上緊箍咒的做法無疑束縛了本應該想像十足的動畫創作。此外，本土動畫的人才一方面面臨著專業培養不足的尷尬，另一方面也缺少像日本同人志[11]那樣的結盟，這就使專業人才陷入了一面面臨人員匱乏，一面缺少「道同，相與謀」的聯盟的無奈之中。

4、動畫衍生產品開發不足

　　本土動畫局難破的另一個重要的原因就是只把動畫定格在動畫本身以及電影和電視螢幕之上，缺乏相關的產品的衍生物的開發。在美國和日本，只要有熱播動畫，總是伴隨著相關的產品如遊戲、紀念品，書籍，玩具，真人服裝等的出現並且花樣不斷的翻新。在日本，漫畫、遊戲、電影之間還實現了相互的映襯和轉化（詳見本書第二章第二節）。雖然說近兩年本土的動畫借鑒歐美的動畫運營模式開發了一些相關的產品，但是由於設計製作上

---

[11] 同人志這辭彙來源於日語「同人志」（どうじんし），是指一群同好走在一起，所共同創作出版的書籍、刊物，雖然所謂的同人志原本並沒有特別限定創作的目標事物，但對一般人來說，比較常聽到此名詞的用途，是在意指漫畫或與漫畫相關的周邊創作方面。絕大部分都是自資的，有別於商業漫畫，有較大的創作自由度和「想畫什麼畫什麼」的味道。

和日美差距,銷售市場表現平平。此外,動漫產品更新速度,經營模式也有著一些不足。美國的電視動畫製作是和美劇一樣是按照收視率高低持續性分播出季製作的,而日本則也是根據市場的需要推出續集,劇場版,OVA版等,這種播出形式就

2008年2月,溫家寶在湖北武漢調研時強調「我們應該有自己的動漫產業」（圖片來源：新華網）

從客觀上要求相關的動畫產品要保持好更新速度。中國的動畫則多是和本土電視劇一樣的模式——以套集為主要播出形式為主,但是本土動畫的產品卻幾乎都走上了日美那樣的專賣店式的運營（如藍貓,皮皮魯‧魯西西專營店）,這就和本土動畫的實際情況產生了脫節,最終收到的結果也就只好事勉強維持或者「關門大吉」。

三、未來該如何?

面對難破的局面,政策的「大棒」和資金的「蘿蔔」該如何的使用,理念又應該有著怎樣的突圍,未來的本土動畫之路應該怎樣走,這裏筆者提出以下三種思考的路徑:

1、給動畫以平等的態度和待遇

古人說「勿以善小而不為」,對於收益慢,受眾群體小,投入大的動畫產業來說,這句話更加具有實際的意義。作為影響青少年發展的動畫,無論是在資金上,還是在人力的投入上從政府

到民間都應當予以充分的重視和平等的態度，並應當給予動畫產業與其他文化產品相同的人、財、物力的待遇。同時，這種待遇不應當是「臨終關懷」式的只集中在個別作品和某段時間，而應當從產業本身出發給予真正的常態化的，普遍性的支持。不把動畫在整個文化產業的鏈條和系統中邊緣化和矮化。

2、將卡通真正交給市場

在市場經濟的條件下，任何一個產業的發展政策和規定都只可以作為「有形的手」起到引導和保障性的作用，絕對不可以讓其成為主導的角色，否則，政策的過於嚴格控制往往會帶來負面的效應並最終影響本土動畫的發展。從2005年到2008年，中國國家廣電總局出臺了各種限制黃金時間播出境外動畫的禁令，這種本來出於保護國產動畫的措施，帶來的結果是卻是以播出「民間團體」製作的動畫的卡通頻道的收視空間被以播出「國家團隊」製作動畫為主的國家頻道（CCTV）所擠壓，適得其反的影響了本土動畫產業的市場化，多樣化發展。

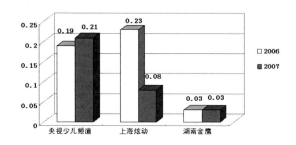

資料來源：AGB Nielsen Media Research

根據艾傑比尼爾森（中國）媒體研究（AGB Nielsen Media Research）提供的資料來看（上圖），自廣電總局出臺黃金時段

外國卡通「禁播令」後，國內三個最主要的卡通播出頻道——央視少兒頻道（CCTV－少兒），上海炫動卡通頻道以及湖南金鷹卡通頻道在北京，上海、廣東三地區暑期（7、8月）的收視率除了享受國家媒體待遇的央視少兒頻道以外，其他兩個頻道的收視率或是毫無長進或是大幅下降。由此可見，政策的過多的剛性要求未必對於本土動畫整體的發展有著巨大的推動作用，相反還會出現收視壟斷加強的趨勢

因此，將本土的動畫發展交給市場，並讓更多的動畫創作團隊有更為自由寬闊的創意空間才是本土動畫破局向前的王道。

3、不能走「非中即西」的極端

在全球化的動漫競爭中，在地的，民族化的表達無疑是本土動畫應對日美威脅的「救命稻草」，然而在本土動畫的大量題材中卻出現的是低成本重複，缺乏滿足現在受眾接受心理以及創意不足的「民族化」的動畫。進入90年代以來，本土動畫片雖然說在過去只有「動物鮮有人物」的動畫題材上有了一定的突破，但是絕大部分還是以中國的民間傳說，傳統故事或名著為主，如《封神榜》，《西遊記》，《自古英雄出少年》等等，但是這些故事的表達卻大多呈現出的是死板的中國文化說教，在主題上以及內容表現上都缺乏讓現代觀眾接受的能力以及想像力，在主題、內容「純中國化」下缺乏現代裏理念價值的表達，難以出現像日本製作的如《浪客劍心》這樣傳統文化與現代理念完美交融的本土卡通。此外，本土動畫在「純中國化」之外還有盲目西方化表達的極端：從人物的畫法到劇情的表達都盲目的抄襲日美。這種造成結果只能夠是如《魔比斯環》一樣，成本大投入最終票房大慘敗。

　　20世紀90年代以來的時代，是中國本土動畫的變革時代。技術的提高，政策的支持都為中國本土動畫在全球化的競爭提供了保障，但是如何真正讓本土動畫現出活力，卻是一個待解的難題。好萊塢《功夫熊貓》的成功，是給中國本土動漫的又一記耳光。在外來的酸楚之後，中國本土卡通所真正應該思考的是如何以「刮骨療毒」的勇氣和毅力讓本土卡通成為中國全球在地化文化的一個重要的標記。也許當中國不再把卡通當作現在的卡通來看待的時候，中國的卡通就真正迎來了「脫胎換骨」的時刻。

第三節　雲門舞集與在地文化的交融

　　2003年，當時已經擁有三十年歷史的雲門舞集得到了一個新的殊榮，那一年，臺北市政府將雲門三十周年特別公演的首演日8月21日訂定為「雲門日」，並將雲門辦公室所在地（當時的所在地）——臺北復興北路231巷定名為「雲門巷」以「肯定並感謝雲門舞集三十年來為臺北帶來的感動與榮耀」。的確，雲門舞集是臺灣經濟發展之外的另一個奇蹟，其發展的路徑不僅值得臺灣社會學學習，更值得全體華人社會去研究和效仿。創辦人林懷民赴美習舞，學的是西方的舞蹈語言。回臺後，卻用臺灣歷史和中國傳統的哲學觀念以及各種文化符號為素材，然後逐漸從身體語言本身思考突破之道，用西方的現代舞來詮釋中國人的感情世界。都說只有最在地的才是最全球化，而真正的做到將最在地的東西向全世界表達的卻是鳳毛麟角，按照一般的邏輯，傳媒是最大眾的，但是，雲門舞集卻用自己的最為獨特的方式，在西方的「軀

殼」和東方的「靈魂」的融合之中給了渴望在全球化世界佔有一
席之地的華文傳媒上了生動的一課。

一、粗描雲門舞集

　　雲門舞集是臺灣最著名的現代舞蹈表演團體，1973年4月由林
懷民創辦。「雲門」是中國最古老的舞蹈，相傳存在於五千年前
的黃帝時代，舞容舞步均已失傳，只留下這個美麗的舞名。「雲
門」之名來自於中國古書《呂氏春秋》中的：「黃帝時，大容作
雲門，大卷」。雲門舞集不僅是臺灣的第一個職業的舞團，也是
華語世界的第一個現代舞團。

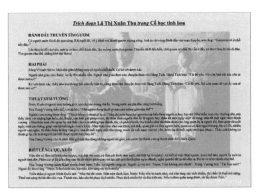

圖左：《呂氏春秋》英文介紹（圖片來源：http://blogtiengviet.net/NghiaHa）
圖右：雲門舞集的創建人林懷民（圖片來源：百度百科）

　　提到雲門舞集，就不得不先講一講雲門舞集的創建人林懷
民，這個1947年出生在臺灣南部嘉義新港的舞者，如果上溯他的
家族歷史並沒有發現有學舞的淵源，林懷民的曾祖父是清光緒
十三年的秀才，祖父曾經是留學日本的醫生，父親則是臺灣首

任嘉義縣的縣長。1961年，美國荷
西‧李蒙（Jose Limon）現代舞團
來臺的表演啟蒙了當時年僅14歲，
還是臺中一中學生的林懷民對於舞
蹈尤其是西方現代舞蹈的熱愛。
此時的林懷民還有一個愛好那就是
寫作，也就是在那一年，他的作品
〈兒歌〉刊登在了《聯合報》的副
刊，他用那筆稿費上了生平第一次
舞蹈課。1965年，18歲的林懷民考
上了國立政治大學法律系，第二年

瑪莎‧葛蘭姆（Martha Gra-
ham）（圖片來源：Library and
Archives Canada）

（1966年），林懷民轉到新聞系就讀，同時開始了時斷時續（不
是很系統）的習舞。1967年，臺灣舞蹈家王仁璐首度引進現代舞
大師瑪莎‧葛蘭姆（Martha Graham）[12]的技巧，在臺北西門町的
中山堂舉辦了臺灣第一次現代舞演出，這讓剛剛20歲的林懷民對
於以瑪莎‧葛蘭姆為代表的西方現代舞編舞理念產生了極大的興
趣，1970年，23歲的林懷民留學美國，一邊在密蘇裏大學新聞學
院以及愛荷華大學英文系進行學習，一邊在瑪莎‧葛蘭姆（Mar-
tha Graham）以及摩斯‧康寧翰（Moth Cunningham）舞蹈學校系
統的學習現代舞。

　　1973年，學成的林懷民回到了臺北，憑藉著自己在美國學到
的西方現代舞技巧與理念以及自己對於中國文化的深刻理解，26
歲的他正式在臺北創建了「雲門舞集」。至今，林懷民憑藉著他

---

[12]　瑪莎‧葛蘭姆（Martha Graham）（1894～1991）：美國舞蹈家和編舞
　　家，也是現代舞蹈史上最早的創始人之一，作品多以美國人文或是希臘古
　　典神話為主題。

的出色的舞蹈編排以及對於舞蹈的摯愛，依然是雲門舞集的藝術總監。

　　雲門舞者大都為臺灣各個學校舞蹈科系畢業生，他們的訓練包括現代舞、芭蕾、京劇動作、太極導引，靜坐與拳術。三十多年來，雲門的舞臺上呈現了一百五十多出舞作。古典文學，民間故事，臺灣歷史，社會現象的衍化發揮，乃至前衛觀念的嘗試。雲門的舞蹈豐富精良，多出舞作因受歡迎一再搬演，成為臺灣社會兩三代人的共同記憶。雲門舞集也因諸多經典作品的演出而享譽世界，其中包括有薪傳，九歌（舞劇），家族合唱，流浪者之歌，水月，竹夢，行草等等。有許多的知名現代舞者從雲門舞集走向世界，如林秀偉，羅曼菲，劉紹爐等。這些知名舞者有的也各自創辦了不錯的現代舞劇團，如林秀偉創辦了太古踏劇團，劉紹爐創辦了光環舞集等。雲門也經常應邀赴海外演出，是國際重要藝術節的常客。三十多年間，舞團在臺灣及歐美亞澳各洲兩百多個舞臺上上演了超過一千五百場的演出，並以獨特的創意，精湛的舞技，獲得各地觀眾與舞評家的讚譽。

全臺首學：臺南孔丘廟（圖片來源：zh.wikipedia）

　　1998年，雲門創立雲門舞集舞蹈教室，以多年專業經驗創造「生活律動」的教材，讓四歲到八十四歲的學員，透過啟發性的教學，認識自己的身體，創造自己的生命律動。1999年5月，雲門在創立26年後成立子團——雲門舞集II，深入臺灣各地校園和社區，為更多的觀眾演出。舞團的年度公演《春鬥》，以演出臺灣年輕編舞家的作品為主。2000年啟動的藝術駐校活動，獲得大專院校學生熱烈好評，已有近一千兩百位學生選修。2003年首度製作親子舞蹈劇場《波波歷險記》，寫下十八場巡演紀錄……雲門舞集精湛的演出以及不斷的努力為雲門舞集以及林懷民贏得了來自於世界的讚譽和殊榮。《中時晚報》說，雲門舞集是「當代臺灣最重要的文化財富之一」；倫敦《泰晤士報》說，雲門舞集是「亞洲第一當代舞團」；法蘭克福《彙報》認為雲門舞集是「世界一流現代舞團」。2000年，雲門舞集是悉尼奧林匹克藝術節所邀請的四個國際舞團之一，被《悉尼晨鋒報》選為「最佳節

雲門舞集的形體課（圖片來源：www.kuas.edu.tw）

目」；在里昂舞蹈節雲門則獲選為「最佳編導獎」。2003年，《行草貳》為澳洲墨爾本藝術節作揭幕首演，榮獲《時代評論》評出的「觀眾票選最佳節目」。2003年底，《紐約時報》遴選當年度的最佳舞作，該報首席舞評家安娜‧吉辛珂芙（Anna Jasen-kov）將雲門的《水月》列為第一。她說，「臺灣雲門舞集藝術總監暨編舞家林懷民做到今天藝術家罕能達到的成就：以獨創一格的作品挑戰觀眾。」[13]

雲門舞集的創辦人林懷民也因為雲門舞集的成功獲許多了榮耀，包括臺灣國家文藝獎、吳三連文藝獎、世界十大傑出青年（1983年）、紐約市政府文化局的「終生成就獎」，香港演藝學院榮譽院士。1999年，由於他以「傾倒眾生，而又充滿中國氣質的現代舞，振興臺灣舞臺藝術」，獲得有「亞洲諾貝爾獎」之稱的麥格塞塞獎。同年，中

拉蒙‧麥格塞塞獎獎牌（圖片來源：維基百科）

正大學頒贈榮譽博士學位給林懷民，他成為了第一位獲得榮譽博士的臺灣表演藝術家。歐洲舞蹈雜誌將林懷民選為「20世紀編舞名家」。2000年《國際芭蕾》雜誌將他列為「年度人物」。德國權威舞評家約翰‧施密特（John Schmidt）讚賞林懷民的中國題材舞作與歐美現代舞最佳作品相互爭輝。香港《南華早報》宣稱，林懷民是亞洲的巨人、二十世紀偉大編舞家之一。《柏林晨報》認為他是亞洲最重要的編舞家。2005年，林懷民還登上了美國《時代》週刊，被評為2005年的亞洲英雄人物。

---

13 資料來源：全國文化資訊共用網站，http://www.ndcnc.gov.cn/datalib/2004/Character/DL/DL-20040305132340

二、雲門舞集為何被如此癡迷

　　一個普通的現代舞團，為何會在華人地區乃至世界範圍內被如此癡迷並得到如此的讚譽除了林懷民以及他的雲門舞集的精湛的編排和出色的舞技之外，最為重要的是雲門舞集在東方和西方之間尋求到了最佳的表現方式。

1、雲門舞集讓東方人看到了西方藝術表現手法

　　雲門舞集誕生在70年代初的臺灣，這是有其社會大環境的影響的。在六七十年代的臺灣，儘管當代藝術還不是主流，但是「西化」已經在當時臺北的年輕人中開始流行。他們最喜歡聽的是披頭士的流行歌曲，最喜歡看的是各種荒誕戲劇的劇本，模仿的是西方藝術大師們的思想和做法，最崇尚的也是一些光怪陸離的技術與形式，許多年輕的臺灣人在西方的現代文化裏面得到一種滿足，他們以一種好奇、衝動而有略帶有興奮的心態接受著「歐風美雨」從生活到精神的一切。但是中國人所獨有的東方氣質，讓這些崇尚西方的年輕人永遠都無法在精神上與西方真正的接軌。一面是令人嚮往但卻永遠不可能融入內心的西方情調，一面是根植心中卻在教化方式上與時代難以和諧的傳統文化，在這種痛苦的掙扎之中，一些年輕人開始在尊重傳統，發現本土魅力，尋求本土文化，東方文化現代表達上開始積極的探索。70年代，臺灣大學的建築學者夏築九，馬伊公開始為保護臺灣民間的鄉土建築奔相走告；在文學界，作家黃春明[14]也拍攝了一部介紹臺

---

[14] 黃春明（1935年-　），出生於臺灣宜蘭縣羅東鎮，屏東師範學院畢業，曾擔任中國廣播公司宜蘭臺節目主持人、電影編劇、兒童劇場創辦人及編

灣本土文化的紀錄片《芬芳寶島》；黃永松，吳美雲創辦了民間文化雜誌《漢聲》……而在臺灣的舞臺上，林懷民的雲門舞集則是在用一種現代舞的形式，努力的尋求著臺灣在地文化的魅力和精神。

　　由於創辦人林懷民留學美國，並且深得西方現代舞的技巧表現手法，因此和以往傳統的表現中國文化意念的舞蹈不同，林懷民採用的是一種近乎於完全西方化的方式來詮釋本土既有的感情和主題。從編舞的流程到舞臺的燈光再到背景的音樂使用再到舞蹈的表現形式乃至舞團的運營，這種在當時被看起來近乎「離經叛道」「匪夷所思」的東西，從雲門舞集的第一次公演後便得到了無數臺灣年輕人和各個階層人士的掌聲與追捧。林懷民和他的雲門舞集用自己獨特的方式告訴所有的臺灣人：對於現代藝術和思維方式的追求大可不必捨近求遠的「西天取經」，只要找到一個合適的方式，任何一種傳統文化都可以被啟動出現代的活力，最終被現代的大眾所接受並獲得掌聲。

《漢聲》雜誌封面
（圖片來源：flickr.com）

2、雲門舞集讓西方人看到了東方的文化符號與精神意境

　　雲門舞集不僅讓華人看到了中華文化以及臺灣本土文化在現代所迸發出的巨大的能量，更讓西方人在看得懂的表演形式中看

　　劇、電視節目主持人等，為鄉土文學小說家，擅長描寫小人物的故事。他的小說曾多次改編為電影。

到並體驗到了東方的文化符號。每年，雲門舞集都會到世界許多
國家進行公開演出，通過雲門舞集，世界上更多的人開始重新認
識神祕的東方。

雲門舞集2008年度演出計畫[15]

日　期	演　　出	節　目	場次
4月03日	紐約古根漢美術館－2008蔡國強古根漢回顧展	《風‧影》意象	2
4月10-12日	西班牙馬德里國際舞蹈節馬德里劇院	《水月》	3
4月16-19日	英國倫敦沙德勒之井劇院	《水月》	4
4月22-23日	英國卡蒂夫威爾斯千禧藝術中心	《水月》	2
4月25-26日	英國愛丁堡節慶劇院	《水月》	2
4月29-30日	英國伯明罕大劇院	《水月》	2
5月02-03日	英國大曼徹斯特塞弗特羅利中心	《水月》	2
5月07日	英國密爾頓凱因斯劇院	《水月》	1
5月14-17日	義大利帕瑪舞蹈節瑞吉歐劇院	《水月》	4
5月23-24日	西班牙畢爾包亞力加劇院	《水月》	2
8月30-31日	菲律賓瑪格塞塞獎50周年紀念演出菲律賓文化中心	《水月》	2
11月22日	德國碧娜‧鮑許藝術節烏帕塔劇院	《風‧影》海外首演	1
11月27-30日	希臘雅典美迦隆中心亞力山卓川堤劇院	《水月》	4

「西方技巧和東方氣韻造就了雲門舞集非凡之美」是西方對
於雲門舞集常見的評論之辭，這種評價其實暗含著在西方文化市
場的時尚裏，東方色彩的確有著某種優勢，在這種色彩被彰顯的
過程中。在西方人的異邦情結裏，雲門的作品被賦予了動作以外

---

[15] 資料來源：雲門舞集官方網站，http://www.cloudgate.org.tw/cg/schedule. php，表格有變動。

的哲學深意和文化解釋。那如《水月》這樣包涵東方禪意和東方智慧的舞蹈在西方人所熟識的巴赫音樂的襯托下，更讓西方人找到了東方的太極在他們觀念中精神與氣質的契合，在弓與弦互訴衷腸的音符裏，雲門舞集給西方人打開了一片桃花源，讓他們遠離旋律調式的民族感，在毫不張揚中結構了他們在意識形態上的偏頗，讓他們在雲門的舞蹈的結構和風格以及展現的符號中找回重新閱讀東方的起點。

舞蹈《水月》（圖片來源：新華網）

三、雲門舞集讓中國人找到了感情共鳴點

真正的感動都是來自於心靈的感動，真正的交匯都是來自於內心感情的交匯。雲門舞集在臺灣可以享受到「國寶」級的待遇，在華人世界可以有如此高的人氣，就是在於雲門舞集可以用幻化的舞蹈表達出簡單但卻沁人心脾的感情，在華人的感情訴求中找到最為響亮地共鳴。《薪傳》是林懷民在1978年創作的作品，也是他第一部作品，舞蹈以臺灣歷史為背景，講了臺灣祖先去建設自己家園的開拓歷程，表達了對開臺先民的禮贊，它以客

家族人刻苦勤奮的精神為本，刻劃了開臺先民胼手胝足的英雄形象，一句「思想起，祖先堅心離唐山」，一個個象徵耕作不惜奮勇向前的舞蹈動作，不僅勾起了無數人對於原鄉的思念，更加激發了人們對於未來生活的嚮往。《流浪者之歌》、《行草》、《白蛇傳》⋯⋯也無不讓看過雲門舞集表演的中國人從舞蹈中產生出對於童年、玩伴、愛情、故土的無比的留戀情和認同感。可以說，雲門舞集用最為民間的主題換來了無數觀看過舞蹈的華人從內心露出的淡淡的笑。

　　然而，如果雲門舞集僅僅只是換來了華人感情的共鳴，那麼雲門舞集也只是時代過往的一片雲，事實上，雲門舞集在臺灣早已經成為了一種道德感化的力量，而正是這種教化作用的存在，讓雲門舞集有了不會枯竭的力量。從1977年開始，林懷民便帶領他的雲門舞集開始了免費舉行戶外演出，他們還經常到臺灣的鄉村進行表演。今天的雲門舞集每到一個地方演出，當地的義工都會組織起來為雲門工作，他們維持秩序，整理現場，做問卷調查，藝術表演變成了一個群眾參與的活動。雲門曾經有過無數感

雲門舞集網頁截圖（圖片來源：http://www.cloudgate.org.tw/cg/）

人的演出經歷，一場有八萬觀眾觀看的戶外演出謝場之後，可以遍地不留下一片紙屑，十萬人觀看演出，可以在十幾分鐘內秩序井然的退場完畢……這種道德感化早已經遠遠超過了雲門表演本身的意義。

四、雲門舞集告訴了什麼？

雲門舞集雖然不是傳統的大眾媒體，但是作為文化媒體，雲門舞集卻用自己來自全世界的掌聲和喝彩給一直都渴望將中華文化傳播四方的華文媒體巨大的啟示。

將東方與西方的完美的融合，雲門舞集不是學習的孤例，讓在地文化最大的發揮獲得世界的感動也不是僅有雲門舞集做得最為完美，對於林懷民和他的雲門舞集來說，給予媒體最大的啟示就是雲門舞集在文化的表達上並沒有如許多的電影、小說、電視節目一樣用「醜陋的中國人」或者「文化的糟粕」去「嘩眾取寵」，吸引西方世界的眼球。著名的作家，學者龍應臺在接受央視節目《人物》的採訪談及林懷民和他的雲門舞集時就說雲門舞集「是把現代化了的中國傳統呈現出去，而又同時不落入一個陷阱──你不用去販賣中國的土產，纏小腳，殺人或者是虐待媳婦……這種種神祕的落後的保守的野蠻的中國，他不靠販賣中國的這個土產來訴諸於西方的觀光客心理，以謀得他們的好感。」從《薪傳》到《水月》，從《九歌》到《射日》，在雲門舞集排演的近200多部舞作中，你始終看到的都是最美的臺灣本土文化，以及最為高尚的東方的藝術和審美追求。在所有的舞作中，雲門舞集從沒有用最為卑鄙和別有用心的「自揭家醜」手段去吸引世界的眼球和帶來驚愕的神情以及出位的評論。其實，正是因為雲

門舞集一直以來對於中華高尚文化的追求和傳播才讓雲門舞集可以長時間獲得世界的尊敬，一項項殊榮，保持長久的生命力，獲得一次次觀眾情不自禁的驚歎和經久不息的掌聲。

此外，永不滿足的自我超越也是雲門舞集值得讓所有華文媒體敬畏和學習的榜樣。儘管說雲門舞集曾經因為創意的枯竭，運營的壓力等多種原因在1988年宣佈解散，但是最終雲門舞集還是在停息一陣之後，以自我超越的姿態重新登上了舞臺。莊子在《知北遊》一篇中說過，「天地有大美而不言。」冥想與安靜成為林懷民上世紀90年代雲門舞集重新召集之後新的選擇。過去一些繁複、絢爛的中國符號開始漸漸的從雲門舞集的作品中隱去，代之以更多的則是大段空靈的留白：每一出舞作不再以講故事為核心，更加在乎的是境界的追求。林懷民說，「年輕時他喜歡厚重的殷商青銅器，而現在他則獨愛輕薄若水的宋瓷。青銅器富於裝飾性，有一種『獰厲的美』，而宋瓷則極為符合宋人推崇的「絢爛至極，歸於平淡」的美學境界。」[16]在《行草》系列舞作中，舞臺的佈景只剩下了一張張懸掛的宣紙和聊聊數筆的墨痕，舞者的服裝也只簡單到了只有黑白兩色，以及似是而非的武術動作和書法線條。空靈的意境，抽象的符號，讓雲門舞集在傳統與現實之間遊走的更加自如。

2008年2月12日，在雲門舞集就將迎來創建35年的時候，一場大火燒毀了雲門舞集在臺北縣八里的排練場。以往的音樂資料、設計

舞蹈《行草》（圖片來源：新華網）

---

[16] 梅倩：〈雲門舞集：有大美而不言〉，《新世紀週刊》，2007年，第16期。

圖稿、燈光器材、幾出著名舞蹈的道具、服裝以及圖書等很多無形的雲門舞集的智慧財產以及35年來雲門舞集的集體的記憶都化成了一片廢墟。然而，林覺民和他的雲門舞集並沒有因此而沉淪和悲傷，在政府的支持下，雲門在淡水又重新找到了自己的家。

鳳凰涅磐，也許這預示著雲門舞集注定要開始新的輪回。

第四節　全球在地化催化的「中國風」

2008年10月15日，摩羯座的周杰倫交出了他的2008年的成績單——《魔杰座》。《范特西》，《葉惠美》，《七里香》……一張張具有周氏特色的專輯，儼然把他打造成了這個時代的蕭邦。沒有人去統計周杰倫有所少樂迷，更沒有人會知道周杰倫未來還會有怎樣精彩的歌曲讓他的歌迷心醉癡迷。和上世紀90年代的「四大天王」一樣，周杰倫無疑是新世紀最炎手可熱的偶像。在今天的華語世界，如果你不知道周杰倫，那就意味著你的流行年輪還沒有畫出新世紀的圓，如果你不知道周杰倫專輯中的中國風的歌曲，那就意味著你沒有聽過「最周杰倫」的歌曲。

自2000年周杰倫的《JAY》專輯橫空出世，華語流行樂壇似乎就開始了一場革命，大批對曲風完全沒有概念的年輕歌迷狂熱地愛上了一種叫做「R&B」的音樂形式，這些歌迷基數龐大消費欲望強烈，在唱片市場以及後來的手機彩鈴市場占絕對的主體地位。自此，R&B在華語樂壇正式登堂入室並成為主導，華語樂壇成了周杰倫們的天下，並一直持續到現在。到2003年，《葉惠美》問世，一曲《東風破》傳唱得巷聞街知，婉轉優揚的旋律，大量使用琵琶等傳統中國弦樂配器的編曲，再結合古典詩詞一般

的歌詞，營造出一種含蓄淡雅的淒惋意境，一改歌迷對周杰倫的歌曲節奏重於旋律、演唱中吐字飛速、斷句可疑的印象，一些原本不聽周杰倫的人開始對其有好感，於是伴隨《東風破》一起誕生了一個全新的概念──中國風。緊接著，胡彥斌、林俊傑等擁有超強創作實力的新人強勢崛起，王力宏、陶喆等相對老牌R&B創作歌手也相繼發飆。在R&B在市場上的地位更加鞏固的時候也開始了「中國風」歌曲山水詩畫，磚簷斗拱，才子佳人的傳奇。

一、什麼是「中國風」

　　「中國風」為何物？這個不算概念的概念就像許多中國的文化意向一樣，只可意會，不可言傳。對於中國風的定義，根據理解不同，答案有著多種版本。草根音樂製作家黃曉亮在他的博客上發表了他對於中國風的定義，就是：「三古三新」（古辭賦、古文化、古旋律、新唱法、新編曲、新概念）結合的中國獨特樂種。[17]如果進一步觀察可以發現，中國風分「純中國風」和「近中國風」兩種，「純中國風」是滿足以下六大條件的歌曲：歌詞具

《御筆詩經圖》乾隆帝御筆寫本（圖片來源：維基百科）

---

[17] 黃曉亮的音樂空間，http://music.sina.com.cn/shequ/u/1237696442

有中國文化內涵，使用新派唱法和編曲技巧烘托歌曲氛圍，歌曲以懷舊的中國背景與現在節奏的結合，產生含蓄、憂愁、幽雅、輕快等歌曲風格。而「近中國風」則是某些條件不能滿足而又很接近於「純中國風」的歌曲，以文言文或古詩詞為主要辭藻風格。有了這個標準，我們就能夠排除掉某些不屬於中國風歌曲。

中國風音樂舉例[18]

歌手名字	歌　曲	發行日期	唱片公司
陶　喆	月亮代表誰的心	2002-5-19	伊時代娛樂
王力宏	龍的傳人	2002-10-10	SONY（香港）
胡彥斌	和尚	2003-7-25	環球音樂
胡彥斌	超時空愛情	2003-7-25	環球音樂
陳　升	One Night in Beijing	2003-12-26	滾石唱片
愛　戴	彩雲追月	2004-6-4	飛樂唱片
林俊傑	江南	2004-6-4	星文唱片／海蝶音樂
胡彥斌	紅顏	2004-8-24	百代唱片
王力宏	竹林深處	2005-1-2	新哥倫比亞
王力宏	心中的明月	2005-1-2	新哥倫比亞
陶　喆	蘇三說	2005-1-24	百代唱片
後　弦	西廂／橋段	2005-9-15	北京東升世紀文化
林俊傑	曹操	2006-2-17	海蝶唱片
胡彥斌	莽英雄	2006-2-25	百代唱片
TANK	三國戀	2006-2-28	華研國際
王力宏	蓋世英雄／在梅邊／花田錯	2006-3-15	新力博多曼
⋮			

---

[18] 資料來源：http://www.koook.com/special/chinamusic/11816.shtml，表格有改動。

周杰倫歷張專輯中的「中國風」曲目[19]

專輯名稱	歌曲名	專輯發佈時間
JAY	娘子	2000-11-07
范特西	雙截棍／上海一九四三	2001-09-20
八度空間	龍拳／爺爺泡的茶	2002-07-19
葉惠美	東風破	2003-07-31
七里香	——	2004-08-03
十一月的蕭邦	髮如雪	2005-11-01
依然范特西	千里之外／菊花臺／本草綱目	2006-09-05
我很忙	青花瓷	2007-11-01
魔杰座	蘭亭序	2008-10-15

　　毫無疑問，在當今的華語樂壇，周杰倫的中國風歌曲是最具代表性的，而提到周杰倫的中國風，就不得不提創造出包括周杰倫的作品在內的許多中國風歌曲奇蹟的作詞者——方文山。

　　出生於臺灣花蓮的方文山自被臺灣著名的綜藝節目主持人吳宗憲發現之

方文山
（圖片來源：百度百科）

後，便正式開始了在華語流行音樂界創作之路，在開始了和周杰倫的合作之後，隨著周杰倫的人氣的飆升，這個「周杰倫背後的男人」也因為周杰倫歌曲中那與眾不同但又讓人心醉的歌詞而備受追捧。在流行音樂中，無疑「我愛你

---

[19]　表中的「中國風」列舉包括了《東風破》之前的「中國風」形成階段的歌曲。此外，周杰倫的單曲《霍元甲》（電影《霍元甲》主題曲），和《千山萬水》（北京奧運會歌曲專輯）也是中國風類型的歌曲。

你愛我」的俗套模式已經是一種主流，但是在方文山的作品中卻很難看到這些俗套模式的簡單顯現，在方文山的詞中，有著獨闢蹊徑的古典情愫，如《上海一九四三》是對父輩情感的追憶，《娘子》是對愛情的渴望和對愛人的愧疚……在這些歌詞中，方文山不是簡單的用「速食式」語言填充「口水式」曲調，而是將古典懷舊的音樂元素滲入其中，讓流行歌曲在不斷的哼唱中展現真摯的感情。這種方式對於流行歌詞的歌詞來說無疑是一種極大的顛覆，然而方文山卻用唱片的銷量表明他做的很好。他用已經超出了他的年齡（1969年生）才應該有的那份對歷史的把握和理解，在自己的音樂填詞中完成了對歷史文明的解讀和構建，並通過音樂旋律傳達給大眾[20]，讓這一部分歷史人文素質已經相對較為薄弱的年輕人去感受古典的質感，而且是通過他們可以接受的方式去體驗現代社會早已消失殆盡的人性中古樸與純潔。

方文山的詞中會刻意的營造一種虛幻的意境，遠古的戰場、消失的古文明、陰森的傳說，都可以成為他筆下的意象。當然，在後現代，「非主流」的今天，他也沒有免俗，方文山對現代社會年輕人情感的把握，如果說李宗盛的詞是一個老男人的心碎回憶，那麼方文山的詞則是少男少女的情感糾葛、愛戀、失戀、移情別戀，他的詞因為較之李宗勝等上一代填詞人多了一份時代感，所以更容易被年輕人所接受和欣賞。從某種意義上說，方文山把流行音樂從靡靡之音帶回了古典與歷史的音樂融合、懷舊和真摯的相融，用最為傳統的文化符號和意境開啟了流行音樂「中國風」的世界。

---

[20] 這裏的大眾指的是15至25歲這一部分的流行音樂消費最有活力的市場群。

二、「中國風」的特點

　　雖然說中國風的具體的概念是「仁者見仁，智者見智」，但是在中國風的特點這一問題上各方還是有著較為一致的觀點。具體的來說，中國風的歌曲在曲風，歌詞，旋律上有著如下的特點：

1、中國風的歌詞多採用古詩詞的手法來抒情敘事

　　大部分中國風的歌詞內容都是直接描寫中國文化或者借助於文化中的意向而直抒胸臆，然後結合當下流行的行文方式來製造鮮明對比。如《東風破》就可以看成是類古詩詞寫詞方法的典範，用詞古典婉約，而又非文言文，通俗易懂，這種衝突帶出來的效果就非常的新穎。而描述中國文化的如陶喆的《蘇三說》和胡彥斌的《蝴蝶》，都是將中國人耳熟能詳的傳奇故事帶入其中再進行擴展延伸，並製造與現代文化的衝突結合，而像林俊傑《江南》和胡彥斌的《和尚》則是直接描述的是中國的地域文化和佛文化（佛、和尚雖非中國特有，但亦屬於中國文化中非常重要的一部分，且普通聽眾對「和尚」的印象很「古典」），雖然只是淺嘗輒止，但對於當下「後現代」碎片式文化特點來說已完全足夠。另外周杰倫還有很多歌曲是描寫中國文化的，如《雙截棍》、《雙刀》、《龍拳》、《霍元甲》是講功夫的，《將軍》是講中國象棋的，《爺爺泡的茶》講茶道的，但由於不符合接下來要講的標準，故也不能算做是標準的中國風歌曲。這裏需要指出的是，中國風的歌詞雖然說採用了大量的中國傳統的詩詞以及語句的用法，但是他所瞄準的首先還是當先現實中的人們尤其是

年輕人的接受習慣，在歌詞的表達上還是以讓現代人可以直白的理解為第一要義，如「我在門後假裝你人還沒走」，若出於古人之手可能會變成：吾立門後憶，閨中人依依。但我們發現「我在門後假裝你人還沒走」，更能言簡意賅表達出立意的矛盾。古今相參並不是一件壞事，我們繼承的是辭賦的意境，而不是語言習慣。

圖左：中國最古老的樂器之一——塤（圖片來源：中國樂器網）
圖右：1940年代的上海九江路（圖片來源：en.wikipedia.org）

　　總的來說，對於中國風對辭賦的要求，只有一個——懷古的意境、古文風情操。在方文山的中國風曲詞中，填詞亦詩亦詞，亦詞亦詩，他的那些新奇歌詞韻腳還衍生出了一個美麗的體裁——「素顏韻腳詩」[21]。此外，將古典的人物或者歷史故事融入

21　「素顏韻腳詩」是一種新詩美學的風格流派。按照方文山自己的定義，「素顏」，即素著一張純文字的臉，「韻腳詩」，是流動著旋律與節奏的心事，將這種表述進一步引申，純文字的臉，指的是詩中只有中國文字寫成，沒有圖片的陪襯，沒有外文單詞，沒有阿拉伯數字，甚至沒有標點符號。韻腳，指的是詩歌每行的最後一字押韻，讀起來有琅琅上口的感覺，而且行內的斷句可以營造出節奏感。

其中也是中國風的歌詞的一個重要的表達如林俊傑的《曹操》，《醉赤壁》，後弦的《唐宋元明清》等。

2、中國風的歌曲旋律和編曲多中國古典化包裝

中國風的歌曲多採用五音「宮調式」的主旋律。[22]但是並非中國風的音樂只用這「五音」來作曲，只要通過作曲技巧使得旋律能表達出古典的意境中國風的曲調就可以算是比較貼切的表達了。總的來說，中國風的曲調一般節拍不快，音程跨度也不大，整曲走抒情寫意的悠揚路線，娓娓道來，這與方文山用通俗的白話文寫出《東風破》、《髮如雪》以及《菊花臺》的古詩詞韻味的道理一樣。所以，以上所講周杰倫的《雙截棍》等一眾歌曲由於其旋律上並未表達這種感覺，故無法在《東風破》之前即開創中國風的格局。尤其是《雙截棍》，間奏雖有一段古典的二胡獨唱，但主歌及副歌部分完全捨棄旋律僅靠節奏來驅動的做法，在當時聽來只能是先鋒有餘古典不足了。而後來胡彥斌的《紅顏》、《看穿》、《葬英雄》、《訣別詩》以及《瀟湘雨》這一系列作品，其帶來古典意境就非常強烈。另外，除作曲技巧以外，最常見的手法模仿或直接引用既已存在的戲曲或民歌旋律，如陶喆《蘇三說》引用並改寫、TANK《三國戀》模仿的京劇旋律，王力宏《花田錯》模仿的崑曲旋律，後弦《西廂》和吳瓊《對花》引用的黃梅戲旋律，夾子道《絕戀帝女花》引用的粵曲旋律，愛戴《彩雲追月》、曹格《姑娘》中引用的民歌旋律、南拳媽媽《牡丹江》模仿的民歌童謠的旋律等等。

---

[22]　五音調式是我國特有的民族調式。五音的名稱分別是：宮、徵、商、羽、角。（相當於西洋樂中的Dou, Re, Mi, So, La）以宮音為主音的調式稱為「宮調式」。

圖左：崑曲《牡丹亭》片段（圖片來源：維基百科）
圖右：京劇卡通玩偶（圖片來源：www.52image.com）

　　流行的節奏，能夠把古老的旋律變得更加現代。最主要的節奏變化是現代節奏講究低音，如地鼓，貝司，這些節奏點強的樂器，而中國音樂「戲劇、民樂」歷來是沒有低音這個概念的，就算節奏樂器也是高音的「嘀滴答嗒」，現在加入了低音的節奏點，讓歌曲顯得更加富有張力和融合性，新的節奏，新的低音點。在編曲方面，中國風的音樂就在這個方面你有了質的突破，

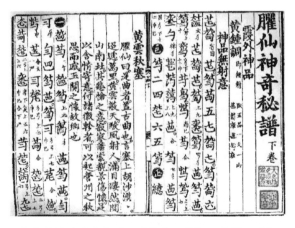

古琴琴譜（圖片來源：《神奇祕譜》下卷第一頁）

首先，通過流行節奏的加入使得古典旋律更富有現代感，然後配器上採用如琵琶古箏等傳統中國樂器或中國民樂器與西方的吉他鋼琴等樂器形成反襯與對比，並儘量不採用電子音免得削弱古旋律的質樸感。舉例如王力宏《心中的日月》用到笛子、六弦琴、揚琴、鼓、金鑔等數種中國古樂器營造出的的瑰麗紛繁的民族風味，周杰倫《菊花臺》最後一段葫蘆絲獨唱帶來意猶未竟的回味感覺。

3、中國風的歌曲是建立在R&B的基礎之上的

中國風歌曲是因周杰倫而起，而周杰倫是將R&B引領進入華語樂壇佔據主流並一直堅持走R&B曲風這條路的，也正是因為R&B這種國外黑人音樂帶給對華語音樂的嶄新體驗與中國文化尤其是古文化之間的差

中國臉譜的美國兒童
（圖片來源：新華網）

異化結合，才營造出了中國風歌曲這樣強有力的聽覺衝擊。而在此之前，也有很多借用中國文化的歌曲，如九十年代初廣州陳小奇的「唐詩三部曲」（《濤聲依舊》、《白雲深處》和《巴山夜雨》），陳升將京劇旋律引入其中的《北京一夜》，鄧麗君的根據蘇軾詩詞《水調歌頭》譜成的《但願人長久》等，戲曲界也曾做過一種稱為「戲歌」的藝術創新，很多介於戲曲與流行之間的旋律誕生，但最終沒能成氣候。比較出名的謝津《戲說臉譜》和蔡國慶的《北京的橋》便是類似於戲歌的流行歌曲，而這些歌曲都算不得中國風歌曲，那時候R&B還沒有正式進入華語樂壇，單以旋律驅動的流行歌曲才是主流。

4、 中國風歌曲的演唱方法曲別於傳統流行歌曲重氣息、重咬字的唱法

中國風的唱法是與周杰倫開創的中文R&B唱法一脈相承的：發聲位置靠前，避免漢語鏗鏘堅實的特點與R&B輕鬆、跳躍的曲風之間的衝突，這在周杰倫幾乎所有的歌曲裏均有體現，而大量使用R&B唱法中的轉音，恰好可以與中國戲曲裏的長轉音很好的融合，典型的例子如王力宏《花田錯》中副歌部分一波三折迂迴曲

R&B音樂光碟（圖片來源：blog.chinatimes.com）

折的轉音，亦戲亦歌，令人感覺耳目一新。而同時在R&B演唱中加入傳統戲劇唱法或是美聲唱法也頗為新穎，結合得好可以增強整首歌曲的表現力，如周杰倫在《霍元甲》和《千里之外》裏分別使用的女聲花腔及與費玉清清亮美聲的對比襯托。在R&B唱法的表現手法上代表歌手又有各自不同的表現，周杰倫的最大特點在於吐字銜接和對節奏的靈活把握上，陶喆的聲音鬆弛不缺乏彈性，真假聲轉換頻繁，並習慣於大量使用英文「yeah~」、「Oh, baby~」等即興式加花，王力宏在《心中的日月》和《花田錯》等歌曲表現的高水準的轉音技巧，林俊傑音色中細膩感性對歌曲的詮釋表達等，而其中以胡彥斌的唱法最為全面，最能切合含蓄內斂的古典意境，音色敦厚飽滿，在《紅顏》、《訣別詩》等歌曲中使用的「音斷語咽」手法更是表現出來強烈的哀怨曲折感，讓人為之傾倒。反觀一些傳統唱法的歌手在試圖表現中國風感覺方

面卻差強人意，如韓紅在《劍俠情緣》裏的表現的高亢嘹亮則與中國風的感覺相去甚遠。[23]

三、「中國風」可以走多久？

電貝斯「中國風」音樂的常客（圖片來源：維基百科）

　　「港臺風」，「西北搖滾風」，「歐美風」，「日韓風」……，回顧中國流行音樂以及流行文化走過的歷程，可以發現，每過一段時間就會有一股新的風潮吸引著時代的弄潮人，讓他們癡迷和瘋狂，然後這股風潮就會真的如風一樣匆匆的來匆匆的走：鄧麗君，徐小鳳，崔健，黑豹，後街男孩，恰克與飛鳥，安七炫……雖然說這些人的名字和他們的歌曲偶爾還可以在街上或者在一些經典音樂音像店中找到，但是畢竟早已經不在是時代的主流和流行的前線。那麼周杰倫，方文山還有今天風靡華語世界的「中國風」可以走多久？會不會有一天也會「花殘地傷」隨著時間的流逝而慢慢泛黃？答案自然是肯定的。

　　「人無百日好，花無百日紅」世間的萬事萬物都會因為內外的變化和產生改變。「中國風」自然也難以逃出這一辯證規律。但是和其他的流行音樂不同，「中國風」的根基根植於中華文化本身，雖然說在曲風上中國風有著R&B風格，在樂器演奏上也是貝司等西方現代樂器唱主角，但是中國風從曲調旋律到歌曲填詞以及所表達的意境都是在中國傳統文化上的一種延展。而任何一

---

[23] 部分觀點參考子非韓：《世無周杰倫，華語樂壇如黑夜》，http://hi.baidu.com/guyiva/blog/item/5b8848edb90d8bd7b31cb1da.html

種藝術形式只要是根植於本土的感情根基，就一定會有本土觀眾發自內心的積極回應。

然而，再好的東西都會有世界的一致稱讚。作為「涉世不深」的中國風自然也有著「背叛」「不倫不類」的指責之聲。但是不管怎樣，在無數人對傳統音樂和傳統文化的沒落而無奈歎息的時候，包括周杰倫、方文山在內的流行歌手和創作者們在「妙手偶得」的無意之間用一種古典和現代的結合擔起了復興傳統音樂的重任。他們都是才華橫溢的音樂人，除了關注流行音樂，也深諳傳統音樂的價值，所以他們為了創作富有特色的音樂，就在流行音樂中加入傳統音樂的元素，這樣的結合使得音樂更具有可聽性，更能滿足國人耳朵的欲望。不少年輕人聽了這些偶像們的歌曲之後，會玩起二胡、大鼓、琵琶等傳統樂器，也會對昆曲等傳統的戲曲產生或多或少的興趣。這就是偶像的魅力，也正是富有才華的偶像們花費了極大的心思將傳統的音樂融合到流行音樂當中，讓這些幾乎被大眾遺忘的音樂形式得以在街頭巷尾被播放、被傳唱，繼續被發揚。也許有人會對這種現象感到無奈，甚至會覺得是一種悲哀，然而，我們換個角度去看待這種現象，這何嘗不是一種發展形式，而傳統的音樂形式能夠出現在流行音樂當中，不也證明了流傳數千年的傳統音樂有著頑強的生命力以及非凡的價值嗎？

無疑，中國風的歌曲是這個時代特殊的產物，也許我們覺得因為它已經摻進了過多的功利和商業的雜質，而讓人無法窺見純粹的傳統音樂形式乃至純粹的傳統文化，但是一種文化能夠繁衍生息，除了其本身的純粹性之外，更多的是其要有隨著時間的變化不斷自我更新的能力。因為只有這樣，文明才不會成為時代的累贅和被人遺忘的記憶乃至束之高閣的供奉之物，才會時刻有著

溫暖人心的溫度。因此，對於根植於文化深處的「中國風」不妨用一種樂觀的態度去看待，畢竟窮則思變，唯有發展才能生存，將傳統與流行結合在一起的「中國風」正是在發展當中找到了自己的生存空間。「吹盡狂沙始到金」，隨著時代的變遷，人們會越發嚮往純粹，在對速食式音樂淺嘗輒止後，純靜的傳統音樂必然會吸引千萬雙耳朵，感動千萬顆心靈，而到那時人們便會意識到，當時把人們引向這種境界的正是「中國風」這味流行藥引。

第八章
媒體全球在地化，現實？還是烏托邦？

第一節　全球在地化下的思維「瓶頸」

　　從理論到實踐，從深層到表相，筆者從第一章到第七章用道理和事實介紹了全球在地化下內容借助傳媒所展現的表徵和機理。可以說「全球的思維，在地的行動」已經讓許多在地媒體走出了「非美國，不世界」的內容表現怪象。然而，面對媒體全球在地化究竟已經是現實還是虛幻烏托邦的拷問，我們還是應當清醒的認識到在地媒體在各自在地內容的輸出上，從思維到行動都還面臨著諸多「迫在眉睫」的挑戰。

一、「小媒體」圈住「大內容」

　　1964年的出版的《理解媒體》，麥克盧漢用「媒體即是訊息」和「媒體是人的延伸」給世界解釋了一個嶄新的媒體。雖然說麥克盧漢的媒體觀被一些人批評為「泛媒體論」，但是，麥克盧漢對於媒體開闊視野和延展性思維，對於媒體在地內容全球表達的實現的確有著現實的鞭策和啟迪意義。在麥克盧漢的媒體觀中，媒體不僅僅是形式、資訊、知識、內容的載體，不是空洞、消極、靜態的，媒體對於資訊、知識、內容具有強烈的反作用，

是能動的、積極的，對訊息有重大的影響作用，它決定著資訊的
清晰度和結構方式。[1]

　　然而，放眼全球渴望在地文化內容表達的媒體，作為內容的
載體他們中的大多數卻僅願意「固守終窮」醉心於他們揭開的一
角，作為可以對內容施加影響的媒體行為，他們卻在執迷不悟的
「畫地為牢」，用「圈地」的思維切出自己神聖不可侵犯的領地。

湯瑪斯・摩爾筆下的烏托邦島（圖片來源：about.com）

　　印度的寶萊塢沉醉於自己讓世界驚歎的男女情愛，歌舞昇
平，醉生夢死。除了形式和敘事結構尚屬單一的電影以外，印度
再也拿不出給世界驕傲的媒體產品，而它的背後是恆河水澆灌的
千年文明與無數美麗的神話。法國用「舉世皆濁我獨清」的「法

---

[1] 〔加〕馬歇爾·麥克盧漢著：《理解媒介——論人的延伸》，北京：商務印
　書館，2000年第一版，中譯版第一版序，第1頁。

蘭西至上」的高傲姿態執著的堅持著「文化例外」的「特立獨行」。可是內容的「陽春白雪」換來的是「曲高和寡」的結局，種種配額和限制的「大棒」使所有政策「蘿蔔」補貼下的法國媒體在世界和法蘭西之間進退搖擺，左右為難……窄化的媒體視野和保守的媒體行為以及外部的媒體壓力讓本土的小媒體無法去深入挖掘各自在地厚重的文化。毫不客氣的說，不是在地「大內容」沒有世界「大市場」，而是聲稱世界的「小媒體」圈住了在地的「大內容」。

　　既然在地媒體無法將本土文化全面施展，那麼就保不住外來的跨國媒體對於在地「大內容」表達的「越俎代庖」了。

二、跨國傳媒巨頭泰山壓頂城欲摧的現實壓力

　　1970年，美國傳播學者蒂奇諾在實證研究的基礎上提出了「知溝」（knowledge gap）理論假說。在資訊不平等的現實全球化世界，經濟，政治上的次序也影響著傳播技能的差異和傳播流向的平等。無論是在全球化英美盎格魯・撒克遜文化單一價值的輸出還是全球在地化下媒體對於多元文化利益的追逐，現實在地多元文化體系建立和表達的「第一個吃螃蟹者」常常都不是在地媒體本身，跨國傳媒集團往往會利用既有的人、財、力的資源獲得在地多元文化表達的主導權，使「知溝」的「上限效果」實現的時間變得遙遙無期，由「知溝」造成的南北差距也愈加遙不可及。跨國傳媒集團先進的傳播理念和高效的工作效率給期望後起的各國媒體帶來泰山壓頂城欲摧的現實壓力。

　　在現實之中，十大全球媒體巨無霸支配著全球大眾傳媒市場，除了第一章提到的美國線上－時代華納（AOL-Time Warner

Inc)、迪士尼（The Walt Disney Company）、維亞康姆（Viacom
Inc）、新聞集團（News Corporation）、美國電報電話寬帶公司
（AT&T）、康姆卡斯特公司（Comcast Co.）、全國廣播公司
（MSNBC）、美國甘乃特集團（Gannett Co.）外還有法國維旺迪
環球（Vivendi Universl）和德國的貝塔斯曼（BMG）。在這些傳
媒產業巨頭的引導下的全球50家媒體娛樂公司佔據了當今世界上
95%的傳媒產業市場。目前，傳播於世界各地的新聞，90%以上
由美國和西方國家壟斷，其中又有70%是由跨國的大公司壟斷，
美國控制了全球75%的電視節目的生產和製作。從社科、人文、
歷史、大自然、環保，體育、卡通、到「大片巨獻」等方面，這
些壟斷媒體製作的節目內容和節目形式，目不暇接。例如，以科
學探索節目為主要內容的Discovery傳播公司，作為全球領先的紀
實媒體和娛樂公司，它擁有160多個國家和地區、累計超過10億訂
戶。在美國以外，Discovery提供了13大國際電視品牌，擁有6億訂
戶。在亞太地區，7大Discovery電視品牌攜8種語言定制的節目，
擁有23個國家和地區的2億8千萬累計訂戶。與國內電視臺欄目工
作室式的生產形式相反，同樣經營著一個節目網路的Discovery，
並不是人們所想像的一個節目製作的機器，而是一個網路管理、
品牌經營的機構，它在全球只有4,000名員工卻運作著「買全世
界，賣全世界」的龐大事業。「探索」選中的節目在中國電視臺
看來，個個都是大製作，它一小時節目成本高達10萬至20萬美
元，大製作可以到每分鐘100萬美元。可是Discovery的發展歷史卻
並不長，從1985年到今天還不到25年。[2]

---

[2] 參見陳剛：《解密Discovery——美國探索頻道節目研究》，北京：中國國
際廣播出版社，2008年。

圖左：1985-1995標識（圖片來源：維基百科）
圖右：1995-2005標識（圖片來源：維基百科）

圖左：2005-2008標識（圖片來源：維基百科）
圖右：2008至今標識（圖片來源：維基百科）

　　為什麼這些跨國媒體集團能取得如此大的成就？這與他們致力於在「全球在地化」下思維下建立龐大但是又適應性極強的運營體系有關係。例如維亞康姆就提出「全球化經營、本土化落實」的目標；迪士尼也提出了「全球化思維、在地化行動」的口號。

　　在運營架構和人力資源上，他們在世界各地設立分支機構，派出一流的管理團隊到各地培訓人才，建立了全球範圍的生產、推廣、發行、播映機制，整合全球範圍的技術資源、人才資源、客戶資源。但他們在將國際化的運營管理方式帶到各地同時，也越來越注重區域的文化差異性，招聘當地人才，吸收當地的管理經驗。比如在中國大陸，因為市場的分割性和嚴格的新聞管制，他們通過更小更靈活的團隊來進行市場拓展。

　　儘管這些傳媒的巨頭無論本身價值的輸出還是在地內容的傳播都會受到各種「政策保護壁壘」，但是他們還是可以「絞盡腦汁」，「見縫插針」式的一點點滲透。例如在中國市場，阻止傳媒巨頭全面落地的限制並沒止住他們進入中國電視市場的步伐。

他們通過與中國內地影視機構的合作（如華誼兄弟等），通過資金輸入、技術輸入和節目交流，悄悄地使中國的螢屏發生變革。美國哥倫比亞電視網（CBS）亞洲區市場經理劉曉嵐就曾表示說，「許多國際電視業的大傳媒，都有專門的市場調研人員，正在做細分性很強的市場調查，根據這個調查，我們盡可能讓電視節目適合輸入地區的口味。」³

在收益方式上，跨國媒體集團非常注重同一內容的多種形式的開發以及價值鏈多個環節的增值，一般來說他們有四種收益來源，一是拍攝節目收益，大概投資額的10%到15%為製片人的利潤，當然其中包括剪輯室等公司資源利用的費用；二是銷售節目成片的收益，可能是一次性出售版權，也可能是銷售利潤中分成；三是銷售節目形式，即行業內所說的節目創意版權；四是其他收益，主要指電視節目的衍生產品，如DVD、書籍和商品。正是這樣的運營體系保證了跨國媒體集團的競爭力。

跨國媒體集團的競爭力不僅體現在其龐大而靈活的運營體系，還有在此基礎建立的開闊的文化視野，他們將世界各地的文化進行整合再推銷到全世界。維亞康姆、AOL時代－華納公司、默多克的新聞集團等等超級媒體公司往往「視自己為流行時尚的一部分」，引領世界文化消費時尚。但同時，他們也非常尊重文化的多樣性，致力於在世界各地發掘其文化歷史精髓，以人文精神關照人們的生活，以開闊的文化視野帶給受眾不一樣的體驗。

HBO標識（圖片來源：HBO website）

---

³ 姜飛主編：《海外傳媒在中國》，北京：中國文聯出版社，2005年，第95頁。

　　從文化發展的角度，跨國媒體集團的Glocalization理念在以下幾個方面得到充分體現：

　　第一，向全球推銷原汁原味的媒體產品。如CNN、HBO（同屬時代華納）、MTV（維亞康姆）、BBC world等頻道在世界各地落地，Discovery、國家地理等節目的原版輸出。

　　第二，向世界各地售賣電視模式。大量成功的節目模式在全球流通。《美國偶像》，《奧普拉‧欣弗瑞談話》節目更是成為世界傳媒效仿的經典。早在幾年前，就有一項資料顯示：截至2003年底，《美國偶像》模式在22個國家和地區委託製作，節目在澳大利亞、新加坡、美國等12個國家都位列收視前10名；英國版、挪威版、丹麥版、芬蘭版的遊戲節目《難題》在18個國家播出……類似的例子不勝枚舉。電視模式的售賣早已成為跨國媒體集團全球擴張一項重要手段。在跨國媒體的本土化策略中，全球媒體加上本土化經營是一個重要的途徑，而在模式流通中，成功模式被出售給不同的國家地區，通過填充本土的內容，針對本土觀眾的口味進行節目配方的改造，而成為一個本土化的版本。[4]

　　第三，統一的符號，本土化的內涵。即外表是一致的，內涵卻各不相同。例如美國的《華爾街日報》有亞洲版、歐洲版，《時代》週刊以12種文字在世界180個國家、地區發行，版式是一樣的，但各個版的內容有重大差別。如《時代》週刊的中文版，內容多以中國為主，而且為便於在中國發行，內容則上小心翼翼地避開刺激中國的話題。[5]

[4]　殷樂：〈電視模式的全球流通：麥當勞化的商業邏輯與文化策略〉，現代傳播》，2005年第4期。

[5]　尹鴻、李德剛：〈中國電視改革備忘〉，《南方電視學刊》，2004年第2期。

三、只見高山不見流水的思維「方盒」

有巨人站在身旁總會讓人有抬頭仰望的欲望。跨國傳媒集團無論是在全球範圍內自身價值輸出的成功，還是其「越俎代庖」式的在全球範圍內各個文化的在地表達中的巨大收益，都讓許多在地的媒體看到「眼紅」。跨國媒體集團的定位理念，節目模式，經營方式，營銷策略更是成為了諸多媒體學習和效仿的物件。這種學習和借鑒固然是一種好事，但是諸多傳媒卻走入了一個思維的方盒，盲目的鑽入到某一個「迷」的局限之中——全身投入全面西化之中，從內容到形式一律以傳媒集團成功的節目進行「克隆」而不顧及自身的條件。在這種只見跨國傳媒的「高山」不見自身條件和文化對接「流水」的思維極端中，產生的是癌症細胞分裂式的複製。更糟糕的是，這種複製產生的是複製層級越低，數目越龐大，且越粗製濫造的惡性循環。

以大陸的娛樂節目的節目形式為例，一個娛樂的節目的節目模式從海外引進到各個地方開花往往經歷三個層級，如下圖所示：

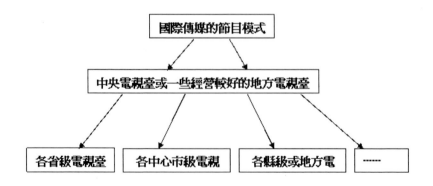

在娛樂節目從海外取經再到各個地方臺落地的三級層次中，可以從圖中看到，模仿的層級越低，模仿的電視臺的數量也就越多。此外，從圖中的顯示也可以看出，層級越是向下，模仿媒體所可以調動的社會資源也就越少，這也就意味著節目本身的質量在「全面照抄」的前提下將變得越來越差。現實其實也說明了如此，如模仿CBS的《誰想成為百萬富翁》的央視經濟頻道的《開心辭典》，湖南衛視仿效《美國偶像》的《超級女聲》的巨大成功讓全國各個地方臺不問青紅皂白的「測智商」節目四起，各種PK性質的「好男，好女」在螢幕內外翻天，最終收到的效果多是套路生硬做作，受眾審美疲勞，節目收視慘澹，資源嚴重浪費。

事實證明，媒體要想在全球在地化下將自己的內容與眾不同的傳播出去，除去突破技術的門檻，避開政策的瓶頸之外，更要做的就是克服「外面的月亮總比自己看到的圓」的「方盒」心理，在仰望高山的同時更應當聽到在地「流水」的聲音。畢竟只有高山流水相融才會有美妙「樂聲」的響起。

四、榮譽系統魔咒下的執迷不悔

榮譽系統結構並不是世界整體性結構的的構成部分，榮譽系統思維模式下搭建社會體系和文化策略只會產生「自耗內力」的極端結果。然而，許多在地的傳媒在一面照貓畫虎，四不像的學習國際傳媒巨頭的節目模式，運營理念的同時，一面又在榮譽系統的魔咒下執迷不悔。他們一面更加盲目並夜郎自大式的嘲笑和諷刺著跨國傳媒「越俎代庖」傳播的本土的內容，並以挑剔的眼光吹毛求疵的用所謂的批判視角指責著他們的不足。一面又以一種極度的膨脹的心態在不切實際的鼓吹著自己取得的從外來傳媒

學來的皮毛所取得成績。一邊是內心的極度自卑，一邊是對外的妄自托大。在榮譽系統魔咒詛咒下的諸多在地傳媒，在全球在地化需要他們大有作為的時候依舊擺出的是「吃不到葡萄就說葡萄算」的「弱者心態」。這種心態的產生固然與各自所在國和地區的政治制度，民族關係，文化傳統，意識形態有著直接的關係，但是更和在地媒體本身現代「犬儒主義」心態有著不可剪斷的關聯。

全球化下，英美的盎格魯・撒克遜文明憑藉經濟的強勢，政治的強悍以及英語作為世界通用語言的優勢已經走在了諸多異質文化的前面，並已經憑藉其具有的巨無霸實力在融合的面具下開始了「越俎代庖」的異質文化表達。

第二節　全球在地化下中華文化的機遇

在全球化大的意識形態前提下，「在地人」的思想一定與之劇烈摩擦，臺灣精英所推行的全球民主化一定受到「在地文化」的強烈抵制。馬英九現在的道應該是在全球化和「在地化」間建立溝通渠道，特別是在臺北官員和地方官員的溝通方式和方法上。

臺灣《商業週刊》第1095期發表發行人金惟純先生的一篇重量級文章，這篇名為《臺灣「大道行之」時代降臨》的文章，直接指出臺灣領導人的全局觀問題。臺灣前景的大勢和人心向背是「道」和「術」，根據臺灣數十年的變化，蔣經國時代是「道術兼用」，李登輝時代則是「重術輕道」，陳水扁更為極端變為「有術無道」，馬英九按照現在的發展應該是變為「重道輕術」。

　　金惟純先生對於兩岸一直有著非常深入而且獨到的看法，在短短幾字間就將臺灣領導人的管理能力和傾向說清。臺灣發展進程中不止是「道」和「術」的問題，在全球化大的意識形態前提下，「在地人」的思想一定與之劇烈摩擦，臺灣精英所推行的全球民主化一定受到「在地文化」的強烈抵制，馬英九現在的道應該是在全球化和「在地化」間建立溝通渠道，特別是在臺北官員和地方官員的溝通方式和方法上。

一、臺灣社會的「在地化」痛苦[6]

　　臺灣的公民運動應該屬於全球化進程的一部分，而全球化中的民主價值應該是其中的一部分。整體來講，對於大陸和臺灣，這些都是舶來品，如何把這些價值具體落實下去，則是首要問題。在落實的過程中，地方官員和民眾則是主體，如果民眾對於這些價值視而不見，只是在自己遇到困難時才會想起，那就為時已晚，而地方官員為了地方利益，不擇手段來消費全球化和民主價值，這樣就會產生任何有意義的事件經常是當天就被媒體和民眾「消費」完結。

1、「公民運動」更趨包容

　　對於公民社會和公民運動相當重視的元智大學人文社會科學學院院長劉阿榮教授，在其《三民主義社會變遷理念及其發展》一書中就指出，意識形態在古希臘羅馬早已有之，但馬克思對於社會變遷與人類關係的闡述迄今為止是最深入的，人的觀念、想

6　胡逢瑛，吳非：〈臺灣社會的「在地化」痛苦〉，南方週末網，http://wufei.z.infzm.com，有改動。

法、意識的產生與人的物質生產息息相關，而且與人的物質交易活動息息相關。因此人的「社會存在」決定了人的「社會意識」。這樣臺灣的全球化民主進程必須以臺灣「在地人」的思維為主體，但西方強勢文化並不一定尊重和吸收「在地文化」，這是臺灣的公民社會發展的主要障礙。

另外，劉阿榮教授在其主編的《華人文化圈的公民社會發展》一書中也指出，臺灣民主化發展儘管不快，但可以算是相當溫和。在八〇年代前後，臺灣風起雲湧般出現各種社會運動，這其中許多可以被視為「公民運動」，但其屬性上仍然是「被動員的」、「缺乏討論的」、「欠缺包容和尊重的」。最近的若干「公民運動」則增加了自主性、直接參與、理性討論和尊重包容的精神，因此被賦予「新公民運動」。「新公民運動」則主要分為：審議式民主、公民論壇、示威遊行、公民投票。

《海角七號》電影海報
（圖片來源：www.verycd.com）

在臺灣非常火紅的電影《海角七號》則完全展示了在臺灣的風城屏東的變化。影片主人公在臺北無法發展，回到老家之後，也只是個郵差，自己喜歡的專業完全無法運用。因為在全球化和部分民主化後的臺灣，每一個縣市為了發展，經常是大家齊伸手向政府要預算，完全沒有先後的概念，結果是一個概念經常被過度使用，沒有整體的效應。比如香港由於土地有限，樂園只

有兩個，但品牌效應非常好。臺灣的樂園和休閒農莊遍地開花，並且常處在交通非常不方便的地方，這樣大量的外地觀光客更無從下手玩起。

臺灣在公民運動、全球化、民主、自由等相關問題上遇到的問題和大陸是一樣的，就是如何落實。大陸官員常常不適應全球化，但很會內鬥，常常是以國家穩定的名義來制止任何的改變，而且最讓人難以忍受的是這些官員還要為了分享部分改革人士所創造的財富，而想出各色各樣的規定，直接切割改革果實。

2、本土思維需要革新

其實在大陸的媒體同樣有「在地化」的問題，如大陸重量級評論報紙《南方週末》一直在全球化最全面的廣州發聲。《南方週末》是否就完全倡導新聞自由呢？其實不然，《南方週末》在很大程度上是「在地化」後的聲音，這種「在地化」就是反映了來自廣東和福建的聲音，對於中國大陸而言，廣東和福建一直就是非常特殊的省份，尤其是廣東。

《南方週末》在某種程度上反應的是一種來自廣州「在地文化」後的多元文化的聲音，這種聲音是大陸寶

《南方週末》文化版
（圖片來源：南方週末網）

貴的財富，即使是在很大程度上官員不太喜歡。其實廣東的官員更不喜歡這樣的聲音，但是在廣東越是基層的官員包容度越大，因為不如此，那麼很快這些官員的惡行就會在頭版出現。

臺灣在全球化和民主化過程中，如何在民主化框架下自然加入「在地化」進程，是未來馬英九政府面臨的主要挑戰。臺灣官員經常把「在地化」執行為沒有全局觀和自肥。

二、全球化在地化下臺灣媒體的出路[7]

元智大學的孫長祥教授認為，以閱聽人的角度出發，新聞內容中充滿了各種語言和符號的暴力。文字語言承載著文化傳承與歷史情境再現的作用，因此擔憂新聞語言和文字內涵的貧乏會繼續導致文化斷層與民眾失智的現象。

現在的媒體傳播力越來越強，但是內容意涵不足。缺乏深度與廣度的媒體將可以被任何投機分子所利用。起因是國人對中文的忽略。這樣不重視中文的結果就是，以後最正確意涵的中文必須要由外國的漢學專家來解釋。這等於是一種中華文化的滅亡。媒體應善盡守門的角色，記者素質必須提高。記者在選擇具有暴力特點的新聞時，要特別注意語言的傳達。當外國的暴力轉變成為國內年輕人的時尚時，這種劣質文化的入侵反而侵蝕的是本國人的文化與道德觀。記者本身如果不能理解許多辭彙和符號的原本意涵，反而起到助紂為虐的反效果。媒體的力量就是一種掌握語境的話語霸權。媒體素質的提升，成為文化保護和道德重建的關鍵。

7　吳非：〈全球化下臺灣媒體尋求出路〉，南方週末網，http://wufei.z.infzm.com。

1、臺灣傳媒傾向「全球化」

　　《中國時報》總主筆倪炎元教授認為，臺灣民主化進程中，媒體在如火如荼地邁向多元化與商業化的發展、擺脫威權時代黨營與國營媒體結合的生態環境之後，廣告大餅並沒有變大，因為進入媒體廣告市場的分食者變多了。媒體受到國際與國內經濟變化與金融危機的衝擊與影響反而更大了。

　　倪總主筆表示，對中國時報未來的發展有些悲觀，全球化與媒體跨國集團化似乎已經是趨勢，並購成為媒體的宿命，文人論政與辦報的時代已經過去了。報紙的成本已經不堪負荷，設備更新與國際紙張上漲都導致報紙必須另謀出路。利用中國大陸媒體同業的現有設備與資源，已經成為臺灣媒體不可避免的一種趨勢。

　　戰國策國際顧問公司執行長吳春來則表示，選舉的技術與通路很多，而戰國策國際顧問公司能夠在市場上生存二十年，主要在於：深入研究客戶的需求與適應市場的變化；其次是對於政黨與政治人物保持一定的等距關係，保持中立與服務；誠信是對於客戶的資訊一定保密；瞭解民眾對政治與政治人物的想法，並用在政黨形塑和協助建立政黨的品牌與形象上。

　　「全球在地化」一詞，應可被看作是全球化衝擊之下所形成的「後全球化」概念。「全球在地化」因此是各地因應全球化與本土化之間衝突時，所產生的一種妥協與融合後所開創出的思路與方向。

　　「全球在地化」或可被視為對於盲目遵從全球化信念的反省，也是全球霸權操縱者必須要面對的一種反作用的勢力。在媒體全球化與國家界限在網路世界中淡化的現象發生之後，興起的

反全球化力量，呈顯出凝聚國族主義、宗教信仰與民族主義的認同概念，強調「他者」與「我者」之間的二元區隔對立。這與我們試圖在全球化與在地化之間找到對話與合作空間是一樣的道理。在後全球化過程中，本土媒體應該如何因應跨國媒體的兼併與文化意識形態重塑問題，相信是討論「媒體全球在地化」特點的主要目的。

2、避開商業邏輯的死胡同

俄羅斯的報業發展長久以來均脫離不了對知識菁英的宣傳和影響，這與選舉時代電視媒體佔據普羅大眾的資訊主流地位很不相同。俄羅斯進入報業市場化的時代後，壟斷現象依然嚴重。從蘇聯到俄羅斯，政府從來沒有放棄以支持大量報刊的方式來培養俄國人民的文化水平。這種定位，在教育與文化媒體策略上，使得俄羅斯媒體難以在完全自由化與商業化的新聞體制中存在。報紙、雜誌仍發揮對部分重大政策的監督與諫言的作用。總體而言，俄羅斯的新聞與出版事業具有提升民族文化與公民素養的多元功能。俄羅斯「媒體全球在地化」的發展趨勢，已經逐漸使俄羅斯擺脫媒體在全球化商業運作邏輯框架之下，給國家社會、政府、媒體人所帶來的無解痛苦。

三、兩岸共襄是文化發展的有效途徑

在中國文化發展的重要戰略機遇期內，借助什麼樣的根基和理念來實現其實是一個值得關注的問題，在中國的現代文化的發展過程中，西方文明的影響一直都如影隨形，中國傳統文化在中國現代文化一直都是在一個「順守」的態勢之上，隨著此次經濟

危機的到來，中國文化的發展也應當從文化發展「言必稱西」的模式中解脫出來，從在地文化入手，從中國文化自身深處去需求發展的動力，而借助在地文化的發展，兩岸合作是必由之路。

1、兩岸在文化發展上需要攜手

　　自1949年兩岸對峙以來，雖然說兩岸在政治，經濟文化上選擇了不同的發展模式，但是在文化的聯繫上卻始終難以割裂。由於歷史，政治等方面的原因，在中華文化的發展上，兩岸彼此之間都有著對於對方的需要。在大陸方面，由於中共在執政的前三十年期間的一系列政治運動是許多文化古跡，文化傳統都以「封建主義殘餘」「迷信」「愚昧」的名義以「破四舊」的方式遭到了嚴重的破壞，傳統的道德倫理、觀念，世界觀也被進行了「去傳統」改造。如今大陸若想在文化上進行復興，將一些傳統恢復就不得不需要從中華傳統保持較好的臺灣來汲取養料。在臺灣方面，雖然當年國民黨撤退到島上帶來了大量的外來居民，文化精英，故宮珍玩，但是很多傳統的保持以及文化的進一步發展則需要從海峽對岸的大陸來獲得文化的參照以及根基的支撐。甚至包括故宮的文物在內也需要有

兩岸故宮院長握手左為大陸故宮博物院院長鄭欣淼先生，右為臺北故宮博物院院長周功鑫女士（圖片來源：新華網）

大陸這樣一個歷史「情境」中得到歷史真實的進一步還原。

2、兩岸接觸中「文經開花，政治結果」

1996年後的國民黨官員還沒有學會走出臺北以外，並且這些官員自認為臺灣已經完全轉型成為經濟高度發達的地區，臺灣的高科技產業就是臺灣經濟發展的一切，臺灣的人才基本上都能夠適應於全球化發展的需要，這種不看全部，只看臺北的狹隘視野，直到現在，馬英九仍然存在這樣的問題。民進黨則在2000年意外執政之後，仍然沒有看出臺灣經濟發展的本質問題，在選票的考慮之下，應用之前國民黨的長期的意識形態教育的模式，把敵視大陸的意識形態換成了「臺獨」的意識形態，人們長期處於亢奮狀態，2004年的兩顆子彈，再次讓陳水扁連任成功。

國民黨最近在馬英九的領導下，已經開始意識到，國民黨走出臺北，到臺灣的廣闊天地中鍛煉的必要性，只是現在馬英九周邊的大老顧問太多，使得直到現在馬英九競選的實質精神還沒看出來，倒是國民黨的這些大老們的身影，經常會在電視、廣播、報紙中閃現，這些人在臺灣南部基本上都是負面名詞的代表。另外，現在是臺灣再次融入到大中華經濟圈的最後一次機會，馬英九以在野黨的身份，在選舉中必須為臺灣的民眾、中小企業爭取切實的利益，當年，民進黨就那麼幾個人，就可以搞大規模的民主運動，以國民黨這樣一個大黨，在8年的在野期間，沒有為臺灣民眾謀得切實的好處，這也是不可想像的事實。

無論是輿論界討論「一國兩制」中的一國，還是兩制，總之香港和內地經濟綜合的速度正在加快，香港做為世界金融中心的地位不但沒有減弱，而且一直在加強。在之前的兩岸談判中，兩邊的共識就是「一個中國、各自表述」，其實無論共識是什麼，兩岸加速經濟整合才是關鍵問題。

　　現在臺灣最大的問題就在於，國民黨由於之前執政的原罪，在政策規劃上包括對於民意的掌控上，沒有任何魄力，而民進黨這是在兩岸的交流上則沒有充足的人才，尤其是最近幾年，民進黨內部能到大陸參訪的人屈指可數，這樣算來，陳水扁、謝長廷、呂秀蓮等人，還算是比較瞭解大陸的民進黨人士。

　　走進大中華經濟圈如果現在大陸展開和部分民進黨人士大規模的交往的話，可以有效的防止民進黨成為美國敢死隊的可能性，畢竟，美國不希望看到崛起的中國是不爭的事實，我們則更希望兩岸和平統一。

　　兩岸的問題必需要兩岸來解決，任何的第三者都會把好事變壞事，壞事變災難。如果在未來兩三年間，臺灣不啟動加入大中華經濟圈的步伐，臺灣是無法通過美國的經濟發展達到經濟的全面復甦，臺灣的政黨，不論是國民黨還是民進黨都會被民眾和歷史唾棄。對於這一點，臺灣部分精英已經有所覺醒，但只是手中無權，回天乏力。

第三節　媒體全球化的未來展望

　　從2007年4月開始，以美國新世紀房貸公司申請破產保護為開端的次級抵押信貸市場危機（簡稱次貸危機）揭開了全球金融風暴的冰山一角，隨後，從房利美（Fannie Mae），房地美（Freddie Mac）等房地產集團到花旗、摩根士坦利、雷曼兄弟集團，再到道·鐘斯，納斯達克股指……遍及全球的資本金融市場和實體經濟都經歷了一場史無前例的衝擊。當「世界領袖」自詡的美國開始和世界其他的19個國家和組織坐在一起商討全球化下的國際

金融危機未來出路的時候[8]，我們已經看到，世界的經濟已經不可能再像佈雷頓森林體系建立之初時的那樣美國一邊獨霸了。正如馬克思在《資本論》中所說的經濟基礎決定上層建築一樣，全球經濟格局的變化必然會牽動著政治、文化全球格局的未來走向，當世界的經濟走到十字路口需要反思和改變的時候，作為表達觀點和傳播文化的大眾媒體也應當重新開始審視和思考現實的謀變，用「全球化思考，在地化行動」的邏輯，在全球在地化開始方興未艾的時候將全球傳播格局放回一個歸零的原點，並站在原點開始從本土立足，面朝世界，開始遠望。

圖左：房利美標識（圖片來源：維基百科）
圖右：房地美標識（圖片來源：維基百科）

一、全球在地化下媒體需要真正的全球思維方式

在地媒體要想在現實「平」的世界中有全球表達的權利，首先要具備的就是全球傳播的能力。一般來看，全球傳播能力包括

---

[8] 為應對世界性的金融危機的擴大，在美國的倡導下，2008年11月15日，美國、日本、德國、法國、英國、義大利、加拿大、俄羅斯、中國、阿根廷、澳大利亞、巴西、印度、印尼、墨西哥、沙烏地阿拉伯、南非、韓國、土耳其以及歐盟等二十國集團在華盛頓召開會議，商討克服世界金融危機的對策。

四個維度：全球思維方式，自我展現，文化描繪和校際標準，[9]下圖展示的就是這四個維度所構成的全球傳播能力模式結構圖。

全球傳播能力模式[10]

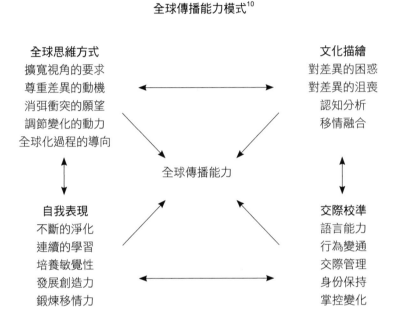

全球思維方式
擴寬視角的要求
尊重差異的動機
消弭衝突的願望
調節變化的動力
全球化過程的導向

文化描繪
對差異的困惑
對差異的沮喪
認知分析
移情融合

全球傳播能力

自我表現
不斷的淨化
連續的學習
培養敏覺性
發展創造力
鍛煉移情力

交際校準
語言能力
行為變通
交際管理
身份保持
掌控變化

　　要具有全球傳播的能力第一步就是要具有真正的全球思維方式。全球性思維方式是全球傳播能力的基礎，良好的全球思維方式可以使人們預見到全球社會的到來，同時恰當而有效地運用跨文化傳播技能。它使人們能夠正視世界潮流的變化而且參與到調節這種變化的過程中去，同時追求一種多樣性和文化差異都能得

---

[9] Chen, G. M, Global communication competency: A demand of 21st century. Paper presented at the annual convention of the National Communication association, Chicago, Illinois, Nov.1999b

[10] 陳國明：〈全球傳播能力模式〉，《國際跨文化傳播精華文選》，J.Z.愛門森編譯，杭州：浙江大學出版社，2007年，第20頁。

到尊重和平衡的寬鬆語境，因此，全球思維方式是在地媒體所應
當具備的必要能力。

2009年倫敦G20峰會（圖片來源：www.rtscommunications.com）

　　作為一種心理過程，思維方式表現了個人或者群體思考方
法和思考形式。由於文化會對感知方式和推理過程等有一定的預
設，因而思維方式是一個固定的心理狀態，讓媒體的立場總是戴
著特定的眼睛來看待周邊的人和事。全球思維方式要求在地媒體
擯棄原有的排斥異質文化差異的認知濾鏡，擴寬思路，讓人們能
夠以廣闊的視角來觀察世界、以積極的心態來期待新潮流與新機
遇，從而以和諧的方式實現個人、社會和組織的不同追求。全球
思維方式的基礎是開放的心態，它代表了民族主義和狹隘鄉土情
懷的減少或消失，但這並不意味本土情懷的減弱或者同化。民族
主義色彩的媒體將自己緊緊地束縛在自身的文化團體上，主觀地
用自己的文化觀念來解釋外界的刺激、評判他人的行為。持狹隘
鄉土情懷的媒體則僅僅孤立的從自身的角度看待世界，而認識不
到不同文化中的人們有不同的生活方式。可以看出，懷有民族主

義和狹隘鄉土情懷的媒體都無法正
視世界以及本土文化的多樣性，在
他們看來，「自我的方式是唯一的方
式」，這種極端的觀念帶來的結果
是，自己的視線常常被自己的行為蒙
蔽，全球化潮流的變化和複雜以及在
地文化的普世價值也變得不易覺察。[11]

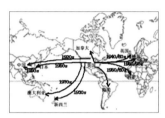

美國全球傳播路徑圖（圖片
來源：http://geo.cersp.com/）

　　作為全球傳播能力的基礎，全球思維方式與個人情感、認
知、行為能力關係緊密，在媒體的表現中更與媒體的地位、理
念、執行力有著直接的關係。全球思維方式構成了全球傳播能力
的循環，在這一循環中，媒體學著通過其個性特徵因全球化的刺
激而產生的內心反映來展現自我，學著對文化差異培養認識意
識，並且學習全球交際活動中所必需的行為技能。筆者認為，擁
有全球思維方式的媒體要具有以下五個個性特徵：[12]

　　第一，文化敏覺。由於全球化的傳播使媒體在傳播的每一個
層次和生活的每一個方面都會遭遇不同的文化，因此對於能否建
設性的建造交流，跨文化敏覺程度是一個重要因素。擁有全球思
維方式的媒體不僅要有心智成熟的自我與積極正面的想法，還要
有面對文化多樣性的一顆敏覺的心。在將在地文化全球傳播時首
先要注重的就是在地文化自身對於異質文化的無傷害性。

　　第二，包容開放。開放有兩層含義。從發展的角度說，開放
使媒體在不斷變化的環境中尋求持續進步，而環境的不斷變化正

---

[11]　Adler, N.J. International dimensions of organizational behavior. Cincinnati, OH: South-Western

[12]　Rhinesmith, S.H. A manager's guide to globalization, Chicago, IL:Irwin,1996，略有改動。

是全球化過程的特徵之一。從傳播的角度說，開放意味著對不同
文化的傳播物件物件沒有先入之見。總之，開放所要求的是一種
強烈的動機，媒體因之而獲得持久的能力以解決文化差異問題。

第三，見識廣博。擁有全球思維方式的媒體會驅策自己在對
待在地及全球問題時擴展視角，加深認識。他們熟悉文化、社會
經濟及其他領域的異與同，這保證了他們在做決定、解決紛爭及
駕馭全球化浪潮時作出理智的選擇。

第四，具有批評能力和全局觀念。
除了見識廣博、能夠敏銳地體會文化異
同外，擁有全球思維方式的媒體還有通
過批評性和全局性的思考來解決變革世
界中的複雜問題的能力。在他們眼中，
世界不只是一個混沌的整體，世界中包
含了豐富多彩而又存在一定秩序的萬千
種種。也就是說，他們有演繹和歸納的
思考能力。

全球的思維思考世界（圖
片來源：www.californi-
agreensolutions.com/）

第五，懂得變通。擁有全球思維方式的媒體在全球傳播活動
中會顯示出思維邏輯與行為上的變通性。在遇到多樣化的資訊和
快速變化的環境時，他們反應敏銳且適應性強。這樣的變通能力
能夠使其將全球化變革所帶來的不確定性視為自我進步的契機。
同時，通過不斷地調整行為選擇，有效、高效並自然地應對變化。

總之，全球思維方式使在地媒體能夠調節和控制好全球化
的紛擾變革所帶來的種種複雜、模糊、矛盾甚至衝突的情況。同
時，它還促使在地媒體追求更廣闊的視野，激勵人們學著尊重和
珍惜文化差異，期望人們在全球性競爭與合作的各種欲求中化解
矛盾和衝突，推動人們像百川歸海一般地順應全球化潮流。

二、全球在地化下媒體需要謀求傳播「亞核心」地位

在人類文明發展的過程中，文化的多樣性一直綿延至今，無論是從宗教、哲學、文明的起源還是從語言分化上，世界的文化都可以在某一個邏輯中劃分出多個平行的層級。從對世界歷史影響最深遠的文化來說，學術界基本上一致公認，在世界範圍內的文化起源主要有五大文化圈，即：以基督教文明（新教、羅馬天主教）為代表的西歐－北美文化圈，以儒、道文明為代表的東亞文化圈，以伊斯蘭文明為代表的中東─中亞文化圈，以印度教、佛教文明為代表的東南亞─南亞文化圈和以基督教東正教派為代表的中東歐斯拉夫文化圈（包括俄羅斯）。此外，深受西班牙、葡萄牙影響的中南美洲，雖然馬雅文明、印加文明中斷了歷史的延續，但是其獨特的拉美文化也是人類文明中不可忽略和忘記的。

如果從語言的劃分來說，世界的語言則可以分為九大語系，分別是：漢藏語系，印歐語系，阿勒泰語系，閃－含語系（希伯來語系），烏拉爾語系，伊比利亞－高加索語系，馬來－玻里尼西亞語系，南亞語系，達羅毗荼語系。在這些語系之下又有多個語族，如印度語族（印地語、烏爾都語、孟加拉語、吉卜賽語等等），伊朗語族（波斯語、庫爾德語、阿富汗語等等），斯拉夫語族（俄語、塞爾維亞語、波蘭語、捷克語、保加利亞語等等），亞美尼亞語族（以亞美尼亞語為主），波羅的語族（立陶宛語、拉脫維亞語等等），日爾曼語族（德語、丹麥語、瑞典語、荷蘭語、英語等等），　拉丁（羅曼）語族（義大利語、西班牙語、葡萄牙語、法語、羅馬尼亞語等等），希臘語族（以希

臘語為主），克爾特語族（以愛爾蘭語為主），阿爾巴尼亞語族
（以阿爾巴尼亞語為主）等等。

全球在地化媒體所
要努力的就是讓這些歷史
所留下來的多樣文明都可
以在現實的全球世界中平
等的表達。而現實之中全
球傳播既有傳播格局讓多
樣文化的在地文明顯然很
難有自我表達的實力和空
間。因此，全球在地化下
的媒體在歐美全球傳播壟斷
格局難以短時間內改變的情

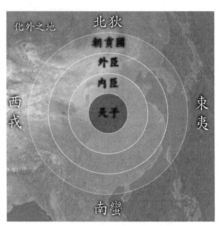

古代中國的文化圈層認知劃分（圖片來
源：Asia_terrain.jpg, Image:Tenka Han.png）

況下首先要做的是根據文化的認同或者是語言的共識在自己的文
化圈層內謀求各自「亞核心」的地位，以步步為營的策略先爭奪
被歐美跨國傳媒巨頭「越俎代庖」擠佔的在地文化表達空間，以
自我出色的表現先獲得相同價值取向受眾的認同（如鳳凰衛視，
NHK，Zee TV），然後再謀求跨文化圈層受眾的關注和喜好。當
然在在地媒體「亞核心」地位的謀求過程中既無法避免傳媒巨頭
在資本、技術以及理念上的影響，也無法避免來自於相同文化圈
層或者價值認同圈內同類媒體的競爭以及來自於國家內外政策的
限制和保護壁壘的干擾，但是從全球範圍在地媒體突圍才可以謀
生存的角度來看，只有這些問題的不畏懼，不回避，才會讓在地
媒體在全球傳播格局中真正有尊嚴的生存和發展。

三、全球在地化下媒體需要有「大歷史觀」

　　所謂大歷史觀，嚴格意義上講並不是一個傳播或者新聞上的術語和概念，目前可查的大歷史觀一說的最早的提出者是美籍華人著名的歷史學家黃仁宇提出的，他將他的歷史的分析的方法稱之為macro-history，這裏可以將其翻譯成「宏觀歷史學」，但是被人接受最多的翻譯還是我們上面提到的「大歷史學」或者「大歷史觀」。有關大歷史觀，黃仁宇先生本人也沒有給出一個準確的定義但是從黃仁宇先

晚年黃仁宇
（圖片來源：中國網）

生有關的歷史著作中可以看到大歷史觀著重強調的就是放寬歷史時空的視野，注重大的歷史背景下事件本身與其他因素的互動和共鳴。大歷史觀不是用單一的尺度和個別的分因素去限制整個歷史事件的分析而是通過一個全方位的關聯資訊的聯繫將事物的真相展現在受眾面前。[13]

　　筆者在前文提到過歷史是現實的人證，一個寬容開闊的大歷史觀的存在直接影響著在地媒體對於本土內容表達的視野的廣度和深度。在華語的媒體內容中，一些影視作品諸如《走向共

---

[13] 1985年，黃仁宇在臺北版的《萬曆十五年》自序中第一次提出「大歷史」的觀念，他說《萬曆十五年》雖然只敘述明末一個短時間的事蹟，但卻屬於「大歷史」（macro-history）的範疇。在其出版的《中國大歷史》、《赫遜河畔談中國歷史》等著作中這種「大歷史觀」均有所體現。「大歷史」與「小歷史」（micro-history）不同，不斤斤計較人物短時片面的賢愚得失，也不是只抓住一言一事，借題發揮，而是要勾畫當日社會的整體面貌。

和》、《大明宮詞》、《漢武大帝》、《喬家大院》，紀錄片
《故宮》、《大國崛起》、《圓明園》，還有一些華文媒體的節
目如鳳凰衛視的《鳳凰大視野》，《口述歷史》，央視科教頻道
的《探索・發現》，陽光衛視的《人物志》，還有《南方週末》
的《紀事》版等等都有著「大歷史觀」的精神和身影。這些媒體
通過重大歷史事件和人物的重新解讀；小人物、小事件在歷史社
會進程大背景中的歷時、共時性描述以及以「萬事皆可入史」為
理念的報導題材選取讓全球華人看到了一個與眾不同的過去，更
讓華人有了重新規劃未來的思考。

地球村需要的是多元的表達與交流
（圖片來源：http://www.easyaupair.com/）

　　這裏需要補充說明的是，全球在地化下的在地媒體要有「大
歷史觀」自然無可厚非，但是在地媒體的「大尺度」的「大歷史
觀」也應當注意一些問題：

　　首先，在地媒體要謹防「陽春白雪」式「曲高和寡」的選
題，「大歷史觀」的在地媒體要展現的是大眾渴望瞭解或者重新
演繹的歷史真相，而不是少部分人的「個人情調」，因此選題不

宜過於小眾，否則就會讓受眾有「消受不起」的歷史壓迫感，陽光衛視的一些歷史紀實性節目就是如此，雖然這些節目有著精良的製作，但是由於受眾覆蓋面過窄，陽光衛視的這些節目「只可以成為楊瀾一個破碎的美夢。」[14]第二，在地媒體對於「大歷史觀」的思考和由此延伸的選題要開闊但不能嘩眾取寵，選題應當立足於整個社會發展的大背景進而思考一個個具體的問題然後有策略的慢慢展現；第三，在地媒體「大歷史觀」的實現歸根結底還是要媒體自身有「鐵肩擔道義，妙筆著文章」，傳承文明，「用事實說話」的歷史責任感，畢竟只有理想的堅持才會有進行到底的勇氣和毅力。[15]

四、全球在地化真正的動力源自媒體的自信力

自卑的是無助的，自大是可恥的，但是自信是不管在何時都必須擁有的。全球在地化下，多元文化的內容原料正在等待著在地媒體的全球盛宴。一個真正全球化的世界必然是一個平坦且平等的世界，雖然未來不是烏托邦，但是「美美與共，天下大同」的和諧共處還是人類共同的夢想。在現實中，在地媒體面臨著進與退，開放與保守的抉擇，更面臨著外部跨國傳媒「越俎代庖」的「圍剿」和內部觀念、定位策略存廢的「激辯」。但是不管未來媒體的發展方式如何，定位怎樣，「全球思維，在地行動」已經是全球傳播中不可阻擋的大勢，而面臨個各種的挑戰，在地媒

---

[14]　〈陽光衛視：楊瀾一個破碎的美夢〉，來源：中國網，http://www.china.com.cn/book/txt/2007-11/19/content_9252306_2.htm

[15]　馮韶文：〈《南方週末》報導中的「大歷史」觀〉，來源：人民網，http://media.people.com.cn/GB/40628/7378136.html

體要想真正的突圍和實現「肖申克式的救贖」，最大的依靠既不是政府政策的扶植，更不是外部跨國傳媒組織的輸血，而是在地媒體自身真正的自信。這種自信不是榮譽系統下那種盲目自大的「裝腔作勢」，也不是民族主義和鄉土情懷的下的那種「自我陶醉」，這種自信在於在地媒體敢於海納百川，相容並蓄的魄力，在於不管「風吹浪打，安坐釣魚臺」的淡定與從容。全球的世界是一個多彩的世界，而未來是一張等待圖畫的白紙，在全球經濟、政治格局開始產生微妙變化的現實中，在地媒體應當清醒而理性的站在本土的原點向未來遠望。這種遠望不被現實所壓倒，不被烏托邦所迷幻而是用信心與毅力，面朝大海，春暖花開！

主要參考文獻

英文部分

Bhaskar, I. Postmodernism and neo-Orientalism: Peter Brook's Mahabharata—producing India through a body of multicultural images. In S. B. Plate and D. Jasper (Eds.), Imagining otherness: Filmic visions of living together (pp. 133-65). Atlanta: Scholars Press. 1999.

Brendan Bernhard, Al-Jazeera's American Accent, The Sun, April 17, 2007. http://www.nysun.com/arts/al-jazeeras-american-accent/52585/

Dhareshwar, V., Niranjana, T. Kaadalan and the politics of resignification: Fashion, violence and the body. In R. S. Vasudevan (Ed.), Making meaning in Indian cinema P191-214, New Delhi: Oxford University Press. 2000.

Diana Crane, Nobuko kawashima, Ken'ichi Kawasaki, Global Culture: Media, Arts, Policy, and Globalization, New York : Routledge, 2004.

Donald Morrison: The Death of French Culture, Times, Nov. 2007.

Dubai, Al-Jazeera severs ties with CNN over bin Laden interview, United Arab Emirates, AP.

Saturday, February 2, 2002 0:00 am.

Frédéric Martel, The American cultural exception 2007-2008.

Glenn W. Scott, Taped Differences: A Comparison of CNN and Al-Jazeera Decision-making .Park Doctoral Fellow, School of Journalism and Communication, university of North Carolina at Chapel Hill .

Globalization of Indian Cinema: http://www.indianfilmsociety.com/Movies/globalization.html

James Brandon: Al Jazeera aims to go global - in English, http://www.zijin.net/get/englishversion/en_COMMUNICATION/2006_03_15_9273.shtml

Jeffrey H. Jackson, Making jazz French, music and modern life in interwar Paris, Duke University Press, Durham, Caroline du Nord, 2003, p267.

John Vivian, The Media of Mass Communication, 6th ed., 2003 Update, Boston: Allyn & Bacon Companion, 2003.

Joseph S. Nye Jr., The Paradox of American power : Why the world's only super-power can't go it alone ,Oxford University Press, 2002.

Joseph S. Nye Jr., Soft power, the means to success in world politics ,Public Af-fairs, 2004.

Jonathan Buchsbaum, "The Exception Culturelle Is Dead." Long Live Cultural Diversity: French Cinema and the New Resistance, Framework 47, No. 1, Spring 2006, pp. 5-21.

Kraidy, M. M. (1999). The global, the local, and the hybrid: A native ethnography of glocalization. Critical Studies in Mass Communication, P16, P456-476.

Louay Y. Bahry, The New Arba Media Phenomenon: Qatar's AL-Jazeera, Middle East Policy, Vol. VIII, NO. 2, June 2001.

Phlip Seib, Hegemonic No More: Western Media, The Rise of Al-Jazeera, and the Influence of Diverse Voices, College of Communication, Marquette University,International Studies Review 601–615 ,7,2005 .

Rosy Vohra: Discover Glocalization in India, http://ezinearticles.com/?Discover-Glocalization-in-India&id=695451

Shereen El Feki , Review article Crescent concerns, International Aff airs, , The Royal Institute of International Affairs, 4, 2007.

Suzanne Lidster & Mike Rose, Al-Jazeera goes it alone,http://news.bbc.co.uk/1/hi/world/monitoring/media_reports/1579929.stm

Terhi Rantanen, The Media and Globalization, London: SAGE Publications, 2005.

Thomas L Friedman: The Rediff Interview, http://www.rediff.com/money/2004/sep/09binter.htm

Trends in the media and entertainment industry: http://www.vault.com/nr/news-main.jsp?nr_page=3&ch_id=257&article_id=16168088

Vasudevan, R. S. Shifting codes, dissolving identities: The Hindi social film of the 1950s as popular culture. In R. S. Vasudevan (Ed.), Making meaning in In-dian cinema P99-121. New Delhi: Oxford University Press. 2000.

William J. Mitchell, Beyond productivity : information technology, innovation and creativity National Academies Press, 2003.

中文部分

阿Jay：《周杰倫成長密碼》，北京：中國青年出版社，2007年。

畢佳、龍志超編著：《英國文化產業》，北京：外語教學與研究出版社，2007年。

卜衛著：《大眾媒體對兒童的影響》，北京：新華出版社，2002年。

崔保國主編：《2004～2005年：中國傳媒產業發展報告》，北京：社會科學文獻出版社，2005年。

崔保國主編：《2006年：中國傳媒產業發展報告》，北京：社會科學文獻出版社，2006年。

崔保國主編：《2007年：中國傳媒產業發展報告》，北京：社會科學文獻出版社，2007年。

蔡琪、蔡雯主編：《媒體競爭和媒體文化》，上海：復旦大學出版社，2007年。

蔡瑲主編，張夷、龍牙等著：《音樂劇魅影》，南寧：廣西師範大學出版社，2004年。

曹中屏，張璉瑰等編著：《當代韓國史（1945-2000）》，天津：南開大學出版社，2005年。

陳奇佳著：《日本動漫藝術概論》，上海：上海交通大學出版社，2006年。

陳仲偉著：《日本動漫畫的全球化與迷的文化》臺北：唐山書社，2004年。

陳樂民著：《20世紀的歐洲》，北京：生活・讀書・新知，三聯書店，2007年。

陳剛：《解密Discovery──美國探索頻道節目研究》，北京：中國國際廣播出版社，2008年。

董正華：《第二講──美國歷史概覽》，袁明主編，《美國文化與社會十五講》，北京：北京大學出版社，2003年。

董曉陽主編：《走進二十一世紀的俄羅斯》，北京：當代世界出版社，2003年。

動畫產業年報課題組編著：《中國動畫產業年報（2005）》，北京：海洋出版社，2006年。

〔俄〕別爾加耶夫著，雷永生等譯：《俄羅斯思想》，〈生活・讀書・新知〉三聯書店，1995年。

〔俄〕根納季・久加諾夫著：全球化與人類命運，北京：新華出版社，2004年。

〔俄〕尼・伊・雷日科夫著，徐昌翰等譯：《大國悲劇——蘇聯解體的前因後果》，北京：新華出版社，2008年。

〔俄〕索洛維約夫著，徐風林譯：《俄羅斯與歐洲》，石家莊：河北教育出版社，2002年。

〔法〕愛德格・莫林・安娜・布里吉特著，馬勝利譯：《地球祖國》，北京：〈生活・讀書・新知〉，三聯書店，1997年。

〔法〕克里斯多夫・普羅夏松著，王殿忠譯：《巴黎1900—歷史文化散論》，南寧：廣西師範大學，2005年。

〔法〕讓・皮埃爾・里烏、讓・弗朗索瓦・西裏內利著，吳模信、潘麗珍譯：《法國文化史——IV大眾時代：二十世紀》，上海：華東師範大學出版社，2006年。

〔法〕約瑟夫・德・邁斯特著，魯仁譯：《論法國》，上海：世紀出版社，2005年。

方文山著：《關於方文山的素顏韻腳詩》，北京：作家出版社，2008年。

方文山著：《中國風：歌詞裏的文字遊戲》，北京：接力出版社，2008年。

方文山著：《青花瓷：隱藏在釉色裏的文字祕密》，北京：作家出版社，2008年。

馮紹雷著：《20世紀的俄羅斯》，北京：生活・讀書・新知，三聯書店，2007年。

馮紹雷，相藍欣主編：《轉型中的俄羅斯社會與文化》，上海：上海人民出版社，2005年。

馮應謙主編：《全球化華文媒體的發展和機遇》，復旦大學出版社，2007年。

復旦大學韓國研究中心編：《韓國研究論叢（第十輯）》，北京：中國社會科學出版社，2003年。

高宣揚著：《流行文化社會學》，北京：中國人民大學出版社，2006年。

高毅著：《法蘭西風格：大革命的政治文化》，杭州：浙江人民出版社，1991年。

宮承波主編：《動畫概論》，北京，中國廣播電視出版社，2007年。

郭鎮之主編：《跨文化交流與研究韓國的文化和傳播》，北京：北京廣播學院出版社，2004年。

滑明達著：《文化超越與文化認識——美國社會文化研究》，北京：中國社會科學出版社，2006年。

〔韓〕李禦寧著，張乃麗譯：《韓國人的心——這就是韓國》，濟南：山東人民出版社，2007年。

海運，李靜傑主編：《葉利欽時代的俄羅斯》（政治卷），北京：人民出版社，2001年。

何農、王青著：《左岸靠左，右岸靠右》，北京：昆侖出版社，2006年。

何天雲、鍾謨智等著：《全球化與資本主義問題研究》，重慶：重慶出版社，2004年。

侯聿瑤著：《法國文化產業》，北京：外語教學與研究出版社，2007年。

鴻鴻著：《跳舞之後‧天　之前：臺灣劇場筆記》。臺北：萬象出版社，1996年。

胡逢瑛，吳非著：《蘇俄新聞傳播史論》，臺北：秀威資訊出版社，2006年。

胡逢瑛著：《透視蘇俄傳媒轉型變局》，臺北：秀威資訊出版社，2005年。

胡逢瑛著：《反恐時代中的國際新聞與危機傳播》，臺北：秀威資訊出版社，2006年。

胡逢瑛著：《政治傳播與新聞體制》，臺北：秀威資訊出版社，2006年。

胡逢瑛、吳非著：《全球化下的俄中傳媒在地化變局——大公報之傳媒睇傳媒》，臺北：秀威資訊出版社，2008年。

黃瑞雄著：《兩種文化的衝突與融合——科學人文主義思潮研究》，南寧：廣西師範大學出版社，2000年。

〔加〕哈樂德‧伊尼斯著，何道寬譯：《帝國與傳播》，中國人民大學出版社，2003年。

〔加〕哈樂德‧伊尼斯著，何道寬譯：《傳播的偏向》，中國人民大學出版社，2003年。

〔加〕馬歇爾‧麥克盧漢著：《理解媒體——論人的延伸》，北京：商務印書館，2000年第一版。

姜飛著：《跨文化傳播的後殖民語境》，北京：中國人民大學出版社，2005年。

姜飛主編：《海外傳媒在中國》，北京：中國文聯出版社，2005年。

金重遠著：《20世紀的法蘭西》，上海：復旦大學出版社，2004年。

俊呼嚕同盟著：《日本動畫五天王》，臺北：大塊文化出版股份有限公司，2006年。

J.Z.愛門森編譯：《國際跨文化傳播精華文選》，杭州：浙江大學出版社，2007年。

李惠斌主編：《全球化與公民社會》，南寧：廣西師範大學出版社，2003年。

李希光，周慶安著：《軟力量與全球傳播》，北京：清華大學出版社，2005年。

李文：《日本文化在中國的傳播與影響（1972—2002）》，北京：中國社會科學出版社，2004年。

李彬、王君超主編：《媒體二十五講》，北京：清華大學出版社，2004年。

李立新主編：《新視點——國際傳媒考察報告》，上海：上海文化出版社，2005年。

李良榮主編：《為中國傳媒業把脈——知名學者訪談錄》，上海：復旦大學出版社，2006年。

劉康著：《文化・傳媒・全球化》，南京：南京大學出版社，2006年。

林玉嫻著：《日本動漫的全球擴散與日本文化輸出戰略》，碩士學位論文，廣州：暨南大學，2007年。

林達著：《帶一本書去巴黎》，三聯書店，2002年。

羅時銘著：《奧運來到中國》，北京：清華大學出版社，2005年。

呂鴻燕、張駿編著：《動畫大師的生平與作品》，北京：中國傳媒大學出版社，2007年。

呂學武、范周主編：《文化創意產業前沿》，北京：中國傳媒大學出版社，2007年。

藍瑛波著：《當代俄羅斯青年》，北京：光明日報出版社，2007年。

廖四平等著：《俄羅斯——北極熊與雙頭鷹》，北京：中國水利水電出版社，2006年。

馬振騁著：《鏡子中的洛可哥》，上海：上海社會科學院出版社，2004年。

〔美〕愛倫B・艾爾巴蘭等著，王越譯：《全球傳媒經濟》，北京：中國傳媒大學出版社，2007年。

〔美〕弗雷德里克・傑姆遜，三好將夫編，馬丁譯：《全球化的文化》，南京：南京大學出版社，2002年。

〔美〕康・泰普斯科特、安東尼・D・威廉姆斯著，何帆、林季紅譯：《維琪經濟學——大規模協作如何改變一切》，北京：中國青年出版社，2007年。

〔美〕羅蘭・羅伯遜著，梁光嚴譯：《全球化社會理論和全球文化》，上海：上海人民出版社，2000年。

〔美〕羅伯特・達恩頓著，呂建忠譯：《屠貓記——法國文化史鉤沉》，北京：新星出版社，2006年。

〔美〕拉里・A・薩默瓦（Larry A Samovar），理查・E・波特（Richard E Porter）著，閔惠泉，W王緯、徐培喜等譯：《跨文化傳播（中文版，第四版）》，北京：中國人民大學出版社，2004年。

〔美〕L・羅伯特・科爾斯著，徐冰譯：《解讀韓國人》，北京：中國水利水電出版社，2004年。

〔美〕露絲・本尼狄克特著，北塔譯：《菊與刀——日本文化面面觀》，上海：上海三聯書店，2007年。

〔美〕喬納森・弗里德曼著，郭健如譯：《文化認同與全球性進程》，北京：商務印書館，2003年。

〔美〕斯科特・塞諾著，江立華、孟衛軍等譯：《捆綁的世界——生活在全球化時代》，廣州：廣東人民出版社，2006年。

〔美〕撒母耳・亨廷頓著：《文明的衝突與世界秩序的重建》，新華出版社，2002年。

〔美〕撒母耳・亨廷頓、彼得・伯傑主編，康敬貽、林振熙、柯雄譯：《全球化的文化動力——當今世界的文化多樣性》，北京：新華出版社，2004年。

〔美〕湯瑪斯・弗里德曼著，何帆、肖瑩瑩等譯：《世界是平的——21世紀簡史》，長沙：湖南科學技術出版社，2008年。

〔美〕休・邁爾斯著，黎瑞剛等譯：《意見與異見——半島電視臺的崛起》，北京：學林出版社，2006年。

苗棣，趙長軍：《論通俗文化——美國電視劇類型分析》，北京：北京廣播學院出版社，2004年。

明安香主編：《全球傳播格局》，北京：社會科學文獻出版社，2006年。

明安香著：《美國——超級傳媒帝國》，北京：社會科學文獻出版社，2006年。

龐中英主編：《全球化、反全球化與中國——理解全球化的複雜性與多樣性》，上海：上海人民出版社，2002年。

Patrick Drazen著，李建興譯：《日本動畫瘋：日本動畫的內涵、法則與經典》，臺北：大塊文化，2005年。

潘媛等編著：《我的太陽——帕瓦羅蒂畫傳》，成都時代出版社，2007年。

清華大學國際傳播研究中心：《全球傳媒報告（II）》，上海：復旦大學出版社，2005年。

〔日〕新渡戶稻造著，張俊彥譯：《武士道》，北京：商務印書館，1993年。

〔日〕吉野耕作著，劉克申譯：《文化民族主義的社會學——現代日本自我認同意識的走向》，北京：商務印書館，2004年。

《日本四書——洞察日本四個民族的四個文本》，北京：線裝書局，2006年。

孫立軍、張宇編著：《世界動畫藝術史》，北京：海洋出版社，2007年。

蘇旭著：《法國文化》，北京：文化藝術出版社，2001年。

孫晶著：《文化霸權理論研究》，北京：社會科學文獻出版社，2003年。

尚會鵬：《印度文化史》，南寧：廣西師範大學出版社，2007年。

尚會鵬：《印度文化傳統研究——比較文化的視野》，北京：北京大學出版社，2004年。

時波，張澤乾主編：《當代法國文化》，北京：國際文化出版社，1989年。

單波，石義彬主編：《跨文化傳播新論》，武漢：武漢大學出版社，2005年。

唐亞明、王淩潔著：《英國傳媒體制》，廣州：南方日報出版社，2007年。

王治河主編：《全球化與後現代性》，南寧：廣西師範大學出版社，2003年。

王逢振主編：《詹姆遜文集（第四卷）——現代性、後現代性和全球化》，北京：中國人民大學出版社，2004年。

王學成著：《全球化時代的跨國傳媒集團》，北京：社會科學文獻出版社，2005年。

王勇：《日本文化——模仿與創新的軌跡》，北京：高等教育出版社，2001年。

王樹英：《印度文化與民俗》，北京：中國社會科學出版社，2007年。

汪寧著：《普京的俄羅斯新思想》，上海：上海外語教育出版社，2005年。

王立文著：《全球在地文化研究》，臺北：秀威資訊出版社，2008年。

吳國慶編著：《列國志——法國》，北京：社會科學文獻出版社，2003年。

吳茼萱著：《當代卡塔爾國社會與文化》，上海：上海外語教育出版社，2007年。

吳非、胡逢瑛：《轉型中的俄羅斯傳媒》，廣州：南方日報出版社，2005年。

秀之樹，徐斌，陳飛等著：《韓流——韓國電影手冊》，北京：現代出版社，2002年。

小池：《應樂而生周杰倫》，北京：中國城市出版社，2008年。

許明、花建主編：《文化發展論》，北京：北京大學出版社，2005年。

薛鋒、趙可恒、鬱芳編著：《動畫發展史》，南京：東南大學出版社，2006年。

姚一葦等著：《雲門舞話》。臺北：遠　出版社，1981年。

喻國明著：《傳媒的「語法革命」——解讀web2.0時代傳媒運營新規則》，廣州：南方日報出版社，2007年。

喻國明主編：《中國傳媒發展指數報告（2008）》，北京：社會科學文獻出版社，2008年。

葉渭渠著：《日本文化史》（第二版），南寧：廣西師範大學出版社，2005年。

約翰・A・蘭特主編：《亞太動畫》，北京：中國傳媒大學出版社，2006年。

《亞洲傳媒研究》，北京：中國傳媒大學出版社，2006年。

嚴功軍著：《變遷與反思：當代俄羅斯傳媒轉型透視》，重慶：重慶出版社，2006年。

顏慧、索亞斌著：《中國動畫電影史》，北京：中國電影出版社，2005年。

楊擊著：《傳播・文化・社會——英國大眾傳播理論透視》，上海：復旦大學出版社，2006年。

楊璐等主編：《韓國電影完全手冊》，天津：天津人民出版社，2003年。

楊海燕、羅國祥編著：《法國社會與文化》，武漢：武漢大學出版社，2002年。

楊樺等著：《2008年奧運會提升中國國際地位和聲望的研究》，北京：中國法制出版社，2007年。

楊孟瑜著：《飆舞：林懷民與雲門傳奇》。臺北：天下文化出版社，1997年。

楊可、孫湘瑞著：《現代俄羅斯大眾文化》，北京：中國經濟出版社，2000年。

〔英〕大衛・莫利、凱文・羅賓斯著，司豔譯：《認同的空間——全球媒體、電子世界景觀與文化邊界》，南京：南京大學出版社，2001年。

〔英〕菲力浦・斯蒂芬斯著，劉欣、畢素珍譯：《托尼・布雷爾——一位世界級領導人的成長經歷》，北京：東方出版社，2006年。

〔英〕詹姆斯・卡瑞、珍・辛頓著，欒軼玫譯：《英國新聞史》，北京：清華大學出版社，2005年。

〔英〕G.T加特勒著，陶笑虹譯：《印度的遺產》，上海：上海人民出版社，2005年。

〔英〕弗里德里希・奧古斯特・哈耶克著，王明毅、馮興元等譯：《通往奴役之路》，北京：中國社會科學出版社，1997年。

〔英〕約翰・湯姆林森著，郭英劍譯：《全球化與文化》，南京：南京大學出版社，2002。

趙林著：《趙林談文明衝突與文化演進》，北京：東方出版社，2006年。

趙旭東著：《反思全球化文化建構》，北京：北京大學出版社，2003年。

詹小洪著：《告訴你真實的韓國》，濟南：山東人民出版社，2005年。

張慧臨著：《二十世紀中國動畫藝術史》，西安：陝西人民美術出版社，2002年。

張國良主編：《20世紀傳播學經典文本》，上海：復旦大學出版社，2006年。

張勝冰、徐向昱、馬樹華著：《世界文化產業概要》，昆明：雲南大學出版社，2006年。

張狂著：《韓國情愛電影》，北京：中國畫報出版社，2005年。

鄭秉文、馬勝利主編：《走近法蘭西》，北京：中國社會科學出版社，2005年。

智仁編著：《千年俄羅斯的世紀輪回》，北京：中國友誼出版公司，2007年。

支英　著：《新傳媒帝國》，北京：中國水利水電出版社，2005年。

朱達秋，楊無知編著：《人文俄羅斯故事——從伊戈爾到普京》，重慶：重慶出版社，2004年。

朱達秋，周力著：《俄羅斯文化論》，重慶：重慶出版社，2005年。

周曉普：《全球化媒體的奇觀——默多克新聞集團解讀》，北京：中國社會科學出版社，2006年。

莊禮偉著：《地球屋簷下——關於人類政治的觀察筆記》，廣州：中山大學出版社，2005年。

鍾明德著：《繼續前衛：尋找整藝術和當代臺北文化》。臺北：書林出版社，1996年。

中國現代國際關係研究所全球化研究中心編譯：《全球化：時代的標識——國外著名學者、政要論全球化》，北京：時事出版社，2003年。

中宣部文化體制改革和發展辦公室文化部對外文化聯絡局編：《國際文化發展報告》，北京：商務印書館，2005年。

中國現代國際關係研究所著：《阿拉伯新生代政治家》北京：時事出版社，2004年。

主要參考網站

NBC：http://www.nbc.com

ABC:http://www.abc.com

唐寧街10號官方網站：http://www.number10.gov.uk

泰晤士線上：http://www.timesonline.co.uk

英國文化體育部：http://www.culture.gov.uk/

美國《時代》週刊：http://www.time.com

韓國Ohmynews新聞網：http://www.ohmynews.com

印度zee tv電視網：http://www.zeetv.com

俄羅斯新聞網：http://rusnews.cn，http://rusnews.cn

莫斯科新聞網：http://www.moscowtimes.ru/indexes/01.html

共青團真理報：http://www.pravda.ru

新華網：http://www.xinhuanet.com

臺灣新聞學研究：http://www.jour.nccu.edu.tw

時光網：http://www.mtime.com

南方週末網：http://www.infzm.com

大公網：http://www.takungpao.com

後　記

　　本書能夠最終成型，源自筆者的碩士學生馮韶文在資料收集上的努力，馮韶文花了幾個月的時間在圖書館將資料整理好。全球化下的媒體其實是一片大海可以納百川而不慌亂的博大，媒體全球在地化已經是一種不可逆轉的趨勢，媒體時代應當在一個新的原點開始重新的自我審視和發掘。

　　筆者的研究在廣州暨南大學也得到了校長胡軍教授、校黨委書記蔣述卓教授、副校長林如鵬教授、副校長劉傑生教授、院長范已錦教授、常務副院長董天策教授、書記劉家林教授、蔡銘澤教授、曾建雄教授、馬秋楓教授、薛國林教授、李異平教授等前輩的指導和幫助。另外，校國際處處長余惠芬、人事處長饒敏、教務處張榮華處長、張宏副處長、王力東副處長、珠海學院系主任危磊教授也給予筆者巨大的支持。

　　最後筆者感謝本書的責編藍志成先生大力協助，由於作者對於大量的名詞不知道臺灣的叫法，所以本書的後期修改工作基本都是藍志成先生完成，本書的出版還得到秀威出版社發行人宋政坤先生的鼎力支持。本書在全球化與在地化的論述仍存在不成熟問題，並請臺灣、香港、中國大陸的讀者多多指正。

　　這本書的資金來源是由廣州暨南大學新聞與傳播學院的院領導鼎力支持。

2009年5月於
廣州・暨南園

國家圖書館出版品預行編目

媒體與全球在地化 / 吳非, 馮韶文著. -- 一版
. -- 臺北市：秀威資訊科技, 2010. 01
面；　公分. --（社會科學類；PF0043）

BOD版
ISBN 978-986-221-367-4（平裝）

1. 媒體　2. 大眾傳播　3. 全球化

541.83　　　　　　　　　　98023207

社會科學類　PF0043

媒體與全球在地化

作　　　　者 / 吳　非　馮韶文
發　行　人 / 宋政坤
執 行 編 輯 / 藍志成
圖 文 排 版 / 鄭維心
封 面 設 計 / 李孟瑾
數 位 轉 譯 / 徐真玉　沈裕閔
圖 書 銷 售 / 林怡君
法 律 顧 問 / 毛國樑　律師
出 版 印 製 / 秀威資訊科技股份有限公司
　　　　　　　台北市內湖區瑞光路583巷25號1樓
　　　　　　　電話：02-2657-9211　傳真：02-2657-9106
　　　　　　　E-mail：service@showwe.com.tw
經　銷　商 / 紅螞蟻圖書有限公司
　　　　　　　台北市內湖區舊宗路二段121巷28、32號4樓
　　　　　　　電話：02-2795-3656　傳真：02-2795-4100
　　　　　　　http://www.e-redant.com

2010 年 1 月　BOD 一版
定價：430 元

讀 者 回 函 卡

感謝您購買本書，為提升服務品質，煩請填寫以下問卷，收到您的寶貴意見後，我們會仔細收藏記錄並回贈紀念品，謝謝！

1.您購買的書名：_____

2.您從何得知本書的消息？

　　□網路書店　□部落格　□資料庫搜尋　□書訊　□電子報　□書店

　　□平面媒體　□ 朋友推薦　□網站推薦　□其他_____

3.您對本書的評價：(請填代號　1.非常滿意 2.滿意 3.尚可 4.再改進)

　　封面設計____　版面編排____　內容____　文/譯筆____　價格____

4.讀完書後您覺得：

　　□很有收獲　□有收獲　□收獲不多　□沒收獲

5.您會推薦本書給朋友嗎？

　　□會　□不會，為什麼？_____

6.其他寶貴的意見：_____

_____

_____

_____

讀者基本資料

姓名：_____　年齡：_____　性別：□女 □男

聯絡電話：_____　E-mail：_____

地址：_____

學歷：□高中(含)以下　　□高中　　□專科學校　　□大學

　　　□研究所(含)以上 □其他_____

職業：□製造業 □金融業 □資訊業 □軍警 □傳播業 □自由業

　　　□服務業 □公務員 □教職　□學生 □其他_____

(請沿線對摺寄回,謝謝!)

秀威與 BOD

BOD（Books On Demand）是數位出版的大趨勢，秀威資訊率先運用 POD 數位印刷設備來生產書籍，並提供作者全程數位出版服務，致使書籍產銷零庫存，知識傳承不絕版，目前已開闢以下書系：

一、BOD 學術著作—專業論述的閱讀延伸
二、BOD 個人著作—分享生命的心路歷程
三、BOD 旅遊著作—個人深度旅遊文學創作
四、BOD 大陸學者—大陸專業學者學術出版
五、POD 獨家經銷—數位產製的代發行書籍

BOD 秀威網路書店：www.showwe.com.tw
政府出版品網路書店：www.govbooks.com.tw

永不絕版的故事・自己寫・永不休止的音符・自己唱